SOURCES HAGIOGRAPHIQUES
DE L'HISTOIRE DE GORZE
Xe siècle

Vie de saint Chrodegang,
Panégyrique et Miracles de saint Gorgon

Chez le même éditeur

La vie de Jean, abbé de Gorze,
de Jean de Saint-Arnoul,
présenté et traduit par Michel Parisse

Veuves et veuvage
da ns le haut Moyen Age,
par Michel Parisse

Retour aux sources.
Textes, études et documents d'histoire
médiévale offerts à Michel Parisse
textes réunis par Sylvain Gouguenheim
et Monique Goullet

Atlas de la France autour de l'an Mil
sous la direction de Michel Parisse

Lexique latin-français
sous la direction de Michel Parisse

Apprendre le latin médiéval
Traduire le latin médiéval
par Monique Goullet et Michel Parisse

Manuel de paléographie médiévale
par Michel Parisse

© Éditions A. et J. Picard,
82, rue Bonaparte, 75006 Paris
commercial@editions-picard.fr
ISBN : 978-2-7084-0882-1

SOURCES HAGIOGRAPHIQUES
DE L'HISTOIRE DE GORZE
Xe siècle

Vie de saint Chrodegang,
Panégyrique et Miracles de saint Gorgon

présentés, édités et traduits
par Monique Goullet, Michel Parisse et Anne Wagner

Picard

AVANT-PROPOS

Le texte le plus souvent utilisé par les historiens pour la connaissance de l'abbaye de Gorze au temps de la réforme du xe siècle est la Vie de Jean de Gorze, récemment traduite et mise à la disposition du public par Michel Parisse[1]. Trois autres textes viennent compléter le riche dossier hagiographique de l'abbaye ; ces œuvres latines ont fait l'objet d'une présentation détaillée dans le cadre du programme « Sources hagiographiques de la Gaule avant l'an Mil » (SHG)[2], et elles sont traduites ici pour la première fois en français. La Vie de saint Chrodegang (BHL 1781), vraisemblablement la plus récente des trois et rédigée dans le dernier quart du xe siècle, relate la fondation de Gorze par le célèbre évêque en 754, et fournit un intéressant tableau de Metz au temps des premiers Pippinides ; le Panégyrique de saint Gorgon (BHL 3620) est un sermon prononcé à Gorze en l'honneur du patron de l'abbaye ; les Miracles de saint Gorgon (BHL 3621) rapportent la translation, par Chrodegang, des reliques du martyr de Rome à Gorze, et les miracles qu'elle suscite. Cette fièvre d'écriture à Gorze se justifie vraisemblablement par la crise identitaire que traverse le monastère à la fin du xe siècle.

Les présentations et les traductions des textes hagiographiques ont été élaborées par Monique Goullet et Anne Wagner, et relues par Monique Hincker et Cécile Lanéry, à qui nous adressons nos très vifs remerciements. Les deux introductions historiques sont de Michel Parisse.

Au moment même où nous mettons sous presse paraît une nouvelle édition des Miracles de saint Gorgon, sous le titre : Peter Christian Jacobsen, *Miracula s. Gorgonii*, Studien und Texte zur Gorgonius-Verehrung im 10. Jahrhundert, Hanovre, 2009 (Monumenta Germaniae Historica, Studien und Texte, Band 46). Nous n'avons pas pu l'exploiter dans notre livre, mais nous y renvoyons le lecteur pour ses positions souvent différentes des nôtres, spécialement sur l'auteur du texte et sur les choix d'édition.

---

1   Jean de Saint-Arnoul, *La Vie de Jean, abbé de Gorze*, présentée et traduite par M. Parisse, Paris, 1999.
2   M. Goullet et M. Heinzelmann (dir.), *Miracles, Vies et réécritures dans l'Occident médiéval. Actes de l'atelier « La réécriture des Miracles » (IHAP, juin 2004) et SHG X–XII : dossiers des saints de Metz et Laon et de saint Saturnin de Toulouse*, Ostfildern 2006 (Beihefte der Francia 65), p. 149-317.

Abréviations

AASS : Acta sanctorum

AASS OSB : Acta sanctorum ordinis s. Benedicti

AnalBoll : Analecta bollandiana

BHL : Bibliotheca hagiogaphica latina, ediderunt socii bollandiani, Bruxelles, 1898-1899, et Novum Supplementum, eddidit Heinricus Fros, Bruxelles, 1986.

MGH : Monumenta Germaniae historica

PL : Patrologie latine, éd. Jacques-Paul Migne

CHOIX BIBLIOGRAPHIQUE

BERTRAM (J.), *The Chrodegang Rules : the Rules for the Common Life of the Secular Clergy from the Eighth and Ninth Centuries : Critical Texts with Translations and Commentary* (Church Faith and Culture in the medieval West), Ashgate, 2005.

BUCHNER (M.), « La Vita Chrodegangi », *Zeitschrift der Savigny-Stiftung für Rechtsgeschichte*, t. 15, 1921, p. 1-36.

CLAUSSEN (M. A.), *The Reform of the Frankish Church : Chrodegang of Metz and the 'Regula canonicorum' in the Eighth Century*, Cambridge, 2005 (Cambridge Studies in Medieval Life and Thought. Fourth Series, vol. 61).

D'HERBOMEZ (A.), *Cartulaire de l'abbaye de Gorze, ms. 826 de la Bibliothèque de Metz* (Mémoires et Documents publiés par la Société Nationale des Antiquaires de France, Mettensia II), Paris, 1898.

GAILLARD (M.), « *De privato honore Mettensium Pontificum* : les archevêques de Metz à l'époque carolingienne », *Annales de l'Est*, 2006, n° 1 (6ᵉ série, 55ᵉ année), p. 151-174.

GAUTHIER (N.), *L'évangélisation des pays de la Moselle*, Paris, 1980.

GOULLET (M.) (dir.), « Les saints du diocèse de Metz », dans Ead. et M. Heinzelmann (dir.), *Miracles, Vies et réécritures dans l'Occident médiéval. Actes de l'atelier « La réécriture des Miracles » (IHAP, juin 2004) et SHG X–XII : dossiers des saints de Metz et Laon et de saint Saturnin de Toulouse*, Ostfildern 2006 (Beihefte der Francia 65), p. 149-317.

JEAN DE SAINT-ARNOUL, *La Vie de Jean, abbé de Gorze*, présentée et traduite par Michel Parisse, Paris, 1999.

KLAUSER (Th.), BOUR (R. S.), *Un document du IXᵉ siècle. Notes sur l'ancienne liturgie de Metz et sur ses églises antérieures à l'an mil*, Metz, 1929 (Extrait de l'*Annuaire de la Société d'Histoire et d'Archéologie de la Lorraine*).

NIGHTINGALE (J.), *Monasteries and Patrons in the Gorze Reform. Lotharingia c. 850-1000*, Oxford, 2001, p. 59-70.

PARISSE (M.), OEXLE (O. G.) (dir.), *L'abbaye de Gorze au Xᵉ siècle*, Nancy, 1993.

PHILIPPART (G.), WAGNER (A.), « Hagiographie lorraine (950-1130) », dans G. Philippart (dir.), *Hagiographies. Histoire internationale de la littérature latine et vernaculaire*, Turnhout, 2006, p. 585-742.

PONCELET (A.), « L'auteur et les sources de la passion des ss. Gorgon et Dorothée », *AnalBoll*, 18 (1899), p. 5-21.

Saint Chrodegang. Communications présentées au colloque tenu à Metz à l'occasion du douzième centenaire de sa mort, Metz, 1967 :
— R. Folz, « Metz dans la monarchie franque au temps de saint Chrodegang », p. 1-24.
— E. Ewig, « Saint Chrodegang et la réforme de l'Église franque », p. 26-53.
— G. Hocquard, « La règle de saint Chrodegang. État de quelques questions », p. 55-89.
— C. Vogel, « Saint Chrodegang et les débuts de la romanisation du culte en pays franc », p. 93-109.
— J. Châtillon, « La spiritualité canoniale », p. 112-122.
— C. Heitz, « Le groupe cathédral de Metz au temps de saint Chrodegang », p. 123-133.
— J. Leclercq, « Jean de Gorze et la vie religieuse au xe siècle », p. 133-152.
— M. Parisse, « Varangéville, prieuré de Gorze », p. 153-167.
— M. Bur, « Les possessions de Gorze en Champagne (viiie-xiie s.) », p. 169-182.
— H. Tribout de Morembert, « Manuscrits de l'abbaye de Saint-Avold », p. 183-201.

Schneider (J.), « Gorze », dans *Dictionnaire d'Histoire et de Géographie ecclésiastiques*, 21, col. 811-817.

Schultze (W.), « War Johannes von Gorze historischer Schriftsteller ? », *Neues Archiv*, 9 (1884), p. 499-512.

Semmler (J.), « Chrodegang », dans *Theologische Realenzyklopädie* 8, p. 71-74.

Topographie chrétienne des cités de la Gaule des origines au milieu du viiie siècle, éd. N. Gauthier et J.-Ch. Picard, t. I, Province ecclésiastique de Trèves (Belgica prima) par N. Gauthier (Metz : p. 33-53).

Tribout de Morembert (H.), « Chrodegang », dans *Dictionnaire d'Histoire et de Géographie ecclésiastiques*, 12, col. 781-84.

Wagner (A.), *Gorze au xie siècle*, Turnhout-Nancy, 1996.

PREMIÈRE PARTIE

SAINT CHRODEGANG, ÉVÊQUE DE METZ
(742-766)

I. INTRODUCTION HISTORIQUE

Le nom de Chrodegang éclaire le moment historique où les Carolingiens succèdent aux Pippinides, où l'Église franque est relancée, où les institutions ecclésiastiques se répandent dans tout le royaume à partir du point central que constitue la cour du souverain. Chrodegang est étroitement associé à Pépin le Bref et le gouvernement commun des deux hommes s'est prolongé durant près de vingt cinq années. Le renom du prélat demeura à ce point présent dans les mémoires que Paul Diacre, ce clerc lombard, qui fut hôte de la cour de Charlemagne et invité par Angelram de Metz à rédiger une histoire des évêques de sa cité, n'eut pas de peine, dans son *Liber de episcopis Mettensibus*[1], à tracer du saint évêque un portrait sur lequel nul historien n'a trouvé bon de revenir pour le remettre en cause[2]. La *Vita*, qu'un auteur anonyme a composée à la fin du Xe siècle pour égaler Chrodegang aux plus grands saints de l'évêché, est quant à elle une amplification du *Liber* de Paul Diacre, qui introduit des données supplémentaires sans valeur documentaire, mais très intéressantes du point de vue de l'idéologie du milieu qui les a produites. C'est donc en suivant point à point le récit de Paul Diacre que nous allons présenter l'évêque et son œuvre[3]; ce récit sera complété à l'occasion par d'autres sources. L'ouvrage le plus récent concernant saint Chrodegang a été publié à la suite d'un colloque tenu aux environs de Metz en 1966, au mois de

---

1   Éd. G. H. Pertz, *MGH, Scriptores*, II, p. 261-268. Michel Sot, « Faut-il rééditer le Livre des évêques de Metz de Paul Diacre ? », dans S. Gouguenheim *etalii* (éd.), *Retour aux sources. Textes, études et documents d'histoire médiévale offerts à Michel Parisse*, Paris, 2004, p. 971-977, conclut à la validité de cette édition bien qu'elle laisse de côté le manuscrit le plus ancien, Bremen, Stadtbibliothek C26.

2   Voir néanmoins quelques lectures récentes du *Liber* de Paul Diacre comme expression de l'idéologie carolingienne : W. Goffart, « Paul the Deacon's 'Gesta ep. Mettensium' and the early design of Charlemagne's succession », *Traditio*, 42 (1986), p. 59-93 (repris en substance dans Id., *The Narrators of Barbarian History (A. D. 500-800), Jordanes, Gregory of Tours, Bede and Paul the Deacon*, Princeton, 1988, p. 370-378) ; M. Sot, « Le Liber de episcopis Mettensibus dans l'histoire du genre Gesta episcoporum », dans P. Chiesa (éd.), *Paolo Diacono, uno scrittore fra tradizione longobarda e rinnovamento carolingio (Atti del Convegno Internazionale di Studi, Cividale del Friuli-Udine, 6-9 maggio 1999)*, Udine, 2000, p. 527-549 ; D. Kempf, « Paul the deacon's Liber de episcopis Mettensibus and the role of Metz in the Carolingian Realm », *Journal of Medieval History*, 30 (2004), p. 278-299.

3   Les textes en italique sont la traduction, au fil du texte, de l'édition de Pertz, *MGH, Scriptores*, II, p. 267-268.

mars[4]. Les aspects les plus importants de sa vie et de son pontificat y ont été abordés, et seront repris ici. Il est peu de points sur lesquels la recherche se soit penchée depuis lors, hormis la règle canoniale et la rénovation liturgique instaurées par l'évêque de Metz[5].

1. Origines familiales de Chrodegang

> *Iam hinc vir egregius et omnibus praeconiis efferendus Chrodegangus antistes eligitur, ex pago Hasbaniensi oriundus, patre Sigramno, matre Landrada, Francorum ex genere primae nobilitatis progenitus.*
>
> « Alors on élut évêque cet homme remarquable et d'une réputation exceptionnelle à tous points de vue, Chrodegang, originaire du pays de Hesbaye, dont les parents s'appelaient Sigramn et Landrade, et qui provenait d'une famille franque de la plus haute noblesse. »

Paul Diacre est le seul à donner les noms des parents de Chrodegang, que les historiens se sont ingéniés à éclairer ; cette recherche est grandement facilitée par le fait que les parents du futur évêque appartenaient à la grande aristocratie austrasienne du VIIIe siècle. C'est ainsi que Landrade était la sœur d'un Landbert qui fut le père du comte de Hesbaye Rupert (ou Robert), cité de 733 à 742. Cette lignée des Rupertiens fut assurée d'un bel avenir ; originaire des bords du Rhin, elle eut parmi ses descendants ce comte Rupert, établi dans la région de la Loire à l'époque de Louis le Pieux et de Charles le Chauve, ancêtre des Robertiens et des Capétiens[6].

Le nom de Sigramn nous projette dans une famille aussi connue. Parmi les parents déclarés de l'évêque figurent les fondateurs et donateurs de l'abbaye de Lorsch, Cancor et Williswinde. On a vu dans le nom du premier une inversion de Chrod-gang en C/Gan(g)-cro ; Williswinde était sa mère et avait été mariée à un autre comte Robert (Hrod-bert). L'hypothèse de cette parenté est étayée par l'intérêt que porta Chrodegang à l'abbaye de Lorsch, qu'il confia à son propre frère Gundland. Un second frère de l'évêque aurait eu un fils Ingramn, dont la

---

4   *Saint Chrodegang.* Communications présentées au colloque tenu à Metz à l'occasion du douzième centenaire de sa mort, Metz, 1967.

5   M.A. Claussen, *The Reform of the Frankish Church : Chrodegang of Metz and the 'Regula canonicorum' in the Eighth Century,* Cambridge, 2005 (Cambridge Studies in Medieval Life and Thought. Fourth Series, vol. 61) ; J. Bertram, *The Chrodegang Rules : the Rules for the Common Life of the Secular Clergy from the Eighth and Ninth Centuries : Critical Texts with Translations and Commentary* (Church Faith and Culture in the medieval West), Ashgate, 2005.

6   K. Glöckner, « Lorsch und Lothringen. Robertiner und Capetinger », *Zeitschrift für die Geschichte des Oberrheins* », NF 50 (1937), p. 301-354.

deuxième partie du nom rappelle celui de Sigramn. La généalogie de ce groupe familial n'est pas totalement assurée dans ses détails et les spécialistes ne s'accordent pas tous sur le sujet.

Le nom de Chrodegang se présente à l'origine sous une forme répondant aux pratiques germaniques des temps mérovingiens et carolingiens, Hruot-gang. Les deux membres qui le composent se retrouvent dans d'autres noms, en particulier pour ce qui est de *Hruot*, sous les formes suivantes : Hruot-preth/pert (Robert), Hruot-frid (Rofroid), Hruot-gar (Roger), Hruot-land (Roland), Hruot-mund (Raimond), Hruot-ric (Rodrigue), Hruot-wic, Hruot-wlf (Rodulf), Hruot-win (Roduin, Rouin) et chez les femmes : Hruot-burg, Hruot-rud (Rotrude), Hruot-ild (Rotildis), Hruot-sind.

Cette racine a connu une très large diffusion et invite à des rapprochements nombreux, comme celui qu'on a fait avec la sainte d'Amay, Chrodoara[7], ou encore avec le saint de Tholey, Chrodwin ou Rouin, au total avec la famille des Chrodoïnides – qu'Eugen Ewig a autrefois mise en valeur[8] –, qui nous fait remonter dans la première moitié du VIIe siècle et nous maintient dans la grande région centrale de la future Lotharingie. Une parenté avec le groupe des parents de l'abbé Fulrad, présents et possessionnés au cœur de l'Austrasie, dans le Saulnois et le Sarrois lorrains au milieu du VIIIe siècle, est plus que probable. Toute cette gymnastique généalogique n'a d'autre but que d'attester l'appartenance de Chrodegang à la plus haute aristocratie qui entourait les maires du palais pippinides. Le destin de l'évêque était tout tracé.

2. L'élection de Chrodegang à Metz

> *Hic in palatio maioris Karoli ab ipso enutritus, eiusdemque referendarius exstitit, ac demum Pippini regis temporibus pontificale decus promeruit.*
>
> « Il fut élevé au palais par Charles lui-même, qui en était le maire, puis il devint son référendaire, et enfin, sous le roi Pépin, il reçut l'honneur pontifical. »

Né en Hesbaye, Chrodegang se trouvait au cœur du royaume franc à la fin du gouvernement de Pépin II (mort en 714) et sous celui de Charles Martel (714-741). Promu à l'épiscopat en 742 après une carrière à la chancellerie pippinide, il était né sans doute peu de temps avant l'avènement de Charles Martel et c'est entièrement sous son autorité qu'il fit carrière de référendaire. Cette fonction

---

7 Portrait de Chrodoara dans J. Stiennon, *Un Moyen Âge pluriel. Recueil d'articles*, Malmédy, 1999, p. 93-108 (première édition dans le Catalogue de l'exposition *Trésors de la Collégiale d'Amay*, Amay, 1989, p. 25-34).

8 E. Ewig, *Trier im Merowingerreich*, Trèves, 1954, p. 121-122.

est élevée; elle est confiée à un haut dignitaire qui reçoit les requêtes adressées au roi ou au maire du palais. Qu'on nous pardonne l'anachronisme, mais il était comme le chef de cabinet d'un ministre, son plus proche conseiller, son homme de confiance, et celui par qui il fallait passer pour atteindre le plus haut sommet; il est plus que l'*ostiarius*, car il touche au domaine de la chancellerie, donc de l'écriture et de l'expédition des diplômes, comme le faisait avant lui un Chrodobertus, qui signe un diplôme de Chilpéric II en 716 pour Saint-Denis.

En réalité il faut supposer que le jeune garçon fut envoyé par ses parents à la cour à un âge tendre pour y recevoir une formation cléricale complète, comprenant, outre la lecture et l'écriture, une bonne connaissance des Livres saints et de l'histoire des Francs. Il exerça donc sa charge dans la deuxième moitié du règne de Charles Martel, quand celui-ci gouvernait sans partage, en l'absence d'un roi mérovingien. Malheureusement les traces nous manquent de l'activité précise de Chrodegang. On le rencontre vraiment quand il devint évêque.

En mourant en 741, Charles Martel laissait le royaume en partage à ses deux fils, Carloman et Pépin. Un roi mérovingien fut remis sur le trône en la personne de Childeric III. On connaît la suite : Carloman, à qui était confiée la part orientale du royaume, décida de se retirer du monde et de se faire moine au Mont-Cassin, laissant Pépin régner seul. Chrodegang avait été placé sur le siège épiscopal de Metz par la volonté de Pépin. Il succédait à Sigebaud, qui avait assuré un épiscopat de 27 années et s'était montré très actif. Theodor Schieffer avait cru pouvoir montrer que l'avènement de Chrodegang n'était pas antérieur à 747; il faisait fausse route en croyant que Metz se trouvait dans la part dévolue à Carloman. Josef Semmler et Karl Ferdinand Werner ont montré au contraire que Metz avait été donnée à Pépin, confirmant ainsi la donnée de Paul Diacre. Il est important de retenir que Chrodegang, homme de confiance de Charles Martel, fut ainsi distingué rapidement par Pépin. Ce dernier devait bientôt lui confier d'autres charges.

3. Les vertus de Chrodegang

> *Fuit autem omnino clarissimus omnique nobilitate coruscus, forma decorus, eloquio facundissimus, tam patrio quamque etiam Latino sermone imbutus, servorum Dei nutritor, orfanorum viduarumque non solum altor sed et clementissimus tutor.*

> « Il était illustre sous tous les rapports, avait l'éclat d'une parfaite noblesse, la beauté, l'éloquence, la connaissance de sa langue maternelle et du latin, il nourrissait les serviteurs de Dieu, et pour les veuves et les orphelins, il n'était pas seulement un père nourricier, mais aussi un tuteur très clément. »

On voit dans ce passage que le genre des *gesta episcoporum*, que Paul Diacre a introduit en Gaule en s'inspirant du *Liber Pontificalis* de Rome, partage avec l'hagiographie ce lieu rhétorique obligatoire qu'est le catalogue de vertus, d'ailleurs partiellement hérité de la biographie antique. Les topoi (lieux communs) y fleurissent généralement, par exemple ici l'association de la noblesse et de la beauté physique. On trouve surtout des qualités essentielles pour un pasteur : l'éloquence et la connaissance des langues latine et vulgaire. La mention des soins particuliers apportés aux pauvres, veuves et orphelins, selon une trilogie elle aussi très classique, témoigne de l'attachement des évêques mérovingiens à la tradition d'hospitalité, que traduisent les matricules des pauvres et les *xenodochia* ouverts aux voyageurs.

4. Chrodegang, légat de Pépin

> *Cumque esset in omnibus locuples, a Pippino rege omnique Francorum caetu singulariter electus, Romam directus est, Stephanumque venerabilem papam, ut cunctorum vota anhelabant, ad Gallias evocavit.*
>
> « Comblé de toutes les richesses, il fut unanimement choisi par le roi Pépin et toute l'assemblée des Francs, et envoyé à Rome pour faire venir dans les Gaules le vénérable pape Étienne, répondant en cela aux profonds souhaits de tous. »

La première fonction importante de Chrodegang allait être de représenter son roi auprès du pape dans les conditions suivantes. En 750, le maire du palais adressa une demande au pape Zacharie. Par l'intermédiaire du moine Fulrad et du duc Ruthard, il posa la question de savoir si le pouvoir ne devait pas revenir à celui qui l'exerçait. Le pape qui avait besoin de l'appui des troupes franques pour faire face aux menaces lombardes, répondit dans le sens souhaité par la cour et, en 751 Pépin déposa le roi mérovingien et prit sa place, en coiffant la couronne. On en a beaucoup discuté, mais il semble qu'il faille renoncer à admettre que Boniface, l'apôtre de la Germanie, avait joué un rôle décisif en donnant l'onction à l'élu de l'aristocratie. Deux ans plus tard, Chrodegang et le duc Auger (Autgar) partaient pour Rome, d'où ils revinrent avec le pape Étienne II (753 juillet). L'année suivante, à Saint-Denis, le pape posa la couronne sur la tête de Pépin et oignit en même temps ses deux garçons, Carloman et Charles ; le second n'avait alors que six ans.

L'année 754 fut aussi celle du martyre de saint Boniface. Ce missionnaire anglo-saxon avait eu une carrière très chargée et avait mis sur pied en Germanie une église entièrement dévouée à Rome. Il exerçait ses fonctions dans la partie du royaume confié au pieux Carloman et les deux hommes firent alliance ; il y fut abbé de Fulda et évêque de Mayence. Le retrait de Carloman laissa Boniface désemparé, car il ne s'entendait pas avec Pépin. Dans de telles conditions, la prise en mains de l'Église franque et la réunion de conciles cessèrent. La mort de Boniface, assassiné par des païens frisons (5 juin 754), laissait le champ libre à la reprise du mouvement réformateur. On ne peut s'étonner que Chrodegang ait été le premier bénéficiaire de la vacance. Pépin lui demanda de prendre en mains la réforme de l'Église. Chrodegang jouissait de la faveur pontificale ; il devait en retirer des titres honorifiques, notamment celui d'archevêque grâce à l'octroi du pallium par le pape Étienne II au cours de son séjour de deux ans en Francie, sans doute avant la fin du mois d'août 754 selon Eugen Ewig[9], ce qui signifierait, si cette date était exacte, que la cour fut rapidement informée de la mort du missionnaire et que la nomination de son successeur ne connut aucun sursis.

Chrodegang se mit aussitôt au travail et, dès 755, il réunissait un premier concile à Ver, aux confins de l'Austrasie et de la Neustrie, au nord de Paris ; l'année suivante, il retrouva les évêques francs à Verberie, tout près de Ver ; encore une année et ce fut Compiègne (757). Eugen Ewig, qui s'est penché sur le mouvement de réforme et son développement, a constaté un élargissement progressif de l'espace touché par les initiatives du nouveau patron de l'Église franque, de plus en plus d'évêques et d'abbés venant autour de lui pour faire un bilan des progrès annuels[10]. Grâce à l'acte de fondation de Gorze (757), on dispose d'une liste des participants du concile[11]. La série des réunions se prolonge à Attigny en 762 ; cette fois le couronnement en fut une association de prière, réunissant tous les participants, évêques et abbés. La carte de ces prélats donne une juste idée de l'extension de l'esprit de réforme à la totalité du royaume franc. Cette confraternité montrait qu'était en marche l'intégration du domaine anciennement tenu par Boniface, à l'est du Rhin, jusqu'à Wessobrunn et Eichstädt. Dans ces conciles, la région la plus densément représentée restait comprise entre la Seine et le Rhin, jusqu'au Rhône au sud.

5. La règle des chanoines

> *Hic clerum adunavit et ad instar coenobii intra claustrorum septa conversari fecit normamque eis instituit qualiter in ecclesia militare deberent ; quibus annonas vitaeque subsidia necessaria sufficienter largitus est, ut, perituris vacare negotiis non indigentes, divinis solummodo officiis excubarent.*

---

9   E. Ewig, « Saint Chrodegang et la réforme de l'église franque », dans *Saint Chrodegang…*, p. 25-53, ici p. 31.

10 *Ibid.*, p. 33-46.

11 *Cartulaire de l'abbaye de Gorze, ms. 826 de la bibliothèque de Metz*, publié par A. D'Herbomez, Paris, 1898 (Mettensia II) [désormais : *Cartulaire*], acte n° 4.

« Il rassembla son clergé, le fit vivre dans la clôture comme au sein d'une communauté monastique, et il lui donna une règle qui lui montrât comment servir dans l'Église ; il lui fit distribuer à suffisance vivres et ressources, afin que, dispensé de l'accomplissement des tâches périssables, il se consacrât aux seuls offices divins. »

Si l'on suit le texte de Paul Diacre en imaginant qu'il a voulu respecter la chronologie, la mise au point de la règle des chanoines est contemporaine des premiers conciles. C'est ce que pense aussi le chanoine Morhain, qui constate que la règle fut portée à la connaissance des évêques francs dès 755 au concile de Ver[12]. La date pourrait être descendue à 756, mais il n'y a pas de doute sur la période de son établissement. G. Hocquard a repris le dossier à nouveaux frais en 1966 et fait l'état des questions ; on peut suivre ses conclusions, car le problème n'a pas été repris après lui[13].

Le propos de l'évêque, selon son biographe, est d'une grande clarté : transformer le groupe de clercs qui l'entourent et desservent l'église cathédrale, église-mère du diocèse, en une communauté soudée comme celle des moines ; le mot latin est *coenobium*, qui désigne en particulier le groupe que forment les moines au sein d'un monastère. Il fixe un règlement de vie quotidienne, non pas une *regula* comme celle de Benoît, mais une *norma*, ce qui est proche des coutumes. La nouveauté est d'importance. Ces groupes de clercs desservant une église-mère ou un *martyrium* (où se trouvent les tombeaux des évêques) étaient fréquents, mais ils se distinguaient nettement des communautés monastiques en ce qu'ils n'avaient pas de règle de vie et se contentaient d'assurer la messe, de dire les heures canoniales, tout en vivant au contact direct et permanent avec le monde. Les anciens conciles ne méconnaissaient pas les clercs chanoines et l'obligation où ils étaient de suivre des 'canons', mais ils n'avaient pas encore fait l'objet d'une attention comparable à celle dont avaient bénéficié les moines, de la part de Benoît de Nursie, par exemple, ou d'autres auteurs de règles monastiques. La latitude qui leur était laissée pouvait être dangereuse. Chrodegang fixa donc à son entourage clérical une règle de vie de caractère monastique, avec dortoir et réfectoire uniques pour tous, avec une clôture, ce qui est tout à fait nouveau. Qu'il ait songé ensuite à une dotation suffisante de ce qu'on va appeler son 'chapitre' n'a rien pour surprendre, puisque c'est une pratique imposée que de doter toute église et toute communauté. Où Chrodegang a-t-il puisé son inspiration ?

---

12 Chanoine E. Morhain, « Origine et histoire de la Regula canonicorum de saint Chrodegang », dans *Miscellanea P. Paschini* (Lateranum N.S. XIV), 1948, t. 1, p. 173-185.

13 G. Hocquard, « La règle de saint Chrodegang. État de quelques questions », dans *Saint Chrodegang...*, p. 55-89 ; M.A. Claussen, *The Reform of the Frankish Church...* ; J. Bertram, *The Chrodegang Rules...*

La première source, on l'a dit, est la règle bénédictine, qui ne fait pas l'objet d'une copie servile; Chrodegang se limite à des emprunts plutôt courts, et son intervention est nette à bien des moments : « Saint Chrodegang a puisé dans quarante et un chapitres de saint Benoît; il n'a rien pris dans les trente-deux autres chapitres [...] Saint Chrodegang ne se contente pas de citer des textes soigneusement choisis. Il les arrange, les modifie, les adapte; il les refond dans un ensemble nouveau », écrit Gaston Hocquard. Tous les aspects sont abordés, la vie communautaire, l'organisation liturgique, les relations entre les membres du groupe, les lieux de vie des chanoines, le régime de l'alimentation, le vêtement. Le dossier ainsi élaboré est adapté aux clercs vivant autour de Chrodegang à Metz, car c'est à eux qu'il a pensé, sans avoir l'idée de diffuser le texte dans les autres cités. À côté de la règle monastique, Chrodegang a utilisé de nombreux autres textes, extraits des conciles anciens, de l'Écriture sainte, des Pères de l'Église, spécialement Césaire d'Arles et Grégoire le Grand. Le « petit décret » de Chrodegang avait de grandes ambitions. Il eut pour effet de souligner quelques points fondamentaux, tels que la fidélité aux heures canoniales, la soumission à l'évêque, le respect de la vie commune dans la clôture; ce dernier point n'empêchait pas l'existence ou le maintien de *mansiones* individuelles pour les chanoines.

On a rapproché à juste titre la règle de saint Chrodegang de l'institution canoniale élaborée par Benoît d'Aniane et son entourage en 816, à l'instigation de Louis le Pieux; le réformateur carolingien a puisé en effet dans l'œuvre de son prédécesseur, parfois mot à mot. Le prestige de l'œuvre de Benoît d'Aniane a éclipsé aujourd'hui le rayonnement plus modeste de l'œuvre de l'évêque de Metz. Pourtant Martin A. Claussen a mis récemment en lumière toute l'ampleur et l'originalité de l'œuvre de Chrodegang, qui, par un travail extrêmement fin sur le texte de la règle bénédictine, se l'est totalement réapproprié, jusqu'à en transformer l'objet original en un projet social révolutionnaire : bâtir à Metz une cité idéale, dont le ciment social serait la nouvelle règle, dont les chanoines seraient le centre, mais qui inclurait l'ensemble de la population, de l'évêque aux pauvres, des chanoines aux moines, prêtres et laïcs. C'est l'ensemble des Francs laïcs de Metz qui sont ainsi appelés à la conversion, dans ce que Claussen qualifie d'"ethnogenèse spirituelle" du peuple de Chrodegang[14].

6. La réforme liturgique

Ipsumque clerum abundanter lege divina Romanaque imbutum cantilena morem atque ordinem Romanae ecclesiae servare praecepit, quod usque ad id tempus in Mettensi ecclesia factum minime fuit.

---

14 *The Reform of the Frankish Church*..., p. 46.

Introduction historique

« Il fit donner à ce clergé une large connaissance de la loi divine et du chant romain, et il lui prescrivit de respecter l'usage et l'ordo de l'Église romaine, chose qui jusque-là n'avait jamais été faite dans l'Église de Metz. »

À propos de la vie religieuse des clercs de sa cathédrale, Chrodegang ouvre largement la porte aux pratiques romaines. Dorénavant ce sera la règle ; pour lutter contre les pratiques locales et les liturgies régionales, il faut s'inspirer de Rome, lui emprunter des livres et des pratiques.

La « romanisation du culte en pays franc » n'était pas une chose nouvelle quand Pépin le Bref accéda au pouvoir. Boniface s'était montré particulièrement attentif à solliciter l'avis de la papauté, chaque fois qu'il était nécessaire, au moment où il mettait sur pied l'Église germanique. Il avait transporté ses exigences dans la partie centrale et occidentale du royaume franc. Dès le VIIe siècle, des relations incessantes avaient relié Rome aux pays christianisés, jusqu'aux îles britanniques. Les pèlerins les premiers, et d'autres visiteurs aussi, empruntaient ou acquéraient à Rome des ouvrages qui auraient dû favoriser une uniformisation liturgique. Il n'en fut rien, si bien que les pratiques romaines restèrent mêlées à des coutumes régionales variables. Le bilan était même catastrophique, si l'on en croit une lettre de Boniface datée de 742, qui constate que depuis longtemps on ne tient plus de conciles réguliers : à ce que disent les anciens, durant une période de quatre-vingts ans, écrit-il, les Francs n'ont pas réuni de synode, n'ont pas eu d'archevêque, n'ont pas créé et renouvelé de droits canoniques (*canonica iura*) pour l'Église. Cette désorganisation cessa, on l'a vu, dès 755, mais il y avait alors beaucoup à faire. Ce fut l'un des mérites de Chrodegang que de reprendre la voie suivie par Boniface. Il y fut encouragé par ce qu'il vit et apprit à Rome lors de son voyage de 753, et au contact de l'entourage clérical du pape Étienne II, présent durant deux années au cœur de la Francie, notamment à Saint-Denis. La liturgie gallicane cédait donc la place à celle de Rome.

La liturgie pascale des stations se développe également à cette époque, mais Paul Diacre ne la mentionne pas. Theodor Klauser et René Bour ont su exploiter un manuscrit opportunément retrouvé et qui présente la liste des stations effectuées chaque jour par l'évêque dans les différentes églises de la cité messine au moment de Pâques[15]. Chaque matin, le prélat se rendait dans une église différente ; quelques-unes seulement étaient visitées deux fois. La liste stationnale nous fait ainsi connaître le nombre de lieux de culte établis dans la ville et dans les environs. Comme, par bonheur, l'évêque suit un ordre géographique, il a été ainsi

---

15 BNF lat. 268, fol. 153. Voir C. Heitz, « Le groupe cathédral de Metz au temps de saint Chrodegang », dans *Saint Chrodegang…*, p. 123-132, spéc. p. 124 ; Th. Klauser, R.-S. Bour, *Un document du IXe siècle. Notes sur l'ancienne liturgie de Metz et sur ses églises antérieures à l'an mil*, Metz, 1929 (Extrait de l'*Annuaire de la Société d'Histoire et d'Archéologie de la Lorraine*).

possible d'examiner et de décrire jusqu'au détail les églises messines du milieu du VIIIe siècle. Carol Heitz suggère que l'usage pourrait être très ancien, et d'origine orientale plutôt que romaine[16]. Par ces processions qui investissent l'espace urbain, Chrodegang fait de Metz véritablement une ville sainte[17].

Claussen a récemment insisté sur l'ampleur et sur la cohérence de la réforme de Chrodegang, qui, contrairement à ce qu'on croit trop souvent, ne se limite pas à la question du chant grégorien[18], mais se veut une réforme globale, touchant à toutes les formes de la liturgie[19]; cette réforme est fortement liée à son travail sur la règle canoniale, car il s'agit, là encore, d'une stratégie d'envergure politique autant que religieuse, visant à réorganiser toute la vie de la cité messine. Selon la formule de Claussen, le but de Chrodegang n'était pas de romaniser Metz, mais de restaurer le passé perdu de la Metz romaine, autrement dit, de « re-mediomatriciser » Metz[20].

7. La réforme architecturale

> *Hic fabricare iussit una cum adiutorio Pippini regis rebam sancti Stephani protomartyris, et altare ipsius atque cancellos, presbiterium arcusque per gyrum.*
>
> « Avec l'aide du roi Pépin, il fit construire un baldaquin pour le saint protomartyr Étienne, ainsi qu'un autel en son honneur, un chancel, un chœur et des arcatures ».

Le texte de Paul Diacre est relativement bref; il ne décrit pas entièrement tous les changements qui sont intervenus à l'instigation du roi et de son évêque, mais il en dit assez pour qu'on saisisse l'ampleur des nouveautés apportées autant à la liturgie qu'à son cadre architectural. Son interprétation pose néanmoins des problèmes qui ont intéressé archéologues et historiens d'art.

---

16 C. Heitz, p. 127-132.

17 Voir F. Heber-Suffrin, « La liturgie dans la ville : Metz du VIIIe siècle à l'époque romane », *Cahiers de Saint-Michel de Cuxa*, 2003, p. 13-25. M. Gaillard, « La présence épiscopale dans les villes du haut Moyen Âge : sanctuaires et processions », *Violence et expression du pouvoir dans l'espace urbain de l'Antiquité au haut Moyen Âge, Histoire urbaine*, 10, 2004, p. 123-140.

18 Sur le chant grégorien, voir Ph. Bernard, *Du chant romain au chant grégorien (IVe-XIIIe siècle)*, Paris, 1996, spéc. p. 625-728. Adhémar de Chabannes (*Chronique*, 2, 8) fait une description de cette réforme du chant, dont le souvenir ne s'était donc pas éteint au XIe siècle.

19 Cyrille Vogel avait déjà fait état de la mise au point d'un sacramentaire romain compilé pour les besoins de la cour de Pépin, soucieux de conserver des fêtes et des coutumes gallicanes ajoutées à celles de Rome (*Saint Chrodegang*, p. 91-109, ici p. 100-101).

20 *The Reform of the Frankish Church…*, p. 163.

Introduction historique

Carol Heitz a longuement analysé et commenté cette phrase de Paul Diacre. Il l'a fait à la lumière de ses études sur les relations entre la liturgie et l'architecture à l'époque carolingienne[21]. Prenant appui sur un plan ancien du groupe cathédral, il a pu commenter de façon précise l'application de la règle des chanoines, mentionnée plus haut. Pour ce qui est des indications concernant l'autel, il s'est inspiré des plaquettes d'ivoire du Sacramentaire de Drogon[22]. Sur les deux plats de couverture de cet illustre manuscrit, un des plus précieux conservés aujourd'hui par la Bibliothèque nationale de France[23], figure un assemblage constitué chaque fois de neuf petites plaques d'ivoire rectangulaires, fixées sur un montage métallique. D'un côté sont illustrés les sacrements, de l'autre neuf phases de la messe. Or on distingue nettement l'architecture de l'autel où a lieu la messe, et aussi le baldaquin (ordinairement *ciborium*, ici *reba*) placé au-dessus de lui.

Le chancel, clôture placée entre le chœur des clercs et la nef du peuple, ne pose pas de problème particulier. L'*arcus per gyrum*, en revanche, a fait couler beaucoup d'encre. L'interprétation qui rallie le plus de suffrages est celle d'une abside semi-circulaire décorée d'arcatures aveugles[24]. D'autres préfèrent y voir un déambulatoire autour du chœur[25]. Comme tout le passage concerne les aménagements liturgiques, et bien qu'en général *arcus* désigne un arc vertical, François Heber-Suffrin a, quant à lui, proposé d'interpréter l'expression comme un banc presbytéral[26], tel qu'il en existait à Saint-Pierre de Rome. Cette dernière hypothèse a le mérite de justifier la précision *ante altare*. La couverture du sacramentaire de Drogon ne permet de trancher ni dans un sens ni dans l'autre : si on y voit bien un banc

---

21 *Saint Chrodegang…*, p. 123-132.

22 Reproduction dans *Saint Chrodegang…* (hors texte, en face de la p. 126).

23 Paris, BNF lat. 9428.

24 Voir C. Heitz, dans *Saint Chrodegang…*, p. 126. On aurait ainsi une délimitation très forte de l'espace réservé à l'officiant et aux sept clercs (diacres) qui l'assistent. Cet espace est fermé du côté du peuple par le chancel, derrière l'autel par l'abside semi-circulaire. L'officiant tourne le dos au peuple et a devant lui l'autel ; derrière celui-ci se trouve le siège de l'évêque, analogue, sur l'une des plaquettes d'ivoire, au fût de colonne encore visible aujourd'hui à la cathédrale de Metz. Jean-Pierre Caillet, qui se range à l'avis de Carol Heitz, a eu l'amabilité de nous communiquer le renseignement suivant, pour lesquels nous le remercions vivement : le dispositif de Metz serait alors comparable à celui de Germiny-des-Prés, dont on peut voir une reproduction (après restauration du XIXe siècle) dans Anne-Orange Poilpré, « Le décor de l'oratoire de Germiny-des-Prés : l'authentique et le restauré », *Cahiers de civilisation médiévale*, 41 (1998), p. 281-297, spéc. p. 289-290 pour le caractère vraisemblable de la restitution de l'arcature.

25 Voir Th. Klauser et R. Bour, *Un document du IXe siècle…*, p. 32-33.

26 Voir F. Heber-Suffrin, « La cathédrale de Metz vue par Paul Diacre et les témoignages archéologiques », dans *Actes du colloque autour d'Hildegarde*, Centre de recherches sur l'antiquité tardive et le haut Moyen Âge, Cahier V, 1987, p. 73-88, et Id. « Metz, la cathédrale Saint-Étienne des origines à la consécration de 1040 », dans *Congrès Les Trois-Évêchés et l'ancien duché de Bar*, Paris, 1995, p. 431-445.

presbytéral, un trône et des arcades, il est difficile de savoir quels éléments sont désignés par chacun des mots de notre texte. *Presbiterium* désigne l'espace réservé aux clercs, qui peut être le chœur délimité par le chancel, ou l'espace matérialisé par le banc presbytéral.

8. Saint-Pierre le Majeur

> *Similiter et in ecclesia beati Petri maiori presbiterium fieri iussit. Construxit etiam ambonem auro argentoque decoratum, et arcus per gyrum throni ante ipsum altare.*

> « Dans l'église majeure de saint Pierre il fit semblablement faire un chœur. Il fit également construire un ambon décoré d'or et d'argent et des arcatures autour du trône, devant l'autel. »

Ce passage pose le problème de l'identification de l'église dite Saint-Pierre le Majeur, qui est peut-être la même que Saint-Pierre *infra domum*[27]. Il pourrait s'agir de Saint-Pierre-aux-Nonnains, desservi par des religieuses.

Le dispositif a été reconstitué comme suit par Carol Heitz. « L'autel principal semble s'être trouvé, comme dans la cathédrale Saint-Étienne, à l'entrée du chœur, à proximité de la nef, tourné aussi bien vers la nef (occupée par les fidèles) que vers le siège épiscopal dressé au fond de l'abside. La formule *thronus ante ipsum altare* devient ainsi possible[28]. » Dans l'église Saint-Pierre-aux-Nonnains ont été conservés des fragments d'un chancel que l'on date habituellement du VIIIe siècle, et dont on peut admettre qu'il donne une image fiable des différentes clôtures de pierre mises en place à cette époque[29].

9. Les fondations de communautés religieuses

> *Aedificavit praeterea monasterium in parochia beati Stephani in pago Mosellensi, in honore beatissimi Petri apostoli, et ditavit illud opibus magnis, monachosque ibi constituit atque sub regula sancti patris Benedicti in una karitate coniunxit. Construxit etiam alterum monasterium quod Gorzia vocitatur, ubi pari modo non modicam multitudinem adunavit monachorum.*

---

27 Voir Th. Klauser et R. S. Bour, *Un document du IXe siècle...*, p. 33-34 et surtout p. 41-43.
28 *Saint Chrodegang...*, p. 127-128.
29 Voir F. Heber-Suffrin, « Le chancel de Saint-Pierre aux Nonnains à Metz du VIIIe au XIe siècle », dans *Édifices monastiques et culte en Lorraine et en Bourgogne*, Paris, 1977, p. 3-30.

Introduction historique

« Il érigea en outre un monastère dans le diocèse de saint Étienne, dans le pagus de la Moselle, en l'honneur de saint Pierre apôtre ; il le dota richement, y établit des moines et les réunit sous la règle du saint père Benoît dans une même fraternité. Il construisit encore un second monastère, appelé Gorze, où il rassembla pareillement une assez nombreuse communauté de moines. »

Ces deux phrases ont suscité la perplexité des historiens, car elles mentionnent deux monastères, l'un fondé en l'honneur de saint Pierre dans le diocèse de Metz (« diocèse de saint Étienne ») et le pagus de la Moselle, et l'autre à Gorze. Il convient de reprendre les sources à ce sujet.

L'acte de fondation de 757 fait état d'un seul monastère de moines établis à Gorze : Chrodegang y mentionne en effet un « monasterium, au lieu dit Gorze, dans le pagus de Scarponne, en l'honneur des saints Pierre, Paul, Étienne et autres ». Pour en savoir plus, on ne peut pas prendre appui sur les autres actes de Chrodegang, car ils sont tous suspects. Les précaires postérieures à 765, date de l'arrivée des reliques à Gorze, ne font état que de l'église Saint-Pierre ou Saint-Gorgon de Gorze.

Les actes de son successeur Angelram, datés de 770, désignent comme bénéficiaires, d'une part le *monasterium* Saint-Pierre de Gorze, d'autre part la sainte congrégation des moines avec le corps de Gorgon. Cette double appellation est celle que Paul Diacre a reprise. Une précaire de 771 distingue aussi l'église qui a le corps de Gorgon, et le monastère de Gorze régi par l'abbé Théomar. L'acte est sincère.

Cette double mention est reprise assez régulièrement. En 856 (acte 55) la donation d'Anselomus est faite à l'église qui a la relique de Gorgon d'une part, au monastère de Gorze et à l'abbé Bivin d'autre part. En 863, Advence, l'évêque de Metz, cite encore, d'une part, le monastère sur la rivière Gorze où repose le corps de Gorgon, d'autre part, le groupe de l'abbé et des moines. En 874 (acte 70), le prêtre Siccon donne des biens à l'église Saint-Pierre-et-Saint-Gorgon, au monastère de Gorze, et aux frères. De façon récurrente, il est fait état de deux ensembles, l'un associé à la sainte relique, l'autre aux moines. À la fin du IXe siècle, les deux sont confondus, et le personnage principal est l'abbé de la communauté. On notera donc que les sources concordent pour mentionner les deux édifices religieux de Gorze qu'a connus Paul Diacre et que reprend, à la fin du Xe siècle, l'auteur de la Vie de Chrodegang (chap. 27). En revanche, l'auteur des Miracles de saint Gorgon (chap. II) cite la construction du seul monastère de Gorze. Les textes, durant un siècle, ne mentionnent donc qu'un seul monastère avec deux églises à Gorze. À partir de la réforme de l'évêque Advence en 863, les choses se précisent : les sources ne retiennent plus que l'église Saint-Gorgon au centre du monastère.

10. La translation des reliques

> *Expetiit denique a Paulo Romano pontifice tria corpora sanctorum martyrum, id est beati Gorgonii, quod in Gorzia requiescit, et beati Naboris, quod in Hilariaco monasterio conditum est, et beati Nazarii, quod ultra fluvium Rhenum in monasterio quod vocatur Lorishaim, aedificata in honore ipsius martyris miri decoris basilica, collocavit. Hoc siquidem praedium Chilliswindis quondam, religiosa femina, et Cancro eius filius, eidem Chrodegango antistiti ad partem beati Stephani tradiderant.*

> « Puis il demanda au pontife romain Paul les corps des trois martyrs : Gorgon, qui repose à Gorze, Nabor, qui est enterré dans le monastère d'Hilariacum, et Nazaire, qu'il plaça de l'autre côté du Rhin, dans le monastère de Lorsch, après avoir édifié en l'honneur de ce martyr une basilique d'une étonnante beauté. Chilliswindis, une pieuse femme, et son fils Cancor avaient jadis donné cette terre à Chrodegang pour doter Saint-Étienne. »

L'arrivée des reliques de Gorgon à Gorze a été datée du 15 mai 765. Un peu plus tard, c'est le corps de saint Nabor qui est déposé à Hilariacum (Saint-Avold) ; enfin, le 11 juillet suivant, le cortège atteint Lorsch, à laquelle est destinée la relique de saint Nazaire[30]. Ce sont les trois abbayes les plus chères au cœur de Chrodegang ; à la tête du monastère de Lorsch se trouve alors Gundeland, frère de Chrodegang et premier abbé de Gorze ; Hilariacum, fondation de Sigebaud, prédécesseur de Chrodegang, avait besoin de soutiens. Selon Paul Diacre, Chrodegang aurait adressé une demande au pape Paul Ier (757-767), qui lui a destiné les trois martyrs : la lecture de la *Vita Chrodegangi* et des *Miracles de saint Gorgon* permettra de voir que ce n'est pas là la seule version de l'histoire.

11. Les activités religieuses de Chrodegang

> *Fuit siquidem beatus iste vir in eleemosynis largus, in charitate purissimus, susceptor hospitum atque peregrinorum; sed quoniam longum est bona quae gessit ex ordine retexere, satis sit haec pauca praelibasse de plurimis. Hic consecravit episcopos quam plurimos per diversas civitates, presbyteros nihilominus ac*

---

30. Primitivement le déplacement des corps était jugé illégal et sacrilège ; mais, pour des raisons de sécurité, en 638 Honorius Ier fit transporter deux mille corps depuis les catacombes ; les translations se répandirent alors. La diffusion des reliques des martyrs par la papauté fut un moyen de renforcer son prestige, et elle s'affirma comme source de sainteté par excellence. Voir J. M. H. Smith, « Old saints, new cults : roman relics in carolingian Francia », dans *Early medieval Rome and the Christian West. Essays in honour of Donald A. Bullough*, éd. J. M. H. Smith, Leyde-Boston-Cologne, 2000, p. 317-39. N. Hermann-Mascard, *Les reliques des saints. Formation coutumière d'un droit*, Paris, 1975, p. 62-63.

diaconos, ceterosque ecclesiasticos ordines, sicut moris est Romanae ecclesiae, in diebus sabbatorum quaternis temporibus anni.

« En vérité le saint homme fut généreux dans ses aumônes, d'une pureté totale dans son amour de Dieu et du prochain, accueillant envers les visiteurs et les pèlerins ; mais comme il serait trop long de raconter en détail tout le bien qu'il fit, contentons-nous d'avoir donné ces quelques exemples parmi beaucoup d'autres. Il consacra de nombreux évêques dans diverses cités, des prêtres, des diacres, et des clercs de tous les ordres, selon l'usage romain, durant les samedis des Quatre-Temps. »

Les actes évoqués ici – aumônes, hospitalité, consécrations – relèvent normalement de la fonction épiscopale, mais les derniers mots de Paul Diacre visent certainement à pérenniser le rôle de modèle et de chef tenu par Chrodegang dans le cadre de sa fonction de chef de l'église franque. Le titre d'archevêque et le pallium lui furent remis par le pape Étienne II durant le séjour de ce dernier en Francie (755-757). Il n'était pas encore habituel de donner aux métropolitains le titre archiépiscopal, mais cela allait de soi quand il s'agissait d'un représentant de Rome et d'un réformateur de l'Église comme le furent Boniface et son successeur[31].

12. La mort de Chrodegang

Rexit ecclesiam Mettensem annis viginti tribus, mensibus V, diebus V. Obiit pridie Nonas Martias in diebus Pippini regis. Requiescit in Gorzia monasterio, quod ipse a fundamentis exstruxit.

« Il dirigea l'église de Metz durant vingt-trois ans, cinq mois et cinq jours. Il mourut la veille des nones de mars, sous le roi Pépin. Il repose dans le monastère de Gorze, qu'il fit construire lui-même depuis les fondations. »

Paul Diacre ne donne pas le millésime de la mort de Chrodegang, mais il connaît précisément le mois et le jour ; bien plus, il fournit le décompte de la durée du pontificat. Il apparaît donc que l'évêque-archevêque de Metz est mort le 6 mars 766. Le martyrologe de Bède et celui d'Hilariacum (de la famille de celui d'Adon) ont gardé le souvenir de ce jour anniversaire :

II non. mar. Depositio s. Chrodegandi Metensis archiepiscopi (Hilariacum)
Mettis, dominus Chrodegandus archiepiscopus obiit (Bède)[32]

---

31 Voir M. Gaillard, « *De privato honore Mettensium Pontificum* : les archevêques de Metz à l'époque carolingienne », *Annales de l'Est*, 2006, n° 1 (6e série, 55e année), p. 151-174.

32 H. Tribout de Morembert, « Manuscrits de l'abbaye de Saint-Avold, VIIIe-XIe siècle », dans *Saint Chrodegang*, p. 189.

Un simple calcul permet de retrouver la date de consécration : le 30 septembre 742, confirmant ainsi que la venue du saint évêque à Metz eut bien lieu au tout début de l'avènement de Pépin. Pépin le Bref était aussi à la fin de sa vie ; il mourut le 24 septembre 768. Il mit quelque temps à trouver un successeur à son fidèle Chrodegang et ce fut Angelram qui monta sur le siège de Metz cette année-là, le lendemain même de la mort du roi, le 25 septembre. Chrodegang fut enterré à l'abbaye de Gorze.

II. PRÉSENTATION DE LA VIE DE SAINT CHRODEGANG (BHL 1781)

1. La *Vita Chrodegangi* et le *Liber de episcopis Mettensibus* de Paul Diacre

On a déjà eu l'occasion de dire que la Vie de Chrodegang était une amplification du *Liber de episcopis Mettensibus* de Paul Diacre. L'hagiographe, qui est assez prolixe, voire bavard, ne se contente pas d'amplifier la notice que Paul Diacre a consacrée à Chrodegang ; il puise aussi dans les autres, où il trouve une entrée en matière historique pour sa biographie. C'est ainsi que, après avoir assuré qu'il ne dirait rien des premiers évêques de Metz, sauf de Sigebaud, prédécesseur immédiat de Chrodegang, dans une longue formule de prétérition il reprend tout de même, en la glosant, la succession des évêques fournie par Paul Diacre et un catalogue métrique[33] ; à ce dernier il emprunte quelques jeux étymologiques favorisés par les noms des premiers prélats, Clément, Céleste, Félix, Patient, Victor, une aubaine ! Il ne reprend que très rapidement la mention que fait Paul Diacre de l'arrivée en Gaule de Clément et de son installation dans une grotte de l'amphithéâtre antique des faubourgs de Metz[34].

Des douze premiers évêques de Metz, Paul Diacre avouait ne rien savoir ; il rapporte néanmoins un miracle concernant les neuvième et dixième, Ruf et Adelphe, que notre hagiographe, dans un souci évident de sobriété, ne reprend pas. La notice d'Auctor est développée plus longuement, et centrée autour de l'invasion de Metz par Attila. Paul Diacre affirme là explicitement qu'il reprend le récit de Grégoire de Tours, auquel il ajoute un miracle d'Auctor (des morceaux de marbre miraculeusement recollés dans la cathédrale) : notre auteur reprend succinctement les données de Grégoire, et néglige le miracle : il sait aussi être bref quand il le veut, et organiser sa matière.

---

33 Voir N. Gauthier, *L'Évangélisation des pays de la Moselle*, Paris, 1980, p. 92.
34 Sur le dossier de saint Clément, voir en dernier lieu M. Chazan, « Clemens », dans M. Goullet et M. Heinzelmann (dir.), *Miracles, Vies et réécritures…*, p. 152-190.

Avec Arnoul, le vingt-neuvième évêque, on entre en territoire connu[35]. L'hagiographe de Chrodegang retient de Paul Diacre la généalogie des descendants d'Arnoul, d'abord son fils Anségisel – devenu Anchise pour étayer la thèse de l'origine troyenne des Francs répandue par Frédégaire –, qui épousa Begga, fille de Pépin de Landen, et eut pour enfant Pépin de Herstal. Surtout, il développe la carrière de Charles (Martel), et c'est là que notre auteur innove hardiment, en faisant de Landrade, la mère de Chrodegang, une fille de Charles Martel, donc une sœur de Pépin, qui aurait épousé le noble Sigiramn : cette forgerie généalogique vient doubler la légende de l'apostolicité du diocèse, pour garantir au siège de Metz les deux critères absolus que sont l'ancienneté et la noblesse. Pour la biographie de l'évêque Sigebaud, l'auteur de la Vie de Chrodegang est encore redevable à Paul Diacre, car il retient essentiellement sa maladie, la goutte, et la fondation des deux monastères d'Hilariacum (Saint-Avold) et de Neuwiller[36]. Néanmoins il montre une certaine science et une certaine habileté en gonflant son modèle de données historiques et hagiographiques qui fournissent un arrière-plan au récit et, surtout, inscrivent Chrodegang dans un double héritage de sainteté : celle des évêques de Metz et celle des Arnulfiens. Profondément imbriquée dans la Vie de Chrodegang, la carrière de Pépin permet à l'auteur d'étoffer la Vie de son héros par un système d'excursus historiques qu'il maîtrise totalement, et qui est tout à fait dans l'esprit de son temps[37].

Arrivé à la notice que Paul Diacre a consacrée à Chrodegang – commentée en détail ci-dessus par Michel Parisse –, l'hagiographe y fait des reprises littérales, en dispersant parfois des éléments que Paul Diacre avait regroupés en une seule phrase. Mais, surtout, il met en œuvre tout son savoir rhétorique pour étoffer un modèle plutôt sec, et emprunte à d'autres œuvres les indications historiques nécessaires pour charpenter sa narration : la Chronique de Réginon de Prüm[38],

---

35 Sur le dossier de saint Arnoul, voir en dernier lieu M. Goullet, « Arnulfus », dans M. Goullet et M. Heinzelmann (dir.), *Miracles, Vies et réécritures*..., p. 212-234. La première Vie d'Arnoul (BHL 689-692) ne donne pas le nom de sa femme ; la seconde Vie (BHL 693), du Xe/XIe siècle, la nomme Doda. Cette *vita secunda* met l'accent sur la généalogie arnulfienne, comme le fait d'ailleurs la Vie de Chrodegang : ces deux textes hagiographiques ont en commun de présenter la généalogie des Carolingiens.

36 *MGH, Scriptores*, II, p. 267. Tout comme celle de Chrodegang, la notice de Sigebaud par Paul Diacre a fait l'objet d'une amplification (BHL 7709, XIIe s.), bien moins adroite que l'autre.

37 Voir M. Goullet, *Écriture et réécriture hagiographiques. Essai sur les réécritures de Vies de saints dans l'Occident médiéval*, Turnhout, 2005, p. 246-247.

38 Saint-Arnoul en possédait deux manuscrits. Paris, BNF lat. 5017 porte l'*ex-libris* de cette abbaye. Le début du manuscrit Paris, BNF lat. 5016 a été copié à Reichenau vers l'an mil ; il se continue par la *Visio Karoli*, sans doute d'origine lorraine, des XIe-XIIe siècles.

l'Histoire des Lombards du même Paul Diacre[39], les Vies de Lambert[40], de Willibrord, de Boniface. Un éloge de la ville de Metz s'inscrit dans une tradition locale[41]. Enfin, on note l'utilisation de textes d'origine sandionysienne : la *Revelatio ostensa papae Stephano*[42] rédigée par Hilduin (814-842), qui a pu être connue par l'intermédiaire de Réginon, et les *Gesta Dagoberti*, que certains attribuent au même Hilduin, et qui donnent le modèle du récit de la fondation de Gorze[43]. Cela n'a rien d'étonnant, si l'on songe aux possessions de Saint-Denis en Lorraine[44].

Surtout, l'hagiographe a amplifié son récit en l'émaillant de très nombreuses citations et allusions bibliques et patristiques. Par exemple le sermon d'Ambroise sur la mort de Valentinien[45] lui fournit la belle envolée encomiastique du chapitre XX, où le saint est comparé à une grenade – fruit du Cantique des cantiques – qui dévoile sa pulpe sous son écorce. L'auteur est imprégné du lexique biblique et patristique, et certaines expressions – comme l'augustinien *cordis inspector* – sont trop rebattues pour être qualifiées d'emprunts : elles appartiennent à l'héritage de la *ruminatio* scolaire monastique. Il en est de même d'expressions typiques des classiques latins, comme *nihil reliqui fecerunt*, qui est cicéronien, *felix et tu nimium*, virgilien, *pro re et tempore* utilisé par les historiens comme César

---

39 Voir désormais la traduction de F. Bougard, Turnhout, 1994.

40 Il existe plusieurs versions de sa *Vita* (BHL 4677-94), dont une par Étienne, clerc de Metz, élève de l'évêque Robert de Metz (883-917) et évêque de Liège (BHL 4683). Gorze possédait des reliques et au moins une version de la Vie de Lambert, comme l'atteste le catalogue de l'abbaye : voir Anne Wagner, *Gorze au xie siècle*, Turnhout-Nancy, 1996, p. 137-190 (édition du catalogue), spécialement p. 160, n° 196.

41 Il y a une tradition de la *laudatio urbis* à Metz, depuis Venance Fortunat (vi[e] s.) jusqu'à Sigebert de Gembloux et Richer de Saint-Martin de Metz (xiie s.), en passant par les hagiographes de Chrodegang et Sigebaud. Voir M. Chazan, « Érudition et conscience urbaine », *Cahiers Lorrains*, 1992 p. 441-453 ; M. Goullet, « Lateinische Literatur des Mittelalters aus Metz (566-1300) », *Mittellateinisches Jahrbuch*, 43/2 (2008), p. 1-14.

42 Voir A. Stoclet, « La *clausula de unctione Pippini regis* : mises au point et nouvelles hypothèses », *Francia* 8 (1980), p. 1-42.

43 BHL 2081. Voir E. Paulus, *Étude sur la légende de la venue et du séjour de saint Clément à Gorze*, Metz, 1895.

44 Pépin envoya Fulrad en ambassade à Rome demander l'avis du pape sur le renversement des Mérovingiens ; en récompense il reçut Saint-Denis (750) et devint le chapelain du roi. En 755, il obtint, entre autres biens d'un grand accusé de trahison, Saint-Mihiel, dans laquelle il remplaça les clercs par des moines. En 769, Charlemagne lui donna Saint-Dié. Fulrad reçut d'autres biens plus à l'est, certains dans le Saulnois (une terre donnée par Pépin en 755), qui servirent à doter Salonnes avec l'appui d'Angelram. Ces biens sont attestés dans son testament : voir M. Parisse, « Saint-Denis et ses biens en Lorraine et en Alsace », *Bulletin philologique et historique du CTHS* », 1967, p. 250 *sqq.* ; A. Stoclet, *Autour de Fulrad de Saint-Denis (v. 710-784)*, Genève, 1993.

45 *De obitu Valentiniani consolatio*, PL 16, c. 7, col. 1360C.

et Salluste; mais rien n'indique particulièrement que notre hagiographe ait lu ces auteurs, qu'il a pu connaître par l'enseignement de la grammaire et par les florilèges.

2. Qualité littéraire

L'hagiographe est donc bon rhétoricien, ce qui déplaît à beaucoup. Pour Max Manitius, l'enflure rhétorique de ses cinq premiers chapitres n'a d'égale que leur pauvreté en information historique, et selon lui l'auteur parle pour ne rien dire[46]. Ce n'est pas faux d'un point de vue positiviste, mais il faut reconnaître que, si une *vita* consiste avant tout à faire l'éloge d'un saint pour ménager ses suffrages à soi-même et à toute la communauté dont il est le protecteur, notre auteur y réussit particulièrement bien. Il utilise habilement tous les procédés de la rhétorique de l'éloge, aime la paronomase (*dilaberetur/dilatabatur, omnino/ omni*, au c. 19), la *variatio* (au c. 21, *devotus/devotissime, sanctus/sanctissime*), les jeux étymologiques (c. 3), ne déteste pas les mots rares comme *interstellatus* (c. 25) et *ciclas* (c. 26). Sa prose rimée est de belle facture, et il obtient à l'occasion d'assez heureux effets d'assonance et d'allitération, par exemple, au c. 25 : *facie pulchra, capillis canitie decoratis, colobio indutum candidissimo, purpura clavato, pallio toto purpureo auro interstellato*, où les phonèmes -c et -o sont récurrents. À l'aune du goût moderne tout au moins, quelques effets de surcharge sont moins heureux, par exemple son goût prononcé pour les incises comme *fateor* – dont la fonction est, sans jeu de mots, purement phatique –, et *ut iam diximus* – qui correspond malheureusement toujours à la réalité ! Au c. 24, on peut se demander si le rapprochement *quies/requiescere* relève de la négligence ou de l'effet rhétorique.

L'hagiographe écrit une biographie spirituelle qui répond aux normes de l'époque. Le saint, apparenté aux premiers Pippinides à la faveur d'un trucage généalogique, a la noblesse charnelle, joue un rôle de premier plan dans la 'renaissance carolingienne', occupe un rôle politique exceptionnel dans la capitale de l'Austrasie; il possède l'élévation spirituelle, la faculté de susciter des miracles de son vivant même, et l'amour de la vie monastique, qui lui fait fonder trois monastères, Gorze en particulier. Pertz[47] considère que l'auteur a tourné le tout de façon qu'on a l'impression de lire une narration du xe siècle et non une histoire du viiie siècle : c'est peut-être précisément dans leur faculté de donner directement accès aux mentalités et aux idéaux de l'époque de leur rédaction que réside l'intérêt des textes hagiographiques, et plus spécifiquement celui des réécritures,

---

46 M. Manitius, *Geschichte der lateinischen Literatur des Mittelalters*, II, Munich, 1923, p. 196-197.
47 *MGH, Scriptores*, X, p. 552.

qui permettent de mesurer l'écart entre les versions. Pour reprendre une formule de Joseph-Claude Poulin, « la forme de l'hagiographie est constitutive de son historicité[48] ».

3. À la recherche de l'auteur

L'histoire littéraire a horreur du vide, autrement dit de l'anonymat. Aussi a-t-on voulu attribuer la *Vita Chrodegangi* au plus célèbre des moines de Gorze, Jean, le futur abbé. C'est tout au moins la position de Pertz, dont les arguments sont pour une fois très faibles, et se résument en une phrase. Pour la clarté du propos, il faut préalablement préciser que Pertz attribue à Jean de Gorze les Miracles de saint Gorgon, sur des arguments fragiles également. À propos de la Vie de saint Chrodegang il écrit : « Ce ne sont pas les différences qu'il y a avec certains faits racontés dans les Miracles de saint Gorgon qui doivent amener à la conclusion que l'auteur n'est pas Jean de Gorze, qui est allé lui aussi à Rome et à Naples[49]. » Or, ce qui est sûr, c'est que la façon dont est relaté le voyage italien de Chrodegang n'implique nullement que l'hagiographe ait lui-même visité les lieux. Sur la paternité de Jean de Gorze nous reprendrons l'argument de Michel Parisse[50] : si l'abbé avait été hagiographe, et qui plus est auteur de plusieurs œuvres importantes, Jean de Saint-Arnoul, son biographe, n'aurait pas manqué de le signaler, étant donné l'abondance de détails qu'il fournit par ailleurs ; même si l'œuvre de Jean de Saint-Arnoul est inachevée, elle donne une vision générale de l'ensemble de la carrière du personnage. En outre tout son portrait fait de Jean un homme d'action, qui avant sa conversion doit reprendre à zéro une formation intellectuelle qu'il a négligée dans sa jeunesse. Certes, quand il est à Cordoue, il dicte une lettre particulièrement éloquente au scribe Garaman[51], mais c'est dans le feu de l'action, sous la pression des menaces du sultan : cela n'a rien à voir avec une œuvre littéraire de la facture de la Vie de Chrodegang. Nous rejoignons donc l'avis de M. Manitius[52], pour qui ces deux œuvres ne sont pas de Jean de Gorze, le principal argument étant à nos yeux qu'il n'y a aucune raison de lui attribuer le moindre texte, sinon le désir de leur trouver un auteur fameux dans la région messine. On ajoutera un

---

48 J.-Cl. Poulin, « Recherche et identification des sources de la littérature hagiographique du haut Moyen Âge. L'exemple breton », *Revue de l'Église de France*, 71 (1985), p. 123.

49 *MGH, Scriptores*, X, p. 552.

50 *La Vie de Jean, abbé de Gorze*, p. 27.

51 *Ibid.*, p. 126.

52 M. Manitius, *Geschichte der lateinischen Literatur des Mittelalters*, II, p. 196. W. Schultze, « War Johannes von Gorze historischer Schriftsteller ? », *Neues Archiv*, 9 (1884), p. 499-512, est plus réservé, en accordant que la Vie de Chrodegang est le seul texte que Jean de Gorze aurait pu écrire, d'un simple point de vue chronologique. Il reconnaît que la rhétorique de l'hagiographe concorde assez mal avec ce qu'on sait de la carrière de Jean.

élément de critique interne : l'auteur des Miracles se présente aussi comme un acteur de l'épisode de l'attaque des Hongrois envoyés par le duc de Lotharingie Conrad, épisode qui eut lieu en 954. Or à cette époque Jean était en Espagne[53].

Peut-on néanmoins en savoir plus sur l'auteur de la Vie de Chrodegang ? Tout en respectant la clause d'anonymat qui frappe la plupart des hagiographes du haut Moyen Âge à moins qu'ils ne soient des écrivains professionnels ou des lettrés célèbres, celui-ci donne quelques indices qui permettent de l'identifier comme un moine de Gorze. En effet, dans la dernière phrase du chapitre 18, il écrit à propos de Chrodegang :

> « Je prends plaisir à être attaché à son nom, et, quand ce plaisir sera terminé, de reposer en sa mémoire, car il est beau à mes yeux, et à ceux de toute sa congrégation. »

De même, au chapitre 20, il dit que c'est grâce à Chrodegang que son monastère a été florissant, et qu'il l'est encore ; il avoue avoir l'impression, en parlant de lui ou en s'adressant à lui dans la fiction littéraire, de le faire comme s'il était présent. L'origine gorzienne de l'auteur ne fait donc aucun doute. En revanche, la personne du commanditaire est plus difficile à cerner : elle n'est en effet désignée que par la formule honorifique du c. 17, *vestrae dulcissimae sanctitudini*, qui a toutes chances de désigner un évêque, en l'occurrence peut-être même un évêque de Metz.

L'auteur du texte est donc un moine de Gorze, qui écrit avant 987, car d'après le c. 1 de la *vita*, les Carolingiens sont encore au pouvoir[54]. Peut-on préciser encore ? La thématique du pallium est chère à l'hagiographe : Chrodegang le reçut des mains d'Étienne II[55], mais, au Ve siècle, Urbice aurait été le premier à mériter l'honneur de le recevoir[56]. Or manifestement la revendication du pallium, associé au rang archiépiscopal, fut d'actualité sous l'épiscopat de l'évêque de Metz Thierry Ier (965 à 984)[57] ; le biographe de Thierry, Sigebert de Gembloux, l'en pare

---

53 *La Vie de Jean, abbé de Gorze*, p. 17.

54 Évoquant Arnoul, l'ancêtre des Carolingiens, l'auteur écrit : « Arnoul, dont les descendants dirigent aujourd'hui valeureusement le royaume des Francs » (*infra*, p. 37, l. 25-26).

55 Selon le *Liber pontificalis* (éd. Duchesne, p. 456), Étienne II lui a accordé le pallium pendant son séjour en France. Paul Diacre n'en parle pas directement et se contente de noter qu'il a consacré des évêques. Voir C. Abel, *Étude sur le pallium et le titre d'archevêque jadis porté par les évêques de Metz*. Extrait des *Mémoires de la Société d'archéologie et d'histoire de la Moselle*, 1866 ; M. Gaillard, « *De privato honore Mettensium Pontificum…* ».

56 Urbice aurait fait construire l'église Saint-Félix-Saint-Clément au-dessus de la crypte Saint-Pierre, et choisi de se faire enterrer à Saint-Maximin-outre-Seille (Saint-Urbice) à l'est de la ville. Voir Th. Klauser et R. Bour, *Un document du* IXe *siècle…*, p. 61-63 et 98.

57 Voir R. Folz, « Un évêque ottonien, Thierry Ier de Metz (965-984) », dans *Media in Francia*, 1989, p. 139-155.

en tout cas dans sa *vita*; s'il ne l'eut jamais en réalité, qui dit qu'il n'y aspira pas? En tout cas le premier témoignage de la dignité archiépiscopale d'Urbice, la liste des pontifes de Metz, est contenu dans le manuscrit Brême C 36, du Xe siècle, qui est également le plus ancien témoin de l'histoire des évêques de Metz par Paul Diacre. Or ce manuscrit a été copié, à partir d'un original qui pourrait être gorzien[58], pour l'évêque de Strasbourg Erkambald, qui siégea de 965 à 991. Par ailleurs, comme nous le verrons un peu plus loin[59], il y a de bonnes raisons pour penser que les Miracles de saint Gorgon furent écrits après 982, et avant la Vie de Chrodegang, ce qui nous mène à la fourchette 983-987 pour la rédaction de ce dernier texte.

4. Manuscrits et éditions

La Vie de Chrodegang ne nous est plus connue que par un témoin médiéval, le manuscrit Wolfenbüttel Herz. Bibl. Aug. 2738, anciennement 76.14 Aug. fol., en provenance de Trèves et possiblement rédigé à Saint-Vincent de Metz à la fin du XIe siècle ou au début du XIIe. Le texte est incomplet, car la copie a été interrompue au milieu d'une phrase, en bas de la colonne de gauche du fol. 24v. C'est sur ce manuscrit que Georg Heinrich Pertz a fondé son édition critique (*MGH*, *Scriptores*, X, p. 553-572), et c'est ce texte qui est reproduit avec quelques modifications dans la ponctuation, et traduit dans les pages qui suivent.

---

58 Voir S. Hellmann, « Die Bremenser Handschrift des Paulus Diaconus *Liber de episcopus Mettensis* », *Neues Archiv*, 30 (1905), p. 467-470. La même liste épiscopale, qui distingue soigneusement évêques et archevêques (supposé dans le cas d'Urbice, qui ne le fut évidemment pas), accompagne le *Liber de episcopis Mettensibus* dans le manuscrit Paris, BNF lat. 5294, écrit à Saint-Symphorien de Metz au XIe siècle (éd. Duchesne, *Fastes épiscopaux de l'ancienne gaule*, III, p. 47-48, d'après les manuscrits de Brême et de Paris).

59 *Infra*, p. 127.

III. VIE DE SAINT CHRODEGANG

Synopsis

a) Préambule

1. Grandeur de Metz et sainteté de ses évêques.
2. Éloges particuliers de Chrodegang et Sigebaud.
3. Apostolicité du diocèse de Metz.
4. Clément construit une crypte, qui deviendra un lieu de sépulture épiscopale.
5. Chrodegang est le digne successeur des saints évêques de Metz.

b) Jeunesse de Chrodegang

6. Naissance de Chrodegang dans le lignage carolingien.
7. Pépin le Bref, son oncle.
8. Charles Martel, son grand-père.
9. Chrodegang conseiller de Pépin.
10. Sigebaud, son prédécesseur sur le siège de Metz.
11. 12. 13. Cruauté des temps : martyres de Lambert et de Boniface.

c) Son accession à l'épiscopat

14. Vacance du siège de Metz.
15. Ambassade des Messins demandant l'élection de Chrodegang.
16. 17. 18. Nouveau Jonas, nouvel Ambroise, Chrodegang essaie d'échapper à cet honneur, mais la volonté de Dieu l'emporte.
19. 20. Vertus du nouvel évêque.

d) Son épiscopat

21. Ordination et aménagements liturgiques à Metz.
22. Chrodegang impose la règle des chanoines à son chapitre cathédral.
23. Les Francs décident de se donner un roi ; Chrodegang part à Rome chercher le pape Étienne en vue du couronnement.
24. Le roi des Lombards Aistulfe se montre menaçant mais, par crainte de Pépin, les laisse traverser les Alpes.
25. Étienne tombe malade à Saint-Denis, mais il est sauvé à la suite d'un miracle.
26. Étienne sacre Pépin et confirme la dignité royale à sa famille. Il choisit Chrodegang comme légat.

e) Les débuts de Gorze

27. Fondation de Gorze.
28. Chrodegang va chercher des reliques à Rome pour sa nouvelle fondation.
29. Une tradition légendaire rapporte qu'il a volé celles de Gorgon.
30. Les moines d'Agaune tentent de s'emparer des reliques de Gorgon.
31. Chrodegang récupère les reliques.
(fin du texte par interruption de la copie)

Saint Chrodegang, évêque de Metz

VITA SANCTI CHRODEGANGI CONFESSORIS ATQUE PONTIFICIS URBIS METTENSIS*

[1] Mettis igitur, urbium cis Alpes positarum quas noui aut nosse potui fama diuitiis gloriaque omnium primae ac nobilissimae ueteres structores nomen rei satis congruens indidisse diffamantur, eam Mediomatricum appellantes, eo quod duobus fluuiis Mosella et Salia circumfluentibus, ipsa mater ciuitatum medio quasi in insula sita resplendeat; primorum quidem structorum grandi studio nobiliter aedificata, set post aduentum Domini passionem ac ressurectionem in coelosque ascensionem cura sancti Petri apostolici ordinis primi, uigilantissima in fide Christi longe nobilius gloriosusque fundatur. Certe ex eo quo idem beatus apostolus uerbi Domini dispensatores fidelissimos ad hanc mittere curauit, usque ad temporis quo sanctus Chrodegangus ut nobilis nobillime ut sanctus sanctissime eidem praesul praefuit, ex quo et scribere desidero, ut agnoscas largitatem affluentis gratiae Dei beatae urbi non solum detrimento horam non indulsisse uerum abundantius eius felicitati subueniendo applausisse, oculos piae mentis ad antistites tantae sedis erigas et quia a sancto Clemente usque ad nostrum Chrodegangum omnes sanctissimae uitae fuerint, omnes super creditam custodiam quia bene uigilauerint, prorsus inueniens. Unde longae disputationis euagationem fugiens, exempli gratia accipio non Clementem cuius opera relictis antiquorum errorum praestigiis Mettensium urbs ad uiam uitae conuersa est, non Coelestem aut Felicem successores et adiutores eiusdem sancti pontificis, non Symeonem nostrum praesulem et propinquum Domini, non Auctorem qui quondam praeda omnes ex patria sua praedatos ab atrocissimis praedatoribus meritis liberauit, non Arnulfum cuius stirpis filii hodieque regno Francorum strenuissime praesident, set Sigibaldum cognomento Paruulum successoremque eius Chrodegangum de quo scribere eius meritum exiguitatem nostram prouocauit. Nam de caeteris gestorum tantorum uirorum interim ut sileam, unum hoc dicam, ille uir Domini bonorum uigilantia praematurus aecclesiasticorum operum studio clarus, in mansuris mentem sanctam uiuicacissime dilatans, ac subditos itidem agere instruens, habitacula seruorum Dei gemina totis conatibus elaborans construxit, utique

---

* G. H. Pertz (éd.), *MGH, Scriptores*, X, p. 553-572.

Texte et traduction de la Vie de saint Chrodegang

VIE DE SAINT CHRODEGANG, CONFESSEUR ET ÉVÊQUE DE LA VILLE DE METZ*

[1] Metz qui, parmi les villes situées de ce côté-ci des Alpes, est par son renom, ses richesses et sa gloire la première et la plus noble de celles que j'ai connues ou que j'aurais pu connaître, a de l'avis général reçu de ses fondateurs anciens un nom parfaitement en accord avec la réalité : ils l'ont appelée *Mediomatricum* parce que cette *mère* des cités, sise au confluent de la Moselle et de la Seille, resplendit en leur *milieu* comme dans une île. Le savoir-faire de ses premiers bâtisseurs lui avait certes valu de nobles commencements, mais après la venue, la passion, la résurrection et l'ascension du Seigneur, par le soin de saint Pierre qui parmi les apôtres tint le premier rang, son extrême vigilance dans la foi du Christ fut à l'origine d'une fondation bien plus noble et glorieuse encore. En vérité, si l'on envisage le temps écoulé depuis que le bienheureux apôtre du Christ y dépêcha de fidèles messagers de la parole du Seigneur jusqu'à la date où saint Chrodegang occupa son siège, l'ennoblit de sa noblesse et la sanctifia de sa sainteté – raison qui me pousse précisément à écrire –, pour constater que la prodigalité de la grâce divine non seulement ne laissa pas souffrir une heure la sainte ville et qu'elle alla même jusqu'à lui ménager une abondante prospérité, il suffit de se repasser pieusement dans l'esprit la liste des évêques qui se sont succédé sur ce siège, et l'on verra immédiatement avec quelle vigilance ils ont tous assuré la garde qui leur était confiée, puisque de saint Clément à notre Chrodegang tous furent des hommes de très sainte vie. Aussi, pour éviter de me perdre en d'inutiles exposés, laisserai-je de côté les exemples de Clément – par l'action duquel la ville de Metz abandonna les illusions du paganisme et s'engagea sur la voie de la vie –, de Céleste et Félix – successeurs et aides du précédent –, de Syméon – notre évêque et proche du Seigneur[1] –, d'Auctor – qui, jadis victime des invasions, par ses mérites libéra ses compatriotes des hordes d'envahisseurs[2] –, et d'Arnoul, dont les descendants dirigent aujourd'hui valeureusement le royaume des Francs, pour parler des seuls Sigebaud – surnommé le Petit – et Chrodegang, son successeur, dont le mérite a incité notre humble personne à écrire sa Vie. Quant aux actions accomplies par ces deux grands hommes, je les tairai pour l'instant, et je dirai seulement ceci : le premier, cet homme du Seigneur particulièrement précoce dans son attachement à faire le bien, illustre par son amour des activités ecclésiastiques, épanouissant ardemment sa sainte âme dans les œuvres d'éternité et poussant ses sujets à faire de même, employa tous ses efforts à construire deux demeures de serviteurs de Dieu[3], afin

---

* Les notes de la traduction se trouvent p. 104-108.

eorum qui corporum mole communi terram inhabitantes animarum beata conuersatione coelo coelestibusque semper interesse maxime curarent.

[2] Hic iste autem uir beatus, nostri sermonis felix materia, ut praedixeramus incremento salutis aeternae populo cui destinatus fuerat adueniens, cunctos praedecessores suos gratia praeire pene contendens, in magna domo magni patris familias superaedificare pro uiribus temptauit, aurum fateor argentum lapides pretiosos. Foeni uero lignorum stipulae quicquid inuenit aut uerbo salutiferae praedicationis in aurum electum ignitum probatum studuit conuertere, aut si non potuit, ferro durae abscisionis a membris sanctae aecclesiae eradicare non differebat. Sciebat quia quisquis morti destinati ad uitae uias reuocari non possunt, quam diu filiis sanctae matris iuncti fuerint, ipsi quidem nihil proficiunt, set et quos possunt peruertere non desistunt. Ut uero lucidum fiat quod dico, beatus Sigibaldus duo, aeternae autem memoriae Chrodegangus tria nobilia monachorum coenobia nobillime aedificauit. Hinc autem interim satis dictum; ostensum certe ut puto, Mettis urbium felicissima quibus bonorum fructibus insignis semper rutilauerit; qualibus pontificibus ex ipso initio christianitatis floruerit paucis patefactum. Caeterum monasteriis ab ipso Chrodegango constructis quae causa, quale extiterit initium, post satis fiet quaerenti; et ut patefiant beniuolo lectori exercitia sanctorum laborum sanctissimi uiri, nunc elaboramus.

[3] His perfectarum uirtutum beatis auspiciis succurrisse nobis et progenitoribus nostris noscuntur domus Dei perfectissimi architecti, nostrae ecclesiae in fide Christi roboratores, diuites in bono opere, pulchris miraculorum frondibus corusci, qui aedificio coelestis fabricae Iesum sempiternum solidissimum plane fundamentum supposuisse congratulantur. Nihil fateor noui, nihil christianae religionis auctoritati aduersum, nihil externarum sectarum doctum ire cupientes, ferulae dulcissimae Petri ac per hoc Christi subesse inhaerendo exultantes, quam cuiuspiam uel minimi erroris magistri esse uel appellari, nouerant et bene nouerant gloriosi praesules quam suaue, quam leue iugum Domini, quam dura e regione uincula diabolici dominatus. Praesules, quod me dixisse audisti, insimul omnes huius ordinis extitisse non putes uel aestimasse, set quia successioni eorum animum dederim animaduertas, et eam rem indicio beati fuerunt confessores sese pedissequos ac discipulos summi apostolorum corde et opere extitisse, postque usque ad uitae finem eodem uoto uixisse, cum quicquid ab eo audierant et in eo uiderant perfectionis implere festinabant,

que ceux qui sur cette terre partagent l'existence corporelle travaillent toujours à prendre part à la vie bienheureuse des âmes dans le ciel, et aux choses célestes.

[2] Quant au second de ces saints hommes, qui est l'heureuse matière de notre discours, ainsi que nous l'avons dit, il vint offrir au peuple auquel il avait été envoyé une participation accrue au salut éternel, et, la grâce dont il jouissait lui donnant presque la supériorité sur l'ensemble de ses prédécesseurs, dans la grande maison du grand Père de famille il tenta d'ajouter tous les ornements qu'il put, je veux dire de l'or, de l'argent, et des pierres précieuses. Tous les chaumes et la paille qu'il trouva, il s'employa à les transformer en or raffiné, éprouvé au feu[4] ; ou, en cas d'impossibilité, il n'hésitait pas à trancher durement par le fer pour les éradiquer du corps de la sainte Église ; car il savait que les hommes destinés à la mort et qu'on ne peut rappeler sur la voie de la vie ne tirent aucun profit à se trouver unis aux fils de la sainte Mère, et n'ont de cesse en revanche de pervertir tous ceux qu'ils peuvent. Pour illustrer clairement mon propos, rappelons que Sigebaud édifia très noblement deux nobles monastères, et Chrodegang d'éternelle mémoire trois. Cette précision suffira pour l'instant : j'ai déjà montré, je crois, les avantages qui firent toujours briller Metz, la plus heureuse des villes ; quant à la gloire des évêques dont elle s'illustra dès le début du christianisme, je l'ai exprimée en quelques mots. Les raisons pour lesquelles Chrodegang fit construire des monastères, et l'histoire de leurs débuts, celui que cela intéresse en trouvera plus loin un exposé. À présent nous allons révéler au lecteur bienveillant à quels saints labeurs le très saint homme s'exerça.

[3] Voici, à ce qu'on sait, sous quels heureux auspices de vertus parfaites nous et notre descendance reçûmes le secours de ces très parfaits architectes de la maison de Dieu, ces hommes qui, ayant fortifié l'Église dans la foi du Christ, riches de bonnes actions, illustrés d'une belle couronne de miracles, ont eu la joie de voir qu'à cet édifice céleste Jésus avait donné une fondation éternelle et inébranlable. Souhaitant, je l'affirme, que leur enseignement soit dépourvu de toute nouveauté, de tout élément contraire à l'autorité de la religion chrétienne ou emprunté à des sectes étrangères, heureux de se soumettre indéfectiblement à la férule très douce de Pierre et donc du Christ plutôt que d'être en réalité ou de réputation maîtres dans une doctrine même très peu éloignée de l'orthodoxie, ces glorieux prélats savaient, et ils le savaient même bien, à quel point est doux le joug du Seigneur, à quel point il est léger, et combien, en revanche, sont dures les chaînes de la domination du diable. Ne va pas comprendre que j'aie voulu dire que ces évêques furent contemporains dans ce rang : note au contraire que j'ai attiré l'attention sur leur succession, ce qui est bien la preuve que ces bienheureux confesseurs furent de cœur et de fait les compagnons et les disciples du plus grand des apôtres, et qu'ils ont ensuite choisi de rester fidèles à leur engagement jusqu'à la fin de leur vie, en se hâtant de mettre en œuvre tout ce qu'ils avaient appris et vu de parfait

aemulique deuotissimi sui sanctissimi magistri uita moribus atque doctrina usque ad extrema uitae perseuerauerunt. Primum certe perfectione uitae atque amore coniunctis seruire, deinde mira integritate diuinae praedicationis uiam coelo gradientem sibi subiectis palam, facere concurrunt, post miraculorum fulgore credibilem ueramque fore tam liquido docent, ut auditores ueri se palpatores acclamarent.

Horum primus meritorum insignio, uitae praerogatiua, ordinis praepositura, Clemens gratia dictus et nomine, elegantia clementissimi cordis ita cunctos mortalium superabat, ut eo nato uidere uidereris misericordiam coelo elapsam, in huius purissimi cordis gratissima sede perfecte requieuisse. Quem et si laudibus attollere prout debuit nullus potuit, gestorum tamen nostrorum pontificum fidelis scriptor, cuius dignitatis cuius auctoritatis, quantae gloriae, qua sermonis praedicationisque inualuerit gratia, die ipso clarius elucidauit. Illuc non minus deuotis quam uelocibus mentis credens accurras gressibus; inuenies, fateor, quia talentorum domini sui fideli usura restituta[a], eidem auctori uitae ianuam secure aperiens, fruitur iam in aeternum meritorum bene lucrato commertio. Reliquid autem sedi felicissimae pastorem tantae sanctitatis, tantae nobilitatis, ut speculam prioris magistri adeptam se gaudens urbs acclamaret. Reliquid certe nobis pontificem, comes qui fuerat sancti Clementis a Roma uenientis, quo itinere aeternae salutis cognitio Galliae fines penetrauit. Unius magisterii scola educati, unius ueri Dei cultores, digni plane quibus custodia Christi gregis commendabatur.

Hic de quo secundo loco loquimur quae coelestia sunt optime sciens, coelestiorum gaudiorum bene fisus, coelestibus perpetuae uitae praemiis quos potuit adquirens, coelestia dies noctesque meditatus, uobis o coelestia agmina necti festinans, quae a praedicatoribus coelestibus, apostolis uidelicet sanctis, facienda et docenda didicerat, assidue faciens atque docens, uita conuersatione et nomine Coelestis est dictus; satis utique conueniens, satis delectabile, ut gaudia aeterna atque coelestia quae populis patefacere uenerat, hic sanctus nomine proclamaret. Quid autem ante episcopatum et post in praesulatu egerit, quid meruerit, locus cinerum ipsius hodieque declarat, hisque coelo receptis sanctus sanctis misericordia Dei in pontificatu succedit, socius et ipse beati itineris, felix uita, opere felix set et nomine Felix. Felix et tu nimium, Mettis urbium inclita, quae sub tali diu uiuens rectore ad pascua aeternae uiriditatis cottidie inuitabaris, nec uerborum praedicationisque solummodo set actuum coelestium maximis incitamentis. Puto eum non minus uiginti annorum aetate onus

---

a) Cf. Mt 25, 14-30

en lui, et en continuant à imiter jusqu'au bout leur très saint maître par leur vie, leur comportement et leur enseignement[5]. Ils s'empressèrent d'abord de servir ceux qui leur étaient unis par la perfection de la vie et les liens de l'affection, puis, par leur prédication admirablement fidèle de la parole divine, ils révélèrent la voie céleste à leurs sujets, et ensuite, par la splendeur de leurs miracles, ils en montrèrent la véracité et l'authenticité, au point que leurs auditeurs proclamèrent qu'ils avaient touché du doigt la vérité.

Parmi eux, le premier pour l'éclat de ses mérites, pour l'élection de sa vie, pour son rang dans la liste, était Clément par le nom et par la grâce qu'il avait reçue : la distinction de son cœur le mettait au-dessus des autres, au point qu'on eût dit qu'à sa naissance la miséricorde était descendue du ciel pour trouver un séjour parfait dans la demeure pleine de grâce de son cœur très pur[6]. Mais si nul n'a pu chanter ses louanges comme il aurait dû[7], le fidèle rédacteur des Gestes de nos évêques[8] a néanmoins exposé de façon plus claire que le jour quelles furent sa dignité, son autorité, sa gloire, la grâce de sa parole et de sa prédication. Accours ici avec la foi, <lecteur>, accorde-moi ton attention avec non moins de ferveur que d'empressement : tu sauras, je te le dis, qu'une fois restitués les pieux intérêts des talents de son Seigneur, ouvrant en toute confiance la porte de sa vie à son Créateur, il jouit désormais éternellement du bénéfice de mérites qu'il a bien gagnés. Il laissa son siège très florissant à un pasteur d'une telle sainteté, d'une telle noblesse, que la ville acclama en lui avec joie le reflet fidèle de son maître. Il nous laissa en vérité pour évêque celui qui fut le compagnon de route de saint Clément lorsqu'il arriva de Rome et qu'il apporta dans le territoire des Gaules la connaissance du salut éternel. Élevés à l'école d'un seul maître, adorateurs du seul Dieu véritable, ceux à qui était confiée la garde du troupeau de Dieu en étaient tout à fait dignes.

Celui dont nous parlons en second, qui avait la science parfaite des choses célestes, qui avait une totale confiance dans les joies célestes, qui acquit tous ceux qu'il put aux célestes récompenses de la vie éternelle, qui nuit et jour ne pensait qu'aux choses célestes, s'empressant de vous rejoindre, ô troupes célestes, faisant et enseignant sans relâche ce que lui avaient dit de faire et d'enseigner les prédicateurs célestes, à savoir les saints apôtres, fut Céleste[9] par sa vie, son comportement et son nom. Et le nom de ce saint suggérait une grande harmonie, un grand agrément, à l'image des joies éternelles et célestes qu'il était venu révéler aux peuples. Ce qu'il fit avant son épiscopat et ensuite durant sa prélature, les mérites qu'il y acquit, le lieu où reposent aujourd'hui ses cendres le dit clairement, et quand ces saints évêques furent reçus au ciel, par la miséricorde divine c'est un saint qui leur succéda, leur compagnon de route lui aussi, Félix[10] par le nom mais aussi par la félicité de sa vie et de ses actes. Pleine de félicité tu l'étais aussi, Metz, illustre entre les villes, qui vécus longtemps sous la direction d'un si grand homme, qui chaque jour par les incitations les plus vives de sa parole mais aussi de ses agissements célestes te conviait aux pâturages éternellement verts. À mon avis

suscepisse longissimae uiae; uixit sub sancti Clementis scola dulcissima 25 annis, sub beati Coelestis 15, ipse autem 42 annis sacerdotio functus, plenus tandem dierum atque uirtutum in pace felici requieuit. Num, si usque ad centesimum annum praesul uixisset, senectutis suae eum pigeret? Nec enim excursione, aut eminus hastis aut comminus gladiis utebatur, set auctoritate, ratione, sententia. Ecce tantis sanctorum laborum exercitiis usque ad uitae finem insistens, in aeternum iam ultra uictura cum Christo beata anima regnat, adunatis bene pascenda manipulis, nec amodo beatus nouit esurire spiritus, cuius sanctissima caro quoad uixerat saciari raro solebat. Hi primi antistites nostri uenerandi, en arietes ouium Christi, duces christianae plebis, ipsius illius ciuitatis primi rectores, quos constat meliori fundamento eam locasse quam potuisset murorum uetustus conditor antiquorum.

[4] Hi tres Trinitatis sancta confessione decorati, sicut longissimae peregrinationis insimul ingressi sunt dura pericula, sic in constructae cellulae habitaculo pariter sunt humati. Aedificauerant enim criptam et dicauerat eam sanctus Clemens sancto et magistro suo Petro. Sita est autem extra moenia urbis plaga meridiana. Eorum uero ardenti amore feruentes, plurimi eorum successorum loculo eidem corpora sua sepelienda tradiderunt. Haec, quia ad quod coeperam ardentissime festino, pro laude nostrorum pontificum primorum breuiter succincteque dicta sufficiant; nullus autem sanae mentis sanique capitis augmentandae paginae gratia haec me assumpsisse existimet; set quare fecerim, tantum sine felle amaritudinis et inuidiae accedas, manifestabo.

[5] Beatus iste, cuius potentissima sanctitatis gloria me se describere compulit, tricesimus septimus sanctae Mettensium ecclesiae pro uoto terrarum pontifex extitit gloriosus. Tradunt nos aetate praecedentes omnes qui eum officio sacerdotali praeierant, quia plurimi miraculorum multis fulgoribus sese manifestare dignati sint, et quia mirae sanctitatis, mirae uirtutis fuerint; quorum uitae et gesta, fateor, si haberentur, in fronte laudem horum trium primorum pontificium ferre semper deberent, quorum studio sancta sedes tantae perfectionis in praelatis subiectisque extitit. Haec namque luminaria solem ipsum materialem diemque splendore uirtutum superantia, olim sub Romanae ciuitatis quamuis amplo modio clausa, aliquando iubente Deo et summo apostolorum eis imponente detecta candelabrisque superposita, regionis istius plagas elegerunt uerbo uitae manentis illustrare; primus ut dictum episcopali gloria decoratus, secundus presbiter, tercius diaconus creatus. Quorum sollertissimis studiis in tantum sancta Dei ecclesia crescens in gratia Dei profecit, ut ipsis beatae et

ce n'est pas avant l'âge de vingt ans qu'il reçut la dure mission de son très long voyage. Il vécut 25 ans à la très douce école de Clément, 15 à celle de Céleste, et il accomplit lui-même un sacerdoce de 42 années, avant de reposer, plein de jours et de vertus, dans une paix heureuse. Sa vieillesse lui aurait-elle pesé s'il avait été évêque jusqu'à 100 ans? Car il ne se livrait à aucune attaque, ni à distance avec la lance, ni au corps à corps avec l'épée, ses armes étaient l'autorité, la raison et le jugement. Et voici qu'aujourd'hui, après une vie passée à pratiquer les saintes œuvres, sa sainte âme règne dans l'au-delà avec le Christ, promise à vivre éternellement et à paître les gerbes d'épis qu'on lui a assemblées; son esprit n'a plus faim du tout désormais, lui dont la très sainte chair était rarement nourrie à satiété tant qu'il était en vie. Ce furent là nos trois premiers vénérables évêques, béliers des brebis du Christ, chefs du peuple chrétien, premiers dirigeants de l'illustre cité, qui, c'est certain, assurèrent ses fondations mieux qu'aurait pu le faire l'ancien fondateur de ses murailles antiques.

[4] Ornés de la sainte confession de la Trinité, de même qu'ils avaient abordé ensemble les dures épreuves de leur long voyage, ils furent de même tous les trois inhumés pareillement dans le séjour de la cellule qu'ils avaient construite. Ils avaient en effet édifié une crypte, et saint Clément l'avait dédiée à saint Pierre son maître. Elle se trouve à l'extérieur de la ville, du côté sud[11]. Enflammés par l'amour qu'ils leur portaient, la plupart de leurs successeurs se firent enterrer au même endroit. Puisque je me hâte ardemment vers mon but, pour la louange de nos premiers évêques je n'en dirai pas davantage que ces mots brefs et succincts. Pas un homme sain d'esprit et doué de toute sa tête ne saurait me soupçonner d'avoir dit cela pour gonfler ma page : pourvu qu'on vienne dépourvu du fiel de l'amertume et de l'envie, on saura maintenant pourquoi je l'ai fait.

[5] Ce saint évêque, dont le renom de sainteté m'a poussé à écrire la Vie, fut, selon le vœu du monde entier, le 37e évêque de grand renom de la sainte Église de Metz. Nos aînés nous rapportent que la plupart de ceux qui l'ont précédé dans l'office sacerdotal ont daigné se manifester par la lumière de leurs nombreux miracles, et qu'ils furent d'une admirable sainteté, d'une admirable vertu. Leurs Vies et leurs Gestes, si nous les possédions, auraient dû, je l'affirme, porter haut et fort la louange de ces trois premiers évêques, à qui nous devons un siège aussi parfait tant en ce qui concerne les prélats que leurs sujets. Car ces luminaires, qui par la splendeur de leurs vertus dépassent l'éclat du soleil matériel et du jour eux-mêmes, eurent beau être jadis placés sous l'ample boisseau de la cité de Rome, un jour, sur l'ordre de Dieu et du plus grand des apôtres, ils furent découverts et placés sur le candélabre, et ils choisirent d'illuminer du verbe de la vie durable les lieux de notre région, le premier, comme on l'a dit, décoré de la gloire épiscopale, le second avec la fonction de prêtre, et le troisième revêtu du diaconat. Grâce à leurs efforts efficaces, la sainte Église de Dieu crût et profita dans la grâce divine,

apostolicae uitae doctoribus uias patrum ingredientibus ac pro uitae integritate, pro fidei agone brauium aeternae remunerationis unoquoque recipienti suo tempore tales ac tanti eis subrogarentur, quorum meritis gloria atque doctrina tota Galliarum patria in laudem ac praeconia Christi sedula deuotaque excubaret. Summum certe studium cunctorum iugis uigilantia, assidua oratio ad Deum, tempore quo uixerant semper fuit, ut pontificio tanto pontifices tales darentur, quorum uita omnibus exemplo bonorum actuum insignis fulgeret, uerbo et miraculis cunctis bene uiuendi incitamentum fieret gloriosum, quod et contulit superna clementia Dei. Nullus namque umquam Mettensibus pastor est datus, aut ut credibilius loqui uidear rarus, qui non iusticiae uiam simplici et perfecto corde incederet, qui non sanctitatis lumine subiectis et sibi profuisset, qui non claritate uerae lucis irradiatus, aut de plenitudine Domini plus caeteris sui seculi non repleretur gratia pro gratia. Verum ista iam iusto fine relinquentes, ne uideamur inhumane quidem coepta deseruisse, stulte autem alienis adhaesisse, parum quid dicam et quantocius potero ad illud quod proposueram Deo iubente ac iuuante perueniam. Utique haut iniuria factum aestimo uitam beati Chrodegangi seculis proditurus aliquid ex eius primis antecessoribus dum praelibaui, quoniam et ipsi post Deum egerunt quicquid salutis et gratiae nostrae collatum est ciuitati, et hic ita eos perfecti operis studio est imitatus, ut quicquid uirtutis et pietatis in eis legerat aut audierat ferbuisse aut floruisse, totum in se transformare curaret. Nunc iam adeamus, accedamus infantiam beati Chrodegangi, senioris ac domini nostri, laudibus attollere, eam et populis manifestare prout Deus dederit maturemus.

[6] Igitur Chrodegangus sanctus ex Aspanio, Galliae regione, astrum splendidum prodiit, praesentium gaudium inedicibile, futurorum salus iocundissima atque perfecta. Qui in ipso natiuitatis suae initio, Spiritu sancto se replente, euidentibus indiciis qualis post futurus esset innotescebat. Nam quisquis eum de repente uultu conspiciebat, quia uir magnae uirtutis fieret praesaga uoce clamabat. Statim autem ut crepundia derelinquens puericiae annos intrauit, non iam puerili aetate uagus ferebatur, set innixus morum maturitati, uirtutum se integritati deuotus deuotissime mancipabat. Maior plane sanctitate quam aetate, tenerrimus tempore, pietate integerrimus, sectabatur senium longaeuitatem atque sanctitatem, leuitatem qua illud aeuum agitari solet omnino declinans omninoque abhorrens. Ferebatur ecclesiam assidue frequentasse, misericordiae operam dedisse etiam in hac aetate, et quia adhuc alieno imperio detinebatur, quod manu non poterat, animo exhibebat. Fuit certe ingenuitate parentum adeo clarus, ut eo generosiorem neminem umquam se clamet terra tulisse, set hanc ille beatus puer uirtute animi in ipso uitae exordio coepit superare,

tant et si bien que, lorsque ces docteurs de vie sainte et apostolique furent entrés sur la voie de leurs pères, et que pour l'innocence de leur vie, le combat de leur foi, chacun d'eux eut reçu à son heure la récompense de l'éternelle rémunération, ils se virent donner des successeurs d'une telle splendeur que devant leurs mérites, leur gloire et leur enseignement, tout le pays des Gaules chante avec une piété fervente la louange et la gloire du Christ. Tout le temps qu'ils vécurent, leur application à tous fut extrême, leur vigilance sans relâche, leurs prières à Dieu continues, de sorte qu'un tel diocèse ne pouvait recevoir que des prélats dont la vie se distinguât aux yeux de tous par l'exemple éclatant de leurs bonnes actions, dont la parole et les miracles fussent pour tous une glorieuse incitation à vivre selon le bien, faveur que leur accorde en effet la suprême clémence de Dieu. Car Metz n'eut jamais aucun pasteur – ou, pour être plus crédible, elle n'en eut que rarement – qui n'allât sur la voie de la justice d'un cœur pur et parfait, qui ne fît profiter ses sujets de la lumière de sa sainteté, qui ne resplendît de la vraie clarté, qui, par un échange de grâces, ne fût plus que ses contemporains empli de la plénitude du Seigneur. Mais il convient à présent de terminer là-dessus, et, de peur de donner l'impression d'avoir maladroitement abandonné notre projet initial et d'être sottement sorti du sujet, je vais abréger et, dès que possible, sur l'ordre et avec le secours de Dieu, en arriver au propos que je me suis fixé. En tout cas, avant de révéler au monde la vie de saint Chrodegang, je ne crois pas mauvais d'avoir dit quelques mots de ses premiers prédécesseurs, car d'un côté après Dieu ce sont eux qui ont apporté à notre cité sa part de salut et de grâce, et de l'autre Chrodegang les a imités à un tel point de perfection qu'il tentait de faire passer en lui toute la vertu et la piété dont il avait lu ou entendu dire qu'elles bouillonnaient ou s'épanouissaient en eux. Allons-y maintenant, et commençons à glorifier l'enfance de saint Chrodegang, notre seigneur, notre maître, et hâtons-nous de la révéler publiquement selon les moyens que Dieu nous donnera.

[6] Saint Chrodegang naquit donc en Gaule, en Hesbaye[12], astre resplendissant, joie indicible pour ses contemporains et, pour la postérité, salut radieux et parfait. Rempli du Saint Esprit, il donna dès sa naissance des marques évidentes de ce qu'il serait plus tard. Car qui apercevait son visage pouvait prédire qu'il serait un homme de grande vertu. À peine sorti de l'âge des hochets et entré dans l'enfance, il ne se laissait déjà plus aller aux tâtonnements de l'enfance : son comportement était déjà plein de maturité et d'ardeur, et il se vouait ardemment et sans restriction à la pratique des vertus. Plus grand en sainteté que par les années, d'un âge très tendre mais d'une piété parfaite, il avait fait siennes l'expérience et la sainteté des vieillards et renoncé avec dégoût à la légèreté habituelle à cet âge. Il fréquentait assidûment l'église, rapportait-on, et dès ses jeunes années se comportait avec miséricorde ; comme il était encore sous la direction d'autrui, ce qu'il ne pouvait montrer de la main il le montrait dans son cœur. La naissance de ses parents le rendait célèbre au point que le monde entier proclamait qu'il n'avait jamais porté

ut ad se mirandum seque celebrandum oculi ac mentes audientium deuotissime uerterentur. Sigiramnus pater eius est dictus, in tantum nobilitatis et diuitiarum gloria pollens, ut cui Pippini regis soror congruentius daretur in terra Francorum nullo modo inueniretur. Illius utique Pippini sororem, Landradam dictam, iste in matrimonio dignitate et gloria praepotens est sortitus, qui sapientia et fortitudine cunctis mortalium clarior, regnum Sicambrorum ex sua illa stirpe sancta primus, Deo sic disponente, suscepit. Sanctus puer ex stirpe sancta descendens, sanctitatis opera atque studio progeniem suam illam magnificans, satis dilatauit; quia dum huius uirtus et meritum ore omnium praedicatur, dumque quis fuerit interrogatur, linea stematis eius necesse est diffametur. Vere beata stirps illa, honoranda progenies, quae tot patres et dominos ex se protulit uenerandos.

[7] Requiras sane iam dictus Pippinus, Francorum rex inclitus generositate simul ac imperio, cui successerit, et perpendes inueniesque Deo per omnia et in omnibus dignum Arnulfum, sanctae Mettensis sedis uicesimum nonum praesulem, auctorem fuisse huius propaginis. Nam uero astipuletur argumento quod dico. Animaduerte eundem Arnulfum sanctum, cuius mentionem rei coeptae poscit utilitas, dum laicus uiueret, sicut gestis ipsius uirtutibus admodum refertis continetur, duxisse matrimonio puellam ex gente propria ingenuitate mira diuitiisque copiosis omnino pollentem. Qua et usus est spe suscipiendorum filiorum, quippe prouidentia Dei olim cum praefinitum fixumque staret, lumbis beati uiri sanctissimos principes prodituros, Galliam et Germaniam Romanumque orbem uniuersum felicis non minus quam potentis moderaminis qui regerent sceptro. Susceptos uero ex uxore legitima geminae indolis duos filios quam plenissime paternarum uirtutum ac sapientiae ubertate gratiaque imbuerit, sole ipso splendidius post claruit. Nam primogenitus a patre sanctissimo Clodulfus nominatus, sanctitatis heres et in pontificio Mettensium tercius patris successor extitit uenerandus. Alter eius nomen adeptus, a cuius stematis linea terra uiuentibus nobilior processit, Anchisae uidelicet, patris Aeneae, Anchisiadem Romuleamque gentem suae prolis ditauit regibus ac ducibus. Is Anchises quia patri obaudiens quicquid hereditario iure possessionum facultatumque suscipere debuerat, pro Christo patri ut traderet consensit, paterna benedictione a Deo est auctus ac stabilitus ut post quidem centuplicata quae dederat reciperet, regnum uero Francorum ad domum eius Deo auctore transiret. Is Pippinum genuit, quo nihil umquam potuit esse audacius. Si magnae fuerit audatiae quod fecit, qui legis discerne. Erat hic Pippinus sub nomine ducis Galliae uniuersae praesidens habebatque aduersarium satis crudelem in Alamannia. Quanti autem hunc faceret, res quam

d'homme mieux né que lui. Mais le saint enfant en était encore au seuil de la vie, quand sa vertu se mit à surpasser sa naissance, au point que les regards et l'attention de qui l'entendait se tournaient ardemment vers lui pour l'admirer et le célébrer. Son père, qui s'appelait Sigirammus, avait une telle réputation de noblesse et d'opulence, que dans tout le pays des Francs on ne trouva meilleur parti pour la sœur du roi Pépin. Puissant de rang et de notoriété, il obtint donc la main de la sœur de Pépin, qui se nommait Landrade[13], et cet homme d'une sagesse et d'une vaillance exceptionnelles fut le premier de son saint lignage à recevoir, grâce à Dieu, l'héritage du royaume des Sicambres. Le saint enfant, issu de ce saint lignage, le magnifia considérablement et en accrut encore la gloire par ses saintes actions et sa sainte ardeur. Mais comme sa vertu et son mérite sont sur toutes les lèvres, et qu'on se demande qui il était, il s'avère indispensable de donner ici sa généalogie. Lignage véritablement heureux que le sien, famille digne d'honneurs que celle qui produisit tant de pères et de seigneurs !

[7] Demande seulement à qui succéda Pépin, ce roi des Francs qu'illustrait à la fois sa noblesse et son pouvoir[14], et tu apprendras et tu sauras que le fondateur du lignage fut Arnoul, digne de Dieu à tous points de vue, 29ᵉ évêque sur le siège de Metz. Voici la preuve de ce que je dis. Sachez qu'au temps où saint Arnoul – que mon sujet m'oblige à mentionner ici – vivait en laïc, à ce que disent ses Gestes abondamment garnis de ses actes miraculeux[15], il avait épousé une jeune fille de son peuple, que distinguaient sa remarquable noblesse et ses abondantes richesses. Elle conçut l'espoir d'un fils, la providence divine ayant de longue date décidé et établi que son bienheureux époux engendrerait de très saints princes destinés à exercer un gouvernement non moins heureux que puissant sur la Gaule, la Germanie et tout le monde romain. Les deux fils qu'il eut de son épouse légitime étaient de caractères jumeaux, et on vit plus tard de façon plus éclatante que le soleil à quel point ils furent éduqués dans les vertus paternelles, dans une abondance de sagesse et de grâce. Le premier né, que son très saint père appela Clou[16], reçut sa sainteté en héritage et devint son troisième vénérable successeur sur le siège de Metz. Quant au second, il s'appela Anchise[17], nom que portait le père d'Énée, fondateur de la lignée la plus noble du monde, et il enrichit de rois et de ducs la race d'Anchise et de Romulus. Comme, par obéissance envers son père, Anchise consentit à abandonner à son père, pour les donner au Christ, toutes les possessions et les richesses qu'il aurait dû recevoir en héritage, Dieu lui donna, avec sa bénédiction paternelle, prospérité et stabilité, de sorte que plus tard il récupéra au centuple ce qu'il avait donné, et que par la volonté divine le royaume des Francs passa à sa maison. Anchise engendra Pépin[18], dont l'audace fut à nulle autre pareille. Juge, lecteur, si cette audace fut grande. Pépin commandait à toute la Gaule avec le titre de duc, et il avait en Alémanie un adversaire d'une grande férocité[19]. Quel cas il fit de lui, on put le vérifier par l'histoire que voici. Eh bien, ce

dico indicio fuit. Certe dux incomparabilis gloriae dum die una sedens quid a barbaro passus esset recordaretur, nemini suorum aliquid dicens, arma sumit, iter arripit. Renum solus transmeat, Sueuiam ingreditur, domum cruentissimi adit, constanti animo gladio uiscera illius patefecit, uiaque qua uenerat patriam redit. Fuit et diuinae religionis cultor feruentissimus, qui sanctum Willibrordum ex Hybernia uenientem humanissime suscipiens, locum et adiutorium ei praedicandi late inpendit. Hic Karolum, primum tanti nominis uirum, procreauit; primus et ipse sui nominis uir. Qui Karolus uiris omnino fortissimis conferendus, inter caetera mira quae gessit, Sarracenos ita detriuit, ut usque hodie gens illa truculenta Francorum arma formidet. Saepius bello lacessitus eos deuicit, set semel diuina ultione faciente adeo ipse cum Francis institit, ut non minus quam sexcenta milia ex gente Deo inimica prosterneret. Hic auus sancti Chrodegangi, hic Landradam mater eius et auunculum Pippinum genuit. Iste frater matris sancti et ante omnia secula praedestinati, suo uero tempore nobis dati, pontificis Chrodegangi, cuius sagaci studio ad eundem quo dignus fuit honoris ascendit apicem. Cui rei pernoscendae aestimo quia sequentia plenissime satisfacient.

[8] Gloriosissimus igitur ac ducum praecellentissimus Karolus, primus ut dixeramus uir sui nominis, cunctis uiuentibus praestantior sapientia, cum simul armorum strenuitate nulli mortalium inferior, consilii consultu patriae rector, mira industria qua continue mens eius regebatur, auditu discens beatum puerum, nepotem suum, in ipso infantiae articulo illius aetatis lasciuiam toto corde abhorrere senium uero grauitatem omnino sectari, commendauit eum monasterio sancti Trudonis educandum ac nutriendum egitque ut qui naturae simplicitate Deo adhaerere coeperat, imbutus sacris litteris, Deo quidem perfectius seruire, sibi autem palatinis in negotiis adiutor tutissimus fieri posset. Si quid uero in eodem loco profecerit, sancta fidelium Dei aecclesia cordis ac operum intimis uocibus in finem usque dierum praedicare minime cessabit. Beata mater unica genitrix ecclesia, cui filius talis ac tantus principis studio nutriebatur, quem post patrem ac sacerdotem catholicae unitatis ac fidei defensorem indefessum felix habere mereretur! Nec uero auo sanctae indolis Chrodegangi ista sufficiunt, set uidens eum processu temporis bonis omnibus habundari, studuit ne sinu intelligentiae eius doctor dignissimus deesset, quia nouerat sensum pueri ad omnia quae magister esset docturus, Spiritu sancto illustrante, ut caperet praesentem atque paratum. Nam mittens hunc a monasterio euocat atque Metti destinat, urbi certe satis nobili atque gloriosae, quam totius Galliae ciuitatibus tunc dierum imperasse ac excelsum isse, regalis etiam Franciae sceptra thronosque tenuisse, rarus qui nesciat. Inibi quid sapientiae

duc à la gloire incomparable était un jour assis à se remémorer tout ce qu'il avait subi de ce barbare. Sans rien dire à personne de son entourage, il revêt ses armes et se met en route. Il traverse le Rhin tout seul, entre en Souabe, se rend chez son ennemi sanguinaire, et sans broncher lui ouvre le ventre d'un coup d'épée, avant de repartir chez lui par le même chemin[20]. Il fut aussi un fervent pratiquant de la religion chrétienne, recevant très aimablement Willibrord à sa venue d'Irlande[21], et lui donnant sans lésiner un lieu et une aide pour la prédication. Pépin engendra Charles, le premier à porter ce nom si glorieux[22], et Charles fut donc le premier du nom. Ce Charles, qui égalait les hommes les plus valeureux, entre autres exploits infligea une telle défaite aux Sarrasins, qu'aujourd'hui encore ce peuple farouche redoute les forces franques[23]. Il fut assez souvent conduit à leur faire la guerre, et il les vainquit, mais une fois en particulier il leur infligea, du fait de la vengeance divine, une perte de 600 000 hommes au moins. Charles fut ainsi le grand-père de Chrodegang : il engendra sa mère Landrade et son oncle Pépin. Ce dernier était donc le frère de la mère du saint évêque Chrodegang – qui avait été prédestiné avant les siècles mais qui nous fut donné en son temps[24] –, grâce aux efforts clairvoyants de qui il s'éleva au faîte du pouvoir dont il était digne. Si l'on veut s'en convaincre, il suffira de me lire jusqu'au bout.

[8] Donc Charles, le plus glorieux et le plus remarqué des ducs, premier de son nom comme nous l'avons dit, qui en sagesse dépassait tous ses contemporains, qui ne le cédait à personne dans le maniement des armes, qui dirigeait son pays par son conseil avisé et se dirigeait lui-même continûment avec une admirable application, apprit par ouï-dire que le bienheureux enfant, son petit-fils, encore au seuil de l'enfance, repoussait de tout son cœur la mollesse de son âge et manifestait la gravité des vieillards. Aussi le fit-il éduquer et élever au monastère de saint Trond[25], faisant en sorte que l'enfant, que son innocence naturelle avait poussé à s'attacher à Dieu, puisse, une fois formé aux lettres sacrées, servir Dieu de façon encore plus parfaite, et l'aider lui-même aussi de manière très fiable dans les affaires du palais. Les progrès qu'il fit dans ce monastère ne cesseront d'être chantés jusqu'à la fin des temps par les voix intérieures du cœur et des œuvres de la sainte Église et des fidèles de Dieu. Bienheureuse l'Église, notre mère unique, au profit de laquelle le prince faisait élever un fils si glorieux qu'elle mérita ensuite, pour son bonheur, de le recevoir comme père et prêtre de l'unité et de la foi catholique ! Pourtant son grand-père ne se contenta pas de constater ces premiers effets de la sainte nature de Chrodegang : devant la profusion de biens qu'il accumulait avec le temps, il veilla à lui faire donner un professeur digne de l'étendue de son intelligence, car il savait que par l'illumination du Saint Esprit son entendement était disposé et prêt à recevoir tout ce que son maître lui enseignerait. Il lui fit donc quitter le monastère et l'envoya à Metz, qui était une ville particulièrement noble et glorieuse, et dont la suprématie et la supériorité sur les cités gauloises de l'époque, ainsi que sa détention du trône et du sceptre en Francie royale, n'étaient

hauserit, quid perfectionis epotauerit, quis umquam dicere, quis ualeat enarrare? Set si nos propter ingenii tenuitatem succumbimus, sudores in ecclesia et pro ecclesia Dei exhibiti clamare numquam desinent. Certe beatus uir, ut apis prudentissima per prata uiriditatis aeternae quoad licebat discurrens, filiis futuris cybum nutrimentaque uitae coelestis praeparabat. In urbe siquidem Mediomatricorum positus, tanto studio ad capiendam diuinorum humanorumque sententiam erat intentus, ut in breui argumentauerit quicquid perfectae scientiae sibi deesse cognouerat factumque est ut repente omnium peritissimus fieret qui dudum uenerat satis indoctus. Tantaeque uenerationis habebatur, ut honor senibus pro aetate exibendus, puero sancto pro sanctitatis merito tribueretur. Urbs uero qua beatus uir nutriebatur usque in id temporis adeo uirorum sapientium copia erat referta ac decorata, ut uere eam scolam liberalium artium omnes acclamarent. Nec minus certe uiri eandem urbem incolentes sanctitati uirtutibusque operam dabant, adeo ut pontifex Sigibaldus pro merito pietatis et deuotionis tota patria ueneraretur et amaretur. Quanti autem ex te, urbium preciosissima ac felicissima, pastores incliti, quanti pastores uenerandi, quot duces et rectores accepti ecclesiis per uniuersum orbem diffusis concessi sunt! Hoc tanto ac tali gymnasio coelestium athletarum, hac urbe nobilissima usque ad uirilis aetatis robur per incrementa temporum ac uirtutum proficiens, iam ipse alios doctus docere, qui cura diligenti instructus fuerat, Chrodegangus sanctissimus perseuerauit.

[9] Iuuenilis autem aetatis, ut diximus, sancta flore floridus, aeui iam integer, fama sanctitatis ac sapientiae eius longe lateque peruolante, Karolo auo eius uiro inter prudentissimos primo innotuit, eoque rogante ad palatium ducitur, utque referendarius eius constitueretur sapientia nobilitateque promeruit. Quantae uero scientiae fidei ac perfectionis qui ad hoc ministerium erigitur esse debeat, qui nouerunt cuius gloriae apocrisiarii sit dignitas perpendere possunt. Omni uero tempore quo sanctus uir in officio huiusmodi uixit, sic uixit, ut ora omnium in laudem eius uerterentur, eius benignitatem ac dulcedinem uniuersi praedicarent. Numquam nisi uirtutibus studuit, numquam uiciis succubuit, set in commissis fidelissimus, fide integer, responsis sapiens, audiendis discretus, in iudicio iustus. Accidit autem ut idem princeps, plenus dierum atque uirtutum, felix in pace felici requiesceret. Succedit ei principatus fastigio filius Pippinus, sapientia nihilominus et fortitudine satis clarus; qui inter reliqua mira quae patrauit, Wascones iam dudum Francorum dictioni rebelles cum Wafario, suo principe, miranda nimium facilitate et felicitate debellauit, prostrauit et subdidit. Quam tibi palmam rex immortalis reseruauit, ut patris reliquias, inter

ignorées pratiquement de personne. Quelle sagesse il y puisa, de quelle perfection il s'abreuva, qui pourrait jamais le dire, qui pourrait le raconter? Mais si nous y échouons pour notre part en raison de l'exiguïté de notre talent, les efforts qu'il manifesta dans l'Église et pour l'Église de Dieu ne cesseront jamais de le proclamer quant à eux. En vérité le saint homme, telle une abeille remplie de sagesse, voletant aussi loin que possible dans les prés d'une verdeur éternelle, préparait pour ses fils futurs la nourriture et les aliments de la vie céleste. Lorsqu'il fut dans la ville des Médiomatriques, il s'appliqua avec tant d'ardeur à comprendre la signification des choses divines et humaines, que très rapidement il combla toutes les lacunes qu'il se connaissait avant d'arriver à la science parfaite. Le résultat fut qu'arrivé là naguère dans un état de grande ignorance, il devint bientôt le plus expérimenté de tous. On le tenait en telle vénération, que le saint enfant recevait pour sa sainteté les marques d'honneur que l'on devait aux vieillards. La ville où il recevait son éducation était à cette époque-là encore si remplie et illustrée de savants, que tout le monde la proclamait école des arts libéraux. Et ses habitants n'en visaient pas moins à la sainteté et aux vertus, au point que l'évêque Sigebaud était vénéré et aimé dans le pays pour sa piété et sa dévotion. Toi la plus précieuse et la plus heureuse des villes, combien tu as engendré de pasteurs illustres, combien de pasteurs vénérables, combien de chefs et de dirigeants excellents tu as donnés aux Églises dispersées dans l'univers entier! C'est dans cette école des athlètes de Dieu, c'est dans cette très noble ville, qu'il demeura jusqu'à atteindre la force de son âge d'homme, et qu'il bénéficia des progrès amenés par le temps et la pratique des vertus; devenu savant lui-même, ayant reçu une instruction soignée, saint Chrodegang ne cessa désormais de dispenser son savoir aux autres.

[9] Il était donc dans la sainte fleur de son âge, comme nous l'avons déjà dit, et bien qu'il eût encore toute sa vie devant lui, sa réputation de sainteté et de sagesse circulait déjà partout à la ronde, quand il fut remarqué par son grand-père Charles, qui tenait le premier rang parmi les hommes les plus sages; à sa demande il fut conduit au palais, et sa sagesse et sa noblesse lui valurent de devenir son référendaire. La science, la fidélité et la perfection requises chez le titulaire de ce ministère sont évidentes pour qui connaît le prestige du rang d'apocrisiaire[26]. Durant toutes les années que le saint homme passa dans cette fonction, il vécut d'une façon telle que sa louange était dans toutes les bouches, et que tous proclamaient sa bonté et sa douceur. Jamais il n'eut d'autre amour que celui de la vertu, jamais il ne succomba aux vices. Il était très fiable dans ses missions, entier dans sa fidélité, sage dans ses réponses, sachant garder les secrets, équitable dans ses jugements. Or il advint que le prince, chargé d'années et de vertus, reposa heureusement dans une paix heureuse. Au sommet du pouvoir lui succéda son fils Pépin, célèbre par sa sagesse autant que par sa vaillance. Entre autres actes remarquables, c'est avec une facilité et un succès étonnants qu'il combattit, terrassa et soumit les Gascons, commandés par Waïfre et depuis longtemps rebelles au pouvoir des Francs[27]. Le Roi immortel

clarissimos clarior, inter nobilissimos nobilior, persequaris, conteras et euincas. Hunc gloriosae memoriae principem sanctus Willebrordus, qui et Clemens dictus est, baptizauit, et ore prophetico praedixit, quia rex futurus esset tantae gloriae, ut omnes Francorum reges qui se aetate praecesserant, honore diuitiis strenuitateque praeiret. Hunc ad firmandum amicitiae foedus ad Leutbrandum Langobardorum regem pater suus Karolus misit, ut ex more comam capitis puerilis rex primus incideret et pater ei fieret spiritalis. Quem Leutbrandus rex gloriosissime suscepit et, absciso crine capitis eius, regiis muneribus decentissime honoratum ad patrem remisit. Hic, ut praefati sumus, patri Karolo fortissimus fortissimo, sapientissimo sapientissimus, succedens in regno, Francorum terminos plus umquam dilatauit, et religioni ac deuotioni christianae omnino subdidit. Cui sanctus Chrodegangus ita familiaritate ueneranda iungebatur ut nullus procerum palatinorum accessum tunc temporis ad principem habuerit sine conductu huius semper colendi, sine auctoritate huius suo merito semper memorandi. Regia negotia eius nutu disponebantur, cuncti eius iussu ingrediebantur et egrediebantur, et nihil omnino sine uoluntate aut consilio sancti Chrodegangi agebatur aut tractabatur. Agitabatur autem tali honore egregie sublimatus sine cupiditate, sine auaritia, absque superbia, omnes ut karissimos fouens, cunctis praelatus subiectum se esse aestimans, detrahentium linguas ut uenena fugiens, ideoque ab omnibus ut pater amantissimus amplectebatur. Nam benefacientes, ut iustum erat, omnino ex parte regia suaque remunerari maturabat; uentri autem deditos criminibusque uariis implicitos, quibus profecto contra naturam corpus uoluptati, anima oneri erat, corrigere non cessabat; cum incorrigibilibus uero, praecepto apostolico obedire nitens[a], cibum sumere fugiens detrectat. Augebatur cotidie de uirtute in uirtutem proficiens, ut quandoque uidere ualeret Deum deorum in Syon. Mundanae uero legis censuram non ignorans, secularium terribilis ac amabilis iudex fuit. Et dum canonicis dogmatibus esset repletus, clericorum doctor quoque extitit egregius. Dumque iudiciis singulorum erat intentus omnino cauebat, ne laici synodis clericorum interessent, aut clerici item laicorum mixti raciociniis contaminarentur. Erat quoque in disciplina delinquentium uiuidus, qui carnis luxu numquam fuit resolutus, quippe qui pudicitiae ac castitatis amator extitit uenerandus. Religioni uero ecclesiasticae et praecipue monachorum adeo erat deuotus, ut omnes huius ordinis ac praepositi patrem eum aduocatum ac defensorem una uoce acclamarent.

---

a) Cf. I Cor. 5, 11

te réserva cette palme pour que, illustre parmi les plus illustres, noble parmi les plus nobles, tu suives, foules et dépasses les traces de ton père ! Ce prince de glorieuse mémoire fut baptisé par saint Willibrord, aussi appelé Clément, qui prophétisa qu'il serait un roi d'une telle gloire qu'il dépasserait par son rang, ses richesses et sa vaillance, tous les rois francs qui l'avaient précédé. Son père Charles l'envoya confirmer un traité d'alliance avec le roi des Lombards Leutbrand, en demandant que selon l'usage le roi coupe le premier les cheveux de l'enfant et devienne son père spirituel[28]. Leutbrand le reçut avec gloire et, après lui avoir coupé les cheveux et l'avoir honoré comme il convenait de présents royaux, le renvoya chez son père. Pépin, comme nous l'avons dit, succéda à son père Charles à la tête du royaume, et ces deux rois furent plus valeureux l'un que l'autre, plus sages l'un que l'autre. Pépin donna sa plus grande extension au territoire des Francs, et il le soumit entièrement à la religion chrétienne et à son culte. Saint Chrodegang lui fut lié par une si pieuse familiarité, qu'en ce temps-là aucun des grands du palais n'avait accès au prince sans la permission de cet homme à jamais vénérable, sans l'autorisation de celui dont le mérite rend la mémoire éternelle. Les affaires royales s'organisaient selon sa volonté, c'est sur son ordre que tous entraient et sortaient, et absolument rien ne se faisait ou ne se traitait hors de la volonté et sans l'avis de saint Chrodegang. Malgré sa promotion à ce rang exceptionnel, il était dépourvu de cupidité, d'avarice et d'orgueil, protégeant tout le monde comme des êtres chers, s'estimant soumis à tous alors qu'il était leur supérieur, fuyant comme des poisons les langues calomnieuses, et c'est pourquoi tous l'entouraient de l'affection que l'on porte à un père très aimant. Car, comme de juste, sa hâte était de récompenser au nom du roi et au sien les auteurs de bonnes actions ; en revanche, ceux qui n'écoutaient que leur ventre et qui étaient impliqués dans des crimes divers, qui avaient la pensée contre nature que le corps était source de plaisir et l'âme une charge, il ne cessait de les corriger ; quant aux incorrigibles, pour s'efforcer d'obéir au précepte de l'Apôtre, il refusait de partager leurs repas. Il croissait quotidiennement et progressait de vertu en vertu, afin d'être à même de voir un jour le Dieu des dieux à Sion. Il n'ignorait pas non plus les interdictions de la loi humaine, et il fut pour les séculiers un juge à la fois redoutable et aimable. Et comme il était aussi nourri des prescriptions des canons, il s'avéra un remarquable docteur en matière ecclésiastique. Attentif aux jugements rendus par les uns et par les autres, il prenait garde que les laïcs ne participent pas aux synodes du clergé, et que les clercs ne se mêlent pas non plus aux laïcs au risque d'être contaminés par leurs modes d'argumentation. Il était prompt à corriger les coupables, lui qui, en vénérable ami de la pudeur et de la chasteté, n'avait jamais succombé à la volupté de la chair. Il avait un tel amour de la vie ecclésiastique, et en particulier de la profession monastique, que tous ceux de cet ordre, y compris les supérieurs, le proclamaient d'une seule voix leur père et défenseur.

[10] Cum autem huiusmodi uirtutum exercitiis sanctae ecclesiae coelestis tyro, beatus uidelicet Chrodegangus, instrueretur imbueretur ac probaretur, sanctus Sigibaldus spectabilis uitae uir et sapientissimi ingenii, in augenda quoque sancta ecclesia quantum ex se erat acris animi, cathedrae pontificali in Mettensium ciuitate praesidebat, decorans eam et uirtutum magnificentia et uitae integerrimae perfectissima gloria. Nam ut supra succincte diximus, per omnia utilitati ecclesiae deditus, sacrorum quoque culminum solertissimus restitutor, condidit duo monasteria monachorum, quorum unum Hylariacum dicitur, ubi sanctus Nabor a sancto Chrodegango, ut post dicetur, Roma delatus requiescit, quod in honore sancti Pauli doctoris gentium dedicauit. Alterum coenobium uir Domini aedificauit, quod NouumVillare hodieque nominatur, Deo et sancto Petro idem consecrans, ubi et ossa beati confessoris Adelfi, Mettensium pontiticis, digno honore tumulata sunt, quod et meritis sancti praesulis per uniuersam regionem miraculis gloriose diffamatur. Hic huiusmodi uirtutum praeconiis adprime deditus, infirmitatis molestia quam podagram uocant omnino erat afflictus. Cumque hoc langoris camino uelud aurum obrizum decoqueretur, quodam die infirmitatis eadem molestia solito durius ingrauescente, ad extrema perductus est. Set cum huiusmodi ut diximus doloribus uehementer affligeretur, beatus spiritus in aeternis mentem figens, dolores eosdem corporis patientissime tolerauit. Nec incredibile quin remunerationis beati Iob duplicis particeps felix extiterit, qui utique laboris et patientiae eiusdem deuotissimi particeps perstitit preciosus ; nec occasione praesentis mortis ut speramus separati sunt, qui probationis et ardoris sancta aequalitate minime disiuncti sunt. Cum ergo, ut dicere coeperam, bonis operibus et infirmitatis fornace praecoctus, fragilis corporis molem deserere se uelociter praediceret, ipse quidem binis alis caritatis quas diebus quibus uixit adquisierat, se euolaturum sciens, gaudio ac laeticia perfundebatur, ut fit cum quis ad epulas et conuiuium regis inuitatur. Plebs autem tanto moerore proprii pastoris egressu replebatur, ut quo amore quoad sanctus incolumis uixerat amauerat, quem tanto tamque graui dolore amittebat, immo ad coelos mundi uictorem praemittebat, si adesses facile agnosceres. Beatus uero sacerdos blande satis benigneque eam consolabatur, futurorumque praescius, quia non solum non minoris gratiae et meriti se secuturus esset pontifex, set et talis qui episcopatum Dei adiutorio suaque industria plus umquam dilataturus esset, protestabatur. In his atque huiusmodi uerborum incitamentis sancta consolatione refertus, sanctus Sigibaldus diebus suae infirmitatis perseuerans, tandem Deo qui dederat spiritum eius euocante, uiatico quo cuncti saluamur accepto, 7. Kalend. Nouembrium ab angelis in coelum deducitur. Sepelitur uir beatus in monastrio Hylariaco, quod ipse a fundamentis felici et ingenti studio

[10] Or tandis que le divin novice de la sainte Église – je parle de Chrodegang – était instruit, formé et éprouvé aux pratiques de ces vertus, le siège pontifical de Metz était occupé par saint Sigebaud, qui était un homme d'une vie remarquable, d'un esprit plein de sagesse, très attaché à accroître la sainte Église dans toute la mesure de ses moyens, et à illustrer sa cité par la magnificence de ses vertus et la gloire parfaite d'une vie parfaitement intègre. Car, comme nous l'avons déjà dit brièvement, il s'évertuait à se montrer en tout utile à son Église, restaurant activement les lieux de culte[29] et fondant deux abbayes de moines, parmi lesquelles *Hilariacum*, où repose saint Nabor rapporté de Rome par saint Chrodegang – comme on le redira tout à l'heure – et dédié à saint Paul, docteur des païens. L'homme de Dieu édifia aussi un second monastère, qui porte aujourd'hui le nom de Neuwiller, qui est consacré à Dieu et à saint Pierre, où fut dignement ensevelie la dépouille du saint confesseur Adelphe, évêque de Metz[30], et qui, grâce aux mérites de ce saint prélat, s'illustra glorieusement dans toute la région par la renommée de ses miracles. Tout entier consacré à ces manifestations vertueuses, Sigebaud souffrait d'une pénible maladie qu'on appelle la goutte. Et tandis que dans le creuset de cette douleur il brûlait comme l'or qu'on affine, un jour que son mal le torturait plus que de coutume, il approcha de sa fin. Mais pendant qu'il endurait ces terribles souffrances, ainsi que nous l'avons dit, son saint esprit fixa son attention sur les choses éternelles et il supporta avec une infinie patience ses douleurs physiques. Il n'y a rien d'incroyable au fait qu'il ait eu part à la double récompense du bienheureux Job, puisqu'il apparut comme un précieux émule de la souffrance et de la patience d'un saint si fervent ; et d'après nous la mort terrestre elle-même n'a pas séparé ces hommes que soudait la similitude de leurs épreuves et de leur ardeur. Donc, comme j'ai commencé à le dire, éprouvé par ses bonnes actions et dans la fournaise de la maladie, il prédisait qu'il déserterait bien vite l'enveloppe de son faible corps, et sachant qu'il s'envolerait grâce aux deux ailes de la charité qu'il avait acquises durant sa vie, il était traversé par la joie et l'allégresse, exactement comme quelqu'un qui serait invité à partager le festin d'un roi. Quant à son peuple, il était rempli d'une telle douleur devant la fin de son pasteur, qu'on aurait pu voir facilement, si on avait assisté à la scène, quel amour il avait porté durant toute sa vie à ce saint dont il pleurait si douloureusement la perte, ou, plus exactement, qu'il voyait lui ouvrir la route vers le ciel, en vainqueur du monde. Le saint prélat[31] le consolait avec douceur et bonté, et, connaissant l'avenir, affirmait que non seulement son successeur ne lui serait pas inférieur en grâce et en mérite, mais qu'en outre il accroîtrait son diocèse plus que jamais avec le secours de Dieu et par son activité personnelle. Rempli de la sainte consolation, saint Sigebaud passa tout le temps de sa maladie à prodiguer ces paroles d'encouragement, et enfin Dieu rappela l'esprit qu'il lui avait donné. Il reçut le viatique de notre salut à tous, et le 7e jour avant les calendes de novembre[32] il fut conduit au ciel par les anges. Le saint homme fut enseveli au monastère d'*Hilariacum*,

aedificauit, ubi usque hodie quidem corpus, anima autem in coelum cum beatis spiritibus nunc et in aeternum laeta triumphat. Viduatae autem plebi pastore cunctis sui temporis praeferendo pro dolor sublato, anxietate moeroris, lacrimarum ingeminatione adeo affligebatur, adeo dolore premebatur, ut a nemine consolari aliquo modo ualeret. Aderat prae oculis memoria benedictionum pristinarum, factorum perfectissimorum recordatio, quibus fidelis populus, ut in fine Domini ac sanctis operibus libere persisteret, corroborabatur ac firmabatur, concutiebatur autem et timore grauissimo, ne suo pontifice coeli ianua recepto, quia mundus totus in maligno positus erat, mercennario alicui subicerentur, qui sua non dominica lucra fortuitu quaereret quousque prosperitate donaretur, aduersante uero mundo et caeca fortuna relicto grege commisso, fugae male potito praesidio occuleretur. Tanto enim pauore dissoluebantur, ut etiam hoc orarent quo, si gladius animaduersionis Domini ad feriendum districte euaginatus retrahi antequam feriret minime posset, ut uisibili et perituro hosti in breui consumpturi traderentur. Namque merita suae prauitatis fidelis populus unusquisque prout debebat recogitans, quibus Deum coeli usque irritauerant, uerebantur ne aduersario hominum salute insatiabili aeternaliter darentur. Etiam et hoc ualde plebem Domini desolatam terrebat, quod regni stabilitas et unitas adeo prauorum infestatione perturbata et dilacerata erat, ut etiam princeps ipse pacis securitate nullo modo uiuere sineretur. Nam Pippinus, tunc quidem dux, post autem Francorum rex gloriosus, cum exterarum gentium incursione, Wasconiae dico ac Hyspaniarum, tum ciuium suorum, hostilitate durissime premebatur, eorum scilicet quorum capitibus pater eius altero, id est Childerico, clerico ac monacho facto et expulso a regno, alteri ciuitate Andegauensi Dei respectu relicta, id est Raginfredo, omnes tandem reliquos optime gratia Dei suae dictioni subdidit.

[11] In tempore sane illo adeo huiusmodi negotiis palatini erant dediti, ut homines magnae crudelitatis et peruersae malignitatis in seruos Dei acerrime debacharent, et nec ipsis summi honoris uiris pontificibus sacerdotibus ac clericis saeuientes parcerent, et martyres nouos christianorum temporibus sua illa crudelitate misere efficerent. Gloriosus siquidem et aeterno regi sacerdos dilectissimus Lantbertus Treiectensium indigena sub tempore Childerici in palatio clarus habebantur; set Dei nutu mutati principes terrae ut homines, statim prauorum linguis decepti sunt, adeo ut eundem confessorem Domini primum de praesulatu deici aut consentirent aut non resisterent, et quendam tyrannicorum morum subrogare non negarent. Set post rem discutientes, et quia aduersus Deum egerant deprehendentes, auctorem quidem sceleris tanti digna

qu'il avait fait construire lui-même depuis les fondations avec un empressement heureux et immense, et où son corps se trouve aujourd'hui[33] encore, tandis que son âme triomphe au ciel avec les esprits des saints, dans l'allégresse, maintenant et pour toujours. Mais devant la perte, hélas !, de ce pasteur à nul autre pareil en son temps, le peuple était livré aux affres du chagrin, à des pleurs redoublés, et à une douleur si grande qu'il en était inconsolable. On avait devant les yeux la mémoire des bénédictions anciennes, le souvenir des actions parfaites, dont le prélat encourageait et fortifiait son peuple fidèle à persister librement dans le terme divin et les saintes œuvres, et on avait grand peur qu'une fois l'évêque admis au ciel, dans la mesure où le monde entier était soumis au mal, le pontificat ne tombe aux mains d'un mercenaire qui d'aventure rechercherait son profit et non celui du Seigneur, jusqu'à assurer sa prospérité personnelle et abandonner en revanche son troupeau à l'hostilité du monde et à la fortune aveugle, avant de disparaître en recourant lâchement à la fuite. Et la terreur qui les ébranlait était si grande, qu'ils allaient jusqu'à prier pour que, si vraiment le glaive de la providence du Seigneur, une fois dégainé pour frapper avec sévérité, ne pouvait plus retenir son coup, ils se voient livrés très vite à un ennemi visible et périssable, qui pût les exterminer : car le peuple fidèle, se repassant mentalement, chacun comme il le devait, les punitions que laissaient escompter les fautes dont il avait sans cesse irrité le Dieu du ciel, redoutait d'être livré pour l'éternité à l'insatiable ennemi du salut des hommes. Une chose encore terrifiait, et même fortement, le peuple esseulé du Seigneur : que la fidélité et l'unité du royaume aient été à ce point perturbées et déchirées, que le prince lui-même se voyait interdire de vivre dans la sécurité de la paix. Car Pépin, duc à cette époque et plus tard roi glorieux des Francs, était très durement accablé sur deux fronts : d'un côté par des incursions de peuples étrangers, je veux dire ceux de Gascogne[34] et d'Espagne, et, de l'autre, par l'hostilité de ceux de ses compatriotes que son père avait si bien soumis à son pouvoir, leurs deux têtes exceptées, qu'il avait, pour le premier, à savoir Childéric[35], fait tonsurer, mettre au monastère et expulser du royaume, et, pour le second, Ragenfred[36], gratifié du comté d'Angers par égard pour Dieu.

[11] En ce temps-là donc, les palatins étaient à ce point préoccupés par ce genre d'affaires, que des hommes d'une grande cruauté et d'une méchanceté perverse sévissaient gravement contre les serviteurs de Dieu, n'épargnant même pas ceux qui occupaient les rangs très élevés d'évêques, de prêtres ou de clercs, et engendrant par leur cruauté, en pleine époque chrétienne, des martyrs d'un genre nouveau. Ainsi Lambert[37], originaire de Maastricht, qui était un prêtre glorieux et très cher au Roi éternel, jouissait d'un grand renom au palais de Childéric ; mais en humains qu'ils étaient, les princes de la terre, transformés par la volonté divine, se laissèrent bientôt abuser par les discours de gens dépravés, si bien que dans un premier temps ils consentirent – ou tout au moins ils ne s'opposèrent pas – à ce

ultione dampnant, adultero autem pastore patria expulso, beatum pontificem sedi propriae cum gloria maxima et ingenti honore restituunt.

[12] Post non multum temporis dolens diabolus christianitatem prout uoluerat non potuisse conturbari, iterum insurgit et aduersus Domini sanctum solita suae saeuitiae arma corripit, satellites suos contra eum excitat, qui non destiterunt donec se quidem innocentis morte reos efficerent, beatum autem uirum cum palma martyrii ad uitae aeternae gloriam, sociatis sibi ex clero suo aliquantis crudeliter interemptum intromiserunt. Pari modo et pari crudelitate Fresones, animo et actu pessimi, sanctum Bonefacium qui et Wicfridus dictus est, ex Hybernia uenientem a sancto Willebrordo post se archiepiscopum ordinatum, cum suo coepiscopo Eobantio ac cleri grandi multitudine interfecerunt. Francorum namque principes religionis feruori omnino operam dabant, set bellis ita undecumque artabantur, ut filios iniquitatis in sanctos Domini grassantes compescere non ualerent. His et huiusmodi prauorum infestationibus et inquietudine, dum et huiusmodi tempestatibus ecclesia Domini quateretur, Mettensium populus duplo infelicitatis dolore fatigabatur, quia et communi tocius christianitatis periculo laborabat, et specialius suae ciuitatis orbitate languebat.

[13] His autem audiendis quicumque recreandus et ad meliora inuitandus deuotus deuote accesseras, oro ne malorum opere territus expauescas, set mecum pia mente doleas et ingemiscas extitisse tunc dierum tempora periculosa, in quibus, ut ait apostolus, erant homines *se ipsos amantes a ueritate quidem auditum auertentes, ad inanes autem fabulas conuertentes*[a]. Haec certe quae de christianorum tribulatione dixeram, dolore quidem sunt plena, set forent multo duriora et grauiora, nisi omnipotens Dei dextera, quae quondam Petrum figuram sanctae ecclesiae praeferentem de profundo pelagi liberauit[b], quae et solet uelox adiutrix esse in oportunitatibus, in tribulatione benigne populo suo subuenisset, et clementi uirtute quem pro peccatis corrigendum decretauerat tandem liberandum decerneret.

---

a) II Tim. 3, 2   b) Cf. Mt 8, 23-27

que le confesseur de Dieu soit chassé de son siège et remplacé par quelqu'un qui s'imposa par la force. Mais ensuite ils dissipèrent leur erreur et, s'avisant qu'ils avaient agi contre Dieu, ils infligèrent le châtiment qu'il méritait à l'auteur d'un tel crime, et, après avoir chassé le faux pasteur, ils rétablirent le saint pontife sur son siège, en l'entourant de grandes marques de gloire et de grands honneurs.

[12] Quelque temps plus tard, désolé de ne pouvoir troubler la chrétienté comme il l'aurait voulu, le diable surgit à nouveau, brandit contre le saint du Seigneur les armes habituelles de sa cruauté, envoya ses sbires l'attaquer, et ceux-ci n'eurent de cesse de tuer un innocent : ils infligèrent une mort cruelle au saint homme ainsi qu'à quelques autres de son clergé, et lui ouvrirent la route vers la gloire de la vie éternelle, avec la palme du martyre. C'est de la même façon, et avec la même cruauté, que les Frisons, peuple d'une grande méchanceté d'âme et d'agissements, tuèrent, avec son coévêque Eobantius et d'innombrables membres de son clergé, saint Boniface – encore appelé Wicfrid – qui arrivait d'Irlande, et que saint Willibrord ordonna archevêque pour lui succéder[38]. C'est que les princes francs étaient certes pleins d'ardeur pour la religion chrétienne, mais tellement pressés de toutes parts par les guerres, qu'ils se trouvaient impuissants à arrêter les fils d'iniquité qui sévissaient contre les saints du Seigneur. Tandis que l'Église du Seigneur était ainsi secouée par les incursions et les déprédations de ces gens détestables, le peuple de Metz était affligé par une double douleur : il souffrait du même péril que l'ensemble de la chrétienté, mais aussi d'une perte particulière à sa cité.

[13] Pieux lecteur, si tu es venu ici pieusement pour être réconforté et invité à t'améliorer par ce que tu vas entendre, je t'en prie, n'aie pas peur d'entendre les actes terribles des méchants : joins-toi à moi pour gémir et déplorer l'existence de cette époque périlleuse, qui vit, comme le dit l'apôtre, des hommes *qui n'aimaient qu'eux-mêmes, qui se dérobaient à l'écoute de la vérité et prêtaient l'oreille à des fables ineptes*. Ce que j'ai dit des épreuves subies par les chrétiens est certes douloureux, mais elles auraient pu être bien plus dures et graves encore si, de sa main qui jadis libéra de l'abîme de la mer Pierre préfigurant la sainte Église, et qui vient habituellement apporter une aide rapide au moment où il le faut, le Dieu tout puissant n'avait porté un bienveillant secours à son peuple affligé, et si en sa clémente puissance il n'avait enfin décidé de libérer celui qu'il avait décidé de corriger pour ses péchés.

[14] Nam Pippino gloriosissimo principi repressis undecumque aduersariis pacis decus et stabilimentum tribuit, et ut immemor beneficiorum a Deo sibi collatorum non fieret, intima inspiratione monuit. Datae siquidem regni tranquillitati princeps nobilissimus omnino adgaudens et uicem Domino pro posse reddere cupiens, totus seruitio se subdere eius studuit expectabatque si quid occasionis sibi daretur, ut ecclesias Domini et monasteria regum superiorum incuria destructa pristino statui studiose restitueret. Quod ut animo felici disposuerat, opere felicissimo Deo auctore deuotissime impleuit. Dum haec namque nocte et die qualiter perficeret meditaretur, accidit nuntios Mediomatricae ciuitatis adesse, et commune totius regni dispendium nuntiasse, obitum uidelicet sui pontificis Sigibaldi. Cuius mors, in conspectu Domini pretiosissima, quanti doloris et detrimenti cum omni patriae tum maxime suae urbi attulerit, et lacrimae populorum et uerba Pippini principis protestata sunt. Is denique audita morte illius, cuius nutu et consilio res publica disponi solebat, cuius uita sanctissima sanctae aecclesiae ad imitandum proposita quam diu uixit fuerat, alta ab imo pectore suspiria trahens, dum alios a lacrimis reuocare conatur, ipse se temperare non ualet, quin dolor mente conceptus regia in facie prorumperet; uixque loqui praeualens, quo potuit conamine consolatur eos qui aduenerant plebis nuntios, dicens : « Nolite, dulcissimi, nolite tanto animi dolore affici, set spem magnae resurectionis et gloriam qua pontifex beatus nunc et in secula cum Christo regnaturus pollebit reminiscentes, ei congratulemini et congaudeatis, et bonis actuum remediis, ut sancto patri in beata uita filii dilectissimi et proles paternae gloriae quandoque sociari ualeatis elaborate. Fateor quia, si quis umquam lacrimas debite exsoluit huic sanctissimo praesuli, me magis obnoxius fuit nullo modo ; mihi flendum ac lugendum mihi noctes et dies cum lamentando sunt deducendi, qui talem rei publicae amisi subleuatorem et gubernatorem, qui et uereor, ne tanto coeli ianua patre recepto, status regni omnino periclitetur. Et quidem ex ipsis hunc esse uerissime nouimus, quorum laude dicitur quibus dignus non erat mundus, qui in Christo Iesu testimonio fide probati inuenti sunt. Cuius nutu et consultu olim cuncta agere statueram, regni negotia tractare disposueram, eius absentia moestus, praesentia semperque hylaris ac iocundus, hic certe coelestia diu cupita bene merita reccepit, ut fidelium fides habet. Illo pro dolor priuati, eligite nunc, dilectissimi, unum e uobis boni testimonii, optimi ingenii, huius loco sine mora subrogandum, qui dignus domui Dei dispensator appareat, talentaque sibi credita bene dispertire, quousque Dominus redeat, non segnis festinet. Quem deesse uobis

[14] Une fois les ennemis repoussés de tous côtés, il accorda en effet au glorieux roi Pépin l'honneur et la stabilité de la paix et, par une suggestion secrète, il lui recommanda de ne pas oublier les bienfaits que Dieu lui avait accordés. Le très noble prince se réjouit fort de la tranquillité retrouvée dans son royaume, et désira payer sa dette à Dieu dans la mesure du possible. Aussi souhaitait-il se soumettre tout entier à son service, et attendait-il que l'occasion lui soit donnée de restaurer avec ardeur les églises du Seigneur et les monastères qui avaient été détruits en raison de l'incurie des précédents rois. Et ce projet qu'il avait conçu d'un cœur heureux, il l'exécuta avec dévotion et, grâce à Dieu, avec une heureuse réussite. Tandis que nuit et jour, en effet, il songeait à la façon de le mettre en œuvre, arrivèrent des émissaires de la cité de Metz, annonçant une perte touchant l'ensemble du royaume, à savoir la mort de leur évêque Sigebaud. Quelle douleur et quelle perte pour le pays entier, mais surtout pour sa ville, apportait l'annonce de la mort de Sigebaud – mort très précieuse au regard de Dieu –, les larmes de la population et les mots du prince Pépin le disent avec certitude. Ce dernier, entendant annoncer la mort de l'homme dont la volonté et le conseil l'avaient mis à la tête de l'État, dont la très sainte vie avait été, tant qu'il vécut, proposée en exemple à la sainte Église, se mit à pousser de profonds soupirs, et, tout en essayant de dissuader les autres de pleurer, il ne pouvait empêcher la douleur conçue dans son cœur de jaillir sur son royal visage. Et pouvant à peine parler, il consola comme il put les émissaires qui venaient d'arriver : « O vous qui m'êtes chers, cessez de vous affliger ainsi et, vous souvenant de l'espoir de la grande résurrection et de la gloire dont le saint pontife jouira pour régner avec le Christ aujourd'hui et dans les siècles, félicitez-le et réjouissez-vous avec lui. Et par les remèdes efficaces de vos actes, travaillez à être un jour les fils bien-aimés et la descendance glorieuse de votre saint père, associés à lui dans la vie éternelle. Je l'affirme, si on a jamais payé à ce très saint prélat les larmes qu'on lui doit, nul n'a davantage à le faire que moi : j'aurai à pleurer, à gémir, à passer mes nuits et mes jours à le regretter, car j'ai perdu un soutien et un dirigeant si précieux dans l'administration de l'État, que je crains, à présent que ce père si illustre a franchi la porte du ciel, de voir s'effondrer totalement le royaume. Nous savons qu'il était véritablement de ceux dont on parle avec louange, de ceux dont le monde n'était pas digne, de ceux qui ont fait la preuve de leur foi en Jésus-Christ. C'est avec son assentiment et son conseil que j'avais résolu jadis de tout faire, de traiter les affaires du royaume, plein de tristesse quand il n'était pas là, toujours souriant et joyeux en sa présence, et aujourd'hui il a reçu, c'est certain, les récompenses célestes qu'il désirait depuis longtemps, comme l'enseigne la foi des fidèles. Puisque vous voici hélas privés de lui, élisez à présent quelqu'un parmi vous qui ait une réputation éprouvée et d'excellentes capacités, que vous puissiez désigner sans tarder comme son successeur, qui apparaisse comme un digne intendant de la maison de Dieu, et qui, ennemi de la paresse, se hâte de bien répartir les talents qu'il se verra confier, en attendant le

et uestro collegio nullo modo aestimo; uerum discordiae et dissensionis malum quam sit cauendum et timendum, oro, animaduertatis; nec plebem Christi diu sine uerbi coelestis ministro esse sinatis, dum unusquisque suis et suorum partibus nequissime fauet. Necesse est autem, scitis, animarum sub hac dissensionis occasione periturarum sanguinem ab eorum manibus districtissime exquirendum, quorum instinctu operaque dilatus pastor fuisse probabitur. » His uerbis regia gloria et mansuetudine satis mira a principe glorioso releuati et consolati sunt Mediomatricae plebis legati, et pius ducis animus erga christianae fidei cultum ostendebatur.

[15] At uero nuntii contionis haec uerba dulcissima pii regis piissimis auribus haurientes, terrae et genibus prouoluti, gratias Deo, *qui numquam deserit in se sperantes*[a], conatu quo poterant celebrant, clementissimumque principem laudibus altissimis et dignissimis efferunt in excelsis, gregis sui detrimentis conpatientem. Se uero unanimes in praesule eligendo conclamant, nec unum restitisse dicunt in tanta ac tali turba ciuitatis, qui electioni generali alicuius merito controuersiae machinamentis resistere conaretur. Admirans dux quis ille tantus uir foret, cuius merito tanta plebis concordia erat, simulque ultra quam dici possit orbatis congaudens, persona tantae aestimationis quae sit sciscitatur. « Regis, inquiunt, consanguinitate clarus et insignis, meritis suis iam coelorum alta possidens, Chrodegangus dignus tali honore praedicatur; hunc omnes pastorem nobis condonari oramus, hunc regendis et saluandis nostris animabus Mettensis populus nostro ore petit ne subtrahas, regum gloriosissime. Quem olim nostrae societati genitor tuus, augustae memoriae Karolus, unguendum alegauerat, Deo iam initiante quod nunc perfici instanti prece deposcimus, nobis erudiendum tradiderat, litteris humanis ac diuina lege ut imbueretur iusserat, ipse uero in breui sapientiae fonte debriatus, magistros suos erudire coeperat : Chodegangum super columbas mitiorem, super aquilas meritis uelociorem, super agnos clementiorem, super uitulos innocentiorem, fieri pontificem concors clerus, unanimis plebs, deuotis precibus orat. » Dux clementissimus his auditis ultra humanum sensum laetus efficitur, sua uero desideria omnipotentis Dei dispositioni et uoluntati haut obuiare conspiciens, omnino se peticioni eorum assensurum fatetur, assit tantum cui et praesulatum tribuat et palatii dominium non auferat. Haec audientes iter suum praeparant ut ad propria remeare possent, et diem supersedere non sufferebant, utque effectum affectus sui Deo annuente complere ualerent cupiebant.

---

a) Iudith 13, 17

retour du Seigneur. Je ne crois pas qu'un tel homme vous fasse défaut à vous et à votre collège ; mais prenez garde, je vous en prie, à ce mal redoutable et effroyable que sont la discorde et la dissension, et n'allez pas, en soutenant chacun indignement vos propres candidats et ceux des vôtres, laisser trop longtemps le peuple du Christ sans ministre du verbe céleste. Car inévitablement, vous le savez, ceux qui pousseront et qui travailleront à différer l'élection du pasteur visent à porter avec cruauté un coup sanglant aux âmes qui périront à l'occasion d'une telle discorde. » Voilà par quels mots le glorieux prince, en sa gloire royale et en son admirable mansuétude, réconforta et consola les légats du peuple de Metz, et comment s'y manifestaient les pieuses intentions du duc[39] à l'égard du culte de la foi chrétienne.

[15] Alors les messagers, qui avaient entendu très pieusement les très douces paroles du pieux roi, tombèrent à genoux et louèrent de tout leur cœur Dieu qui jamais n'abandonne ceux qui croient en lui, et ils portèrent aux nues par des louanges très hautes et très dignes le prince très clément qui compatissait au dommage subi par son troupeau. Ils proclament qu'ils sont unanimes dans l'élection du prélat, et ils affirment que, dans toute la population de la cité, il n'est pas un seul homme qui tente de s'opposer à l'élection générale par quelque machination séditieuse. Le duc se demanda avec étonnement qui était l'homme dont le mérite faisait l'unanimité du peuple. Il partagea, au-delà du dicible, la joie de ces hommes privés de pasteur, et il s'enquit de l'identité d'un personnage aussi estimable. « Sa parenté royale, disent-ils, le rend illustre et insigne, et ses mérites le placent déjà dans les hauteurs célestes : c'est Chrodegang que l'on reconnaît digne d'un tel honneur. C'est lui que nous demandons tous pour pasteur, lui que par notre bouche le peuple de Metz réclame pour diriger et sauver nos âmes : nous t'en prions, ô le plus glorieux des rois, ne nous le refuse pas. Celui que jadis Charles, ton père d'auguste mémoire, a uni à notre communauté pour qu'il y reçoive l'onction, celui dont, Dieu prenant alors l'initiative de ce qu'à présent nous te demandons instamment d'achever, il nous avait confié l'instruction dans les lettres humaines et dans la loi divine, celui qui ayant tôt bu à la source de sagesse s'était mis à instruire ses maîtres, Chrodegang, plus doux que la colombe, par ses mérites plus rapide que l'aigle, plus tendre que l'agneau, plus pur que le jeune veau : c'est lui que par de ferventes prières le clergé d'un commun accord et le peuple à l'unanimité souhaite voir devenir son évêque. » À ces mots, le duc très clément se réjouit au-delà du sentiment humain, et voyant que ses désirs personnels ne s'opposaient pas à la disposition et à la volonté du Dieu tout-puissant, il affirme qu'il consentira à leur demande, pourvu que se présente celui à qui il souhaite que l'on accorde le pontificat sans pour autant lui ôter l'administration du palais. Après avoir entendu ces propos, ils vont faire leurs préparatifs pour rentrer chez eux, ne supportant plus de délai et désirant pouvoir, avec l'assentiment de Dieu, réaliser pleinement l'effet de leur affection[40].

[16] Reuertentes itaque et propriae sedi restituti, suis referunt quanta benignitatis humanitate suscepti, quo dolore audita morte sancti pontificis Sigibaldi turbatus sit, electioni plebis quam praecipue in omnibus astipularit intimant, et ut futurus pontifex mature assit quia princeps clarissimus iubeat denuntiant. Haec tota ciuitas, quae ad huiusmodi spectaculum conuenerat, audiens, prae gaudio stabat attonita, et in tam periculosa tempora nescientes Dominum iam suorum lacrimis delinitum, uerum non credebant quod uerum esse cupiebant. Succumbendum est huic loco, neque narrare aggrediar quod dicendo minus faciam. Set o Iesu bone, quid illud in tota domo exultationis fuit? Ad requirendum uirum sanctissimum omnes se alterutrum monent, mirantes simul satis quid euenerit, qui palatio numquam defuerat. Nam idem Domini famulus, honorum mundanorum refugus, humilitatis et abiectionis summus appetitor fascem sibi tanti fastigii et dignitatis imminere praesciens, se elegi audiens, sperat posse se aliqua fugae latebra occuli, et aulam regii culminis quantotius fugiens euadit. Verum puerile extitisse quod egit uir Domini certis indiciis comprobauit. Nam regem coeli et terrae se aut aliquem numquam potuisse effugere cum optime sciret, angustia et sui dolore mitigandum Deum aestimans, suo discessu ducem aut cunctos aulicos moerore adprime affectos conturbabat, qui putabant eo loci rem redituram, ut pauore perterritus patria effugiens secederet; quod et uir beatus spiritu humilitatis perfectissimus fecisset, nisi fidelis populi studio ardentissimo diu exquisitus praeueniretur ut quod deliberauerat perficere non ualeret. Qui militibus regiae dignitatis sibi sociatis terrae prosternebantur rogantes ut labori eorum singulari et communi Mediomatricorum orbitati ac miseriae benignus benigne parceret et ad palacium simul cum eis uenire dignaretur.

Interim, perpendens quia non defuerunt aut deerunt uirtutibus sanctorum, quas imitari nequeunt, detrahentes, aestimo futuros aliquos fugam huius nostri sancti derogantes, uidelicet si tantis uirtutum sanctarum polleret insigniis, cur sese a Deo praeelectum spiritu prophetiae praeuidere non potuerit. Isti, ut uerissime fatear et sancto Ionae prophetae derogare non uerebuntur, quod subuersionem Niniuem praedicare iussus, a facie Domini in Tharsis fugere temptauerit[a]; cum nisi hoc fecisset, figuram Domini incarnandi in sepulchro ponendi tercioque die resurrecturo, quam nesciens integre praefigurauit, procul dubio non implesset, et uentura ergo sua fuga praedixit, ut post iussui Domini sine retractatione obediuit. Venerando etiam totoque orbe memorando praesuli Ambrosio cuius flores doctrinae in sancta Dei ecclesia hodieque quam suaue dulcissimeque redolent, detrahere non formidant, qui perpendens populo Mediolanensium se pontificem destinatum, primo ad exterrendas

---

a) Cf. Ion. 1

[16] Ils s'en retournent donc, et une fois rentrés chez eux, ils racontent aux leurs la bienveillance de l'accueil reçu et la douleur du roi à l'annonce de la mort du saint pontife Sigebaud, ils rapportent surtout qu'il a donné son accord à l'élection du peuple, et ils annoncent la volonté de l'illustre prince de voir arriver au plus vite en sa présence le futur évêque. La cité tout entière, rassemblée pour assister au spectacle, fut saisie d'étonnement à ce récit, et comme en ces temps périlleux on ignorait encore que les larmes des siens avaient suffisamment adouci le Seigneur, on ne pouvait croire à la réalité de ce qu'on souhaitait voir se réaliser. Ici je dois m'avouer vaincu, et renoncer à raconter ce que ma plume ne saurait qu'affaiblir. Mais, ô bon Jésus, quelle source d'exultation ce fut dans toute la maison ! Tous s'encouragent mutuellement à aller chercher Chrodegang, se demandent ce qu'il est advenu de lui, qui ne quittait jamais le palais. C'est que le serviteur de Dieu, qui fuyait les honneurs du monde pour rechercher avant tout l'humilité et l'abaissement, qui savait déjà quel rang et quelle dignité le menaçaient, en entendant la nouvelle de son élection, espérait pouvoir se dérober en fuyant dans quelque lieu caché, et avait quitté au plus vite le palais royal. Mais c'était là un acte enfantin, comme on en eut la preuve évidente. Car comme il savait très bien que ni lui ni personne ne pouvait échapper au Roi du ciel, estimant qu'il pouvait apaiser la colère de Dieu par ses épreuves et sa souffrance, en fuyant il inquiétait le duc et tous les grands du palais qui, violemment affligés, pensaient que la chose allait en arriver au point où, pris d'effroi, il disparaîtrait de son pays. Et c'est bien ce qu'aurait fait le saint, dont l'esprit d'humilité était total, si l'ardeur extrême de son peuple fidèle ne l'avait prévenu et, en entamant de longues recherches, empêché de mettre son plan à exécution. Associés à la garde personnelle du roi, les palatins se prosternèrent en implorant sa miséricorde de daigner venir au palais avec eux, et leur épargner ainsi miséricordieusement cette épreuve pour eux-mêmes, et, pour les Messins, un deuil et un malheur commun à toute la ville.

Avant de poursuivre, je songe qu'il ne manqua pas, ou qu'il ne manquera pas, de gens pour critiquer chez les saints des vertus qu'ils ne peuvent eux-mêmes imiter, et je crois qu'ainsi la fuite du nôtre trouvera ses détracteurs : s'il était à ce point couvert de toutes les marques des saintes vertus, diront-ils, comment n'a-t-il pas vu, en son esprit de prophétie, que Dieu l'avait élu d'avance ? À dire vrai, ces gens-là ne craindront pas non plus de blâmer le saint prophète Jonas, qui, ayant reçu l'ordre d'annoncer la destruction de Ninive, tenta de gagner Tarsis pour fuir la face du Seigneur. Or s'il ne l'avait pas fait, il n'aurait évidemment pas accompli la préfiguration de l'incarnation, de l'ensevelissement et de la résurrection du Seigneur au troisième jour, préfiguration qu'il a entièrement accomplie sans le savoir ; sa fuite annonça donc ce qui allait se passer ensuite, à savoir son obéissance parfaite et définitive à l'ordre du Seigneur. Et ils critiqueront aussi le vénérable évêque Ambroise, que l'on célèbre dans le monde entier, qui aujourd'hui encore embaume la sainte Église de Dieu des fleurs douces et suaves de son enseignement, mais qui, lorsqu'il se vit destiné au pontificat par le peuple de Milan, fit

plebis mentes iudicia in ciuitate proponit, set uidens rem non proficere, publicas mulierculas sibi sociat, ut quasi publice scortum amans pontifex fieri non ualeret. Set quanto plura uir sanctus ad resistendum machinatur, tanto amplius plebs felicissima laudibus concrepans, Ambrosium meritum qui praesul fieret conclamabat. Ne sic uictus, noctu equo ascendit, ac fugam inhians petit, uerum toto noctis spatio equitando defectus, diluculo portae Mediolanae diuino nutu restitutus, miratur potentiam summi patris, qui nolenti uolentique homini quae praescierit inpendit. Meminit scriptum quia *non uolentis neque currentis est Dei*[a], et tandem uelle Dei roborat suo assensu. Ista uero relinquentes, ad narrationis praetermissae ordinem iam redeamus.

[17] Sanctus igitur Domini Chrodegangus undique septus atque circumdatus, se comprehensum perspiciens, uidens eius fuga quia non proficeret, sese, dum adhuc ne episcopus fieret effugere temptat, accusare inchoat, se inmeritum talis honoris; alter melioris uitae uir inquiratur clamare non cessat, et ut uerborum apostoli, quibus episcopus inreprehensibilis constitui iubetur[b], meminerint, monet. « Testis, inquit, cordium inspector Deus, gradum huius honoris numquam me concupisse aut desideraturum, pro certo sciens mihi soli ad mores proprios regendos non sufficere, nedum alteri uni praeesse ualeam. Talis plane praeuidendus, qui nouerit plus prodesse quam praeesse, sua alienaque uulnera curare praeualens, conpetenter lacte paruulos, solido cibo perfectos pascere doctus, domum suam qui probatur bene rexisse, orphanorum pater qui esset studio misericordiae scitur. Noui quia cuius gradus altior, eius et peccatum grauius. »

O uirum praeconiis et uotis omnium seculorum efferendum, qui dum seculi pereuntis arcem et honorem tota mente refugit, proximum se reddit curiis deliciosissimi paradysi! O hominem ineffabilem, qui cunctis se extremum corde et ore iudicabat, cum omnibus sanctior gloriosiorque suo merito omnium uoce praedicaretur! O beata anima, o sanctissimus spiritus, qui huiusmodi uirtutum culmine Deo auctore fixus fuerat, ut quod a quibusdam nostri temporis uel munere emitur, uel precibus expetitur, aut, quod est grauius, belli discordia extorquetur, ipse tota uirtute ut effugeret elaborauit. Non alicuius segnitiei pigritiae deditus, aut saluti humanae prodesse dissimulans, set suo illo interno mentis intuitu tanti honoris grauissimum onus perspiciens quia ad hoc sufficere diffidebat. Cuius precibus ut ad ea quae de eo admiranda praedicamus

---

a) Rom. 9, 16   b) Cf. I Tim. 3, 2

d'abord dresser des tribunaux dans la cité pour terrifier la population et, quand il vit que la chose n'avait aucun effet, coucha avec des prostituées pour se rendre inéligible en affichant publiquement son goût de la débauche. Mais plus le saint homme imaginait de stratagèmes pour résister, plus le peuple tout joyeux le couvrait de louanges, et criait que c'était Ambroise qui méritait de devenir évêque. Cela ne suffit toujours pas à vaincre sa résistance : il monta à cheval en pleine nuit et prit la fuite à toute allure ; mais il eut beau s'être éclipsé sur son cheval durant la nuit entière, par la volonté de Dieu, au petit jour il se retrouva devant la porte de Milan, rempli d'admiration pour la puissance du Père Très-haut, qui impose à l'homme d'obéir à ses ordres, qu'il le veuille ou non[41]. Il se souvint qu'il était écrit que *cela ne relève pas de l'homme qui veut ou qui court, mais du Dieu de miséricorde*, et accepta enfin d'accomplir la volonté de Dieu. Mais laissons cela, et reprenons le fil du récit que nous avons abandonné.

[17] Saint Chrodegang, donc, entouré et assiégé de toutes parts, se voyant prisonnier et constatant que sa fuite était inutile, essaie encore de se dérober à l'épiscopat, se met à s'affirmer indigne d'un tel honneur, criant qu'il fallait chercher un homme de meilleure vie, et les invitant à se souvenir de la parole de l'Apôtre, qui veut qu'on nomme des évêques irréprochables. « Dieu qui scrute les cœurs[42] est témoin, dit-il, que je n'ai jamais convoité ni désiré cette haute fonction, car, je le sais bien, je ne suffis pas à me gouverner dans ma vie personnelle : à plus forte raison suis-je incapable de diriger un seul autre individu. Il vous faut prévoir quelqu'un qui sache se rendre utile plutôt que se faire obéir[43], qui excelle à panser ses plaies et celles d'autrui, qui ait appris à nourrir de lait les tout-petits et d'aliments solides les adultes, dont on soit sûr qu'il ait bien gouverné sa maison, qui sache employer l'ardeur de sa miséricorde à se faire un père pour les orphelins. Je sais que plus haute est la fonction, plus grave est le péché qu'on commet. »

Ô l'homme que doivent exalter les louanges et les prières de tous les siècles, qui refusa de tout son cœur les hauteurs et les honneurs de ce monde périssable, pour côtoyer les curies du paradis plein de délices ! Ô l'homme ineffable, qui devant tout le monde se pensait et se disait le dernier, quand une voix unanime le proclamait plus saint et glorieux que tout le monde par son mérite ! Ô l'âme bienheureuse, l'esprit très saint, que Dieu avait placé à un tel sommet de vertus qu'il tentait de toutes ses forces de fuir ce qu'aujourd'hui certains achètent à prix d'argent, réclament en suppliant, ou, chose plus grave, arrachent par une discorde belliqueuse[44] ! Et ce n'est pas qu'il eût le goût de la mollesse ou de la paresse, et qu'il négligeât de travailler au salut du genre humain : c'est qu'en son for intérieur, il percevait la lourdeur de cette haute fonction et doutait de pouvoir y suffire. Que par ses prières le secours du Dieu tout-puissant nous donne la force d'imiter ce

imitantes animemur, quae in nobis dolenda cernimus defleamus, donet nobis onmipotentis Dei adiutorium.

Illi sane qui uel a Mettensibus uel a principe pro eo requirendo missi fuerant, tanto laudibus futuri pontificis insistebant, tanto sanctissimum fatebantur, quanto se instantius uir beatus peccatorem corde et ore resonabat; nec solum, uerum rapitur, trahitur, inuitusque regiae praesentatur. Considerans autem quia Dei uoluntati et dispositioni resistere nequeat, iactat cogitatum suum felicissimum in Domino, et coepit orare ut illius uoluntas tam ex hac re quam ex omni euentu suo fiere sicut fit in coelo et in terra. Cumque pro foribus palatii uir beatus iam adesset, exiliens auunculus eius et omnis cohors palatina obuiam processit, et in osculis immorans, ut perdito ac inuento dux quidem congaudet, reliquus autem militiae globus manibus ac genibus sancti laetus inhaeret, plurimi etiam pro ipsa benignitate pedibus aduoluebantur, singuli, iam quasi pontifex esset, benedici ab eo desiderabant.

[18] Vir autem Domini non tantum ab aliquo pro mira sanctitate poterat uenerari, quantum ipse se in sinu humilitatis abscondere festinabat, et se ut peccator infamare, qui ab omnibus iustissimus praedicabatur. Perurgentibus sane ac nimis instantibus Mettensium nuntiis, dux clementissimus, accepto pastoralis gloriae baculo, Mediomatricorum pontificatum suo dulcissimo nepoti auunculus ipse piissimus, licet adhuc reniti gestienti, donauit. Primatum etiam palatii ut plus umquam retineret imperat, et consiliis rei publicae principem sicut ante constituit, immo totam Galliam illius ditioni subiugauit. Qui statim ad datam sedem Christo auctore festinabat nec curabat ponpa qua solent episcopi uanae gloriae cupidi honorari, ita ut nec nuntiari quod episcopus ordinatus adueniret permiserit. Set plebs siciens praeuenire studuit quem toto animo olim expectauerat, et tanquam angelum e coelo elapsum summa ueneratione gaudentes suum pastorem et patrem recipiunt. Cerei accenduntur, cruces obuiam deferuntur, *Gloria in excelsis Deo* ab omnibus deuotissime canitur, cultu dignissimo urbi introducitur.

Ad explicandam certe incredibilis gaudii magnitudinem oratorum omnium fluuii siccarentur : quanto magis succumbet mearum uirium sola rusticitas? Quicquid potest animus cogitare, quicquid sermo non potest explicare, in illo tempore factum audiuimus. Certatim cuncti Galliarum principes, qui pro noui pontificis laeticia aduenerant, in oscula ruunt, ubertim gaudio flere, gratulari quod urbem nobilem uir sanctus et carnis nobilitate et sua sanctitate faceret ammodo nobiliorem. Plane, fateor, beata et felix ciuitas, quae talem meruit

que nous célébrons d'admirable chez lui, et de chasser en pleurant ce que nous voyons de déplorable en nous !

Plus le saint homme se pensait et se disait pécheur, plus ceux à qui les Messins et le prince avaient confié la mission de le réclamer pour évêque se répandaient en louanges vis-à-vis du futur pontife, plus ils proclamaient sa sainteté. Et ce n'est pas tout : on s'empare de lui, on le traîne[45], on le présente au palais malgré lui. Considérant qu'il ne pouvait pas résister à la volonté et au dessein de Dieu, il place fort heureusement sa pensée dans le Seigneur et lui demande en priant qu'en cette occasion comme en tout autre événement le concernant sa volonté soit faite sur la terre comme au ciel. Et l'homme de Dieu était arrivé devant les portes du palais quand son oncle et toute la troupe arrivèrent à sa rencontre. Ils échangèrent des baisers, le duc se réjouit avec celui qu'il avait perdu et retrouvé, et les soldats, tout joyeux, étreignirent les mains et les genoux du saint, beaucoup se jetant même à ses pieds au spectacle de sa bonté, et chacun désirant recevoir sa bénédiction, comme s'il était déjà évêque.

[18] Mais la vénération qu'attirait sur l'homme de Dieu son admirable sainteté ne pouvait égaler sa propre hâte à se cacher dans le secret de son humilité et à se déclarer pécheur quand tout le monde vantait sa parfaite justice. Comme les émissaires messins le pressaient et insistaient, le duc très clément prit le bâton pastoral, et l'oncle très pieux donna le siège des Médiomatriques à son très cher neveu, bien que celui-ci tentât encore de refuser. Il lui ordonna aussi de conserver plus que jamais la prééminence dont il jouissait au palais, et il en fit comme avant son premier conseiller en matière politique ; mieux, il plaça toute la Gaule sous son pouvoir. Sous la conduite du Christ, Chrodegang se hâtait de rejoindre le siège qu'on lui avait donné, sans se soucier de la pompe dont on honore habituellement les évêques qui aspirent à cette gloire ; aussi ne permit-il pas d'annoncer que l'évêque nouvellement ordonné allait arriver. Mais le peuple fut impatient d'aller à la rencontre de celui qu'il avait attendu de tout son cœur, et il accueillit son pasteur et père avec joie et vénération, comme un ange descendu du ciel. On allume des cierges, on porte des croix sur son chemin, tous entonnent le *Gloria in excelsis Deo* avec une très grande dévotion, et on l'introduit dans la ville avec le cérémonial requis.

Tous les fleuves de l'éloquence se tariraient à décrire l'immensité de cette joie incroyable : alors combien davantage encore échouerait à le faire la seule rusticité de mon talent ? À ce que nous savons, cette époque vit s'accomplir tout ce qu'un esprit peut imaginer, tout ce qu'un discours ne peut développer. Tous les princes des Gaules, qu'avait fait venir la joie d'avoir un nouvel évêque, se précipitent à l'envi pour l'embrasser, versent d'abondantes larmes de joie, et se félicitent de ce que par sa noblesse charnelle et par sa sainteté le saint homme ennoblisse encore sa noble ville. Elle est véritablement fortunée, je l'affirme, la cité qui mérita

dominum immo patrem eo die suscipere ; set et beata tempora quae huiusmodi uirum uidere meruerunt et retinere. In cuius nomine adhaerere me delectat, atque delectatus in eius commemoratione requiescere, quia est speciosus mihi ualde et totae suae congregationi.

[19] Verae autem dignitatis et pastoralitatis culmine pro uoto seculorum exaltatus, iam quanta sanctitate mundo effulserit qui tantae celebritatis ante fuerat, nullus licet magnae eloquentiae poterit enuntiare. Quicquid autem olim intus apud se egerat modo nulla aestimans, ad maiora uirtutum culmina Deo adiutore tendebat. Didicerat certe Christum uestire in pauperibus, uisitare in languentibus, pascere in esurientibus, suscipere in his qui tecto indigent, et maxime in domesticis fidei, uirginum alere monasteria, seruorum Dei agere curam, et pauperum spiritu sollicitudinem gerere, qui diebus ac noctibus Domino suo seruiebant, qui in terra positi imitabantur angelorum conuersationem, et nihil aliud loquebantur nisi quod ad laudes Dei pertinet. Habitu uestimentorum tanta uilitate utebatur, ut si quis de longinquo ueniens eum uidere cupiebat, nisi ab alio audiret, quia episcopus uir Domini esset scire non poterat. Plane ciuitate sua commanens secretoque suae mentis habitans.

Quoad uixit quantum subiectis profuerit, ego extrema actuum dicere gestiens, quia cuncta etiam si uellem nequeo, scire uolentibus pandere aggrediar. Subiectis suis exemplum uirtutum semper esse cupiens, euangelico praecepto utebatur : *Lux luceat uestra coram hominibus, ut uideant opera uestra bona et glorificent patrem uestrum qui in coelis est*[a]. Alias uero extraneis et ad se nisi quod christianae militiae erant nihil pertinentibus, numquam quis esset innotescebat, quia bona sua pro sola aeterna retributione faciens, mercedem expectabat ab eo qui solus est uerae mercedis largissimus dator. Certe sanctus Domini semper quae sunt humilitatis, quae patientiae, quae decoris et honestatis, et faciens et docens, ne per inanis gloriae uicium foris dilaberetur cauebat, et idcirco uirtutum gratia summus in exterorum aures pro sui magnitudine dilatabatur. Hic itaque, qui tanto sinu humilitatis in oculis, ut diximus, exterorum sese constrinxerat, apud suos tanta auctoritate se erexerat, ut in peccatoribus et delinquentibus rigorem eius perspiciens, quo corde id ageret omnino si intime eum nouisses perpendere non ualeres. Hic beatus crucem Domini iugiter in suo corpore portans, et moriebatur cottidie rigore abstinentiae austerissimae, et fratribus per compassionem mentis condescendere non cessabat. Quantum, inquam, animam suam odisse probatur, ac male blandientis mundi illecebras euitare studebat, qui maxime membra delicata regieque educata ieiuniis tam grauibus edomabat!

---

a) Mt 5, 16

ce jour-là de recevoir un tel seigneur, mieux, un tel père ; mais fortunée aussi l'époque qui mérita de voir et de garder un homme comme lui ! Je prends plaisir à être attaché à son nom, et, quand ce plaisir sera terminé, de reposer en sa mémoire, car il est beau à mes yeux, et à ceux de toute sa congrégation[46].

[19] Mais quelle fut, quand, pour la joie des siècles à venir, il eut été promu au faîte de la dignité véritable et de la charge pastorale, la sainteté dont il brilla dans le monde après avoir joui d'une telle célébrité, nul ne pourra le dire, si grande soit son éloquence. Tenant pour nul à présent tout ce qu'autrefois il avait fait en son for intérieur, il aspirait à atteindre, avec l'aide de Dieu, de plus hauts sommets de vertu. Il avait appris à vêtir le Christ en ses pauvres, à le visiter en ses malades, à le nourrir en ceux qui ont faim, à le recevoir en ceux qui n'ont pas de toit, et surtout en les serviteurs de la foi, à entretenir les monastères de vierges, prendre soin de ceux qui servent Dieu, et entourer de sa sollicitude les pauvres en esprit, qui jour et nuit servent leur Seigneur, imitent la vie des anges dans leur vie terrestre, et n'ont à la bouche que ce qui vise à la louange de Dieu. Il portait des vêtements tellement grossiers que, si un visiteur lointain désirait le voir, il ne pouvait savoir que cet homme de Dieu était évêque que s'il le lui disait.

Dans ma soif de raconter ses derniers hauts faits – car en raconter la totalité, le voudrais-je que je n'y parviendrais pas –, je vais maintenant révéler à qui veut les connaître les profits qu'il apporta à ses sujets durant le reste de sa vie, qu'il passa à demeurer pleinement dans sa cité tout en habitant le séjour secret de son cœur. Désireux d'être toujours un exemple de vertu pour ses sujets, il respectait le précepte évangélique : *Que votre lumière brille parmi les hommes, afin qu'ils croient vos bonnes actions et qu'ils glorifient votre Père qui est dans les cieux*. Mais autrement, parmi les étrangers et ceux qui n'avaient pas d'autre rapport avec lui que de servir le Christ, jamais personne ne savait qui il était, car comme il ne faisait ses bonnes actions qu'en vue de la rétribution éternelle, il attendait sa récompense de Celui qui seul est le donateur très généreux de la vraie récompense. Ce saint du Seigneur, en vérité, dont les actions et l'enseignement étaient toujours inspirés par l'humilité, la patience, l'honneur et la décence, prenait garde à ne pas se disperser au-dehors par la faute d'une vaine gloire ; aussi, exalté par la grâce de ses vertus, avait-il jusque dans les populations extérieures une réputation à la mesure de sa grandeur. Aussi lui qui aux yeux des étrangers s'était, nous l'avons dit, totalement replié dans le secret de son humilité, s'était-il haussé parmi les siens à un tel sommet d'autorité, qu'en voyant sa rigueur à l'égard des pécheurs et des méchants, même un de ses intimes n'aurait pu comprendre dans quel esprit il le faisait. Portant continûment en son cœur la croix du Seigneur, le saint homme mourait chaque jour dans la rigueur de son austère abstinence, et par compassion il ne cessait de s'abaisser au niveau de ses frères. Quelles preuves il a données de la haine qu'il vouait à sa vie, de l'ardeur avec laquelle il s'employait à éviter les sournoises

Cilicium quam continue eius sanctos artus quamque atrociter laniabat! Hoc eius cottidianum quamuis clandestinum indumentum, eius stratus talibus decorabatur ornamentis. Vigiliae assiduae ac ipsis totis pene noctis spaciis pernoctando soli Deo sibi conscio psalmodiae ac lacrimarum inundationi omnino erat intentus. Fuit autem omnino clarissimus omnique nobilitate choruscus, quo satisfactum noticiae superius puto, forma pulcherrimus ualdeque decorus.

[20] Claruit idem famulus Domini saepissime quidem memoratus et saepius certa laude frequentandus, omni bonitate conspicuus, humilitate praecipuus, monastici ordinis cultor famosissimus, pauperum sustentationi studiosissime inuigilans, semper in iudicio orphanorum et uiduarum benignus defensor non soIum, set et, clementissimus ut uir erat, loco filiorum filiarumque eos habens, matriculae suae pagina nomina huiusmodi sua ciuitate commorantium retinebat. Lacrimarum frequenti suspirio, quia incola esset paradysi, manifestabat, et ut uno uerbo cuncta eius bona comprehendam, quicquid cura pastorali subiectos docere cogebatur, operis perfectione prius implere satagebat. Erat autem Latino non minus quam patrio sermone imbutus, alloquio dulcissimus, prudentissimus consilio, et omnino talis ac tantus, qui dignus dignissime infulas episcopales sanctitate sua adornaret. Praeuiderant enim parentes beati uiri Deo auctore et elaborauerant ut, qui uiam iusticiae in pueritia incedere coeperat, etiam litterarum scientia ei non defuisset, ut haberet unde post noua et uetera proferet[a], triticique mensuram, in perpetui regis domo dispensator constitutus, commilitonibus erogare ualeret[b]. Cuius laudibus delectatus, si quae essent uires, animo fateor insiderem toto set quid nos tanti laudibus meritum repperiemus, cum eius laus perpetua indeficiensque perseueret, cuius laus ab ore eius deuotissimo numquam recessit? Set, uereor, uideamur beneficiorum ingrati, dum conticescentes praeconia tanti silentio torpemus, cuius opera nos locusque noster post ipsum semper floruit ac floret. Cauendum certe summopere est ne uideamur oblitterasse silentio memoriam bene de nobis meriti pignoris. Nam cum de ipso aut ad ipsum loquor, tanquam de praesente aut ad praesentem sermo mihi est. Soluamus igitur, soluamus nostro bono praesuli odarum deuota xenia, precum assiduarum uigilantiam, contemplationis subtili oculo, quanta illi meritorum perfectio congratulantes, quae nobis insit inperfectio deplorantes. Extitit hic uenerandus sacerdos ex quibus dicitur : *Oculi sapientis in capite eius*[c]. Qui et uidere spiritalia, et ea quae uidebat nouerat tacere mysteria. Idem autem Domini famulus, ut uerbis prioris cuiusdam loquar, fuit

---

a) Cf. Mt 13, 52   b) Cf. Lc 12, 42   c) Eccl. 2, 14

séductions du monde, en domptant par des jeûnes pénibles sa chair si délicate et éduquée pour le palais ! Avec quelle constance et quelle cruauté le cilice blessait son saint corps ! C'était là son vêtement quotidien mais clandestin, c'était aussi l'ornement dont il agrémentait son lit. Il s'adonnait à une veille assidue, et durant presque toute la nuit, avec Dieu pour seul témoin, à la récitation des psaumes et aux débordements de larmes. Il fut parfaitement illustre, brillait d'une noblesse parfaite, et, chose dont j'estime avoir suffisamment parlé plus haut, il avait une grande beauté naturelle et beaucoup de prestance.

[20] Ce serviteur de Dieu, que j'ai souvent nommé et qui mérite d'être encore plus souvent l'objet d'une louange sincère, était d'une bonté parfaite, d'une totale humilité, et rempli d'une ferveur notoire à l'égard de l'ordre monastique ; il veillait avec le plus grand soin à l'entretien des pauvres, dans ses jugements il était toujours le bienveillant défenseur des orphelins et des veuves, et dans son extrême clémence il les considérait même comme ses fils et ses filles, et c'est sous ces noms qu'il enregistrait les habitants de sa cité sur la liste de sa matricule[47]. Par ses continuels soupirs mêlés de larmes, il manifestait qu'il était un habitant du paradis, et pour résumer d'un mot ses bienfaits, tout ce que sa charge pastorale lui imposait d'enseigner à ses sujets, il s'efforçait de le mettre d'abord parfaitement en œuvre pour lui-même. Il savait le latin autant que sa langue maternelle, il était d'un abord très doux, d'un conseil très sage, et en tout point assez digne pour illustrer très dignement par sa sainteté les insignes épiscopaux. Les parents du saint homme avaient, par la grâce de Dieu, veillé et travaillé à ce qu'après une enfance qui lui avait déjà ouvert la voie de la justice, la connaissance des lettres ne lui manquât pas, pour qu'il ait là de quoi en tirer plus tard du neuf et du vieux, et qu'établi comme intendant dans la maison du Roi éternel, il puisse distribuer à ses coreligionnaires leur ration de blé. Je prends plaisir à le glorifier, et si j'en avais la force, je m'y consacrerais de tout mon cœur, je l'assure ; mais comment pourrons-nous glorifier suffisamment celui qui jamais ne cessait de glorifier Dieu, dont la gloire est éternelle et la louange perpétuelle ? Mais, j'en ai peur, nous paraîtrions ingrats envers ses bienfaits si nous passions sous silence l'éloge de l'homme grâce auquel nous-mêmes et notre monastère avons toujours été et sommes toujours florissants. Il nous faut en vérité prendre garde à tout prix de ne pas paraître enfouir dans le silence la mémoire d'un patron qui a fait beaucoup pour nous[48]. Or quand je parle de lui ou que je lui parle, je le fais comme s'il était là. Offrons par conséquent à notre bon prélat les pieux présents de nos chants[49], nos veilles passées en prières assidues et, dans le regard pénétrant de la contemplation, célébrons-le pour la perfection de ses mérites et déplorons l'imperfection qui est en nous. Le vénérable prêtre était de ceux dont il est dit : *les yeux du sage sont dans sa tête*. Il savait voir les choses spirituelles et taire les mystères qu'il voyait. Et, pour reprendre les mots d'un auteur ancien[50], le serviteur de Dieu fut la beauté de la sainte Église, en lui se

pulcritudo sanctae ecclesiae, in quo flos eius gratior, in quo aetas perfectior, qui uelut cortex mali Punici decorem floris praetulit abstinentia corporali, intus autem commissam sibi plebem diuersae aetatis et sexus fouit sapientia spiritali, obiectus quidem seculo ad iniurias, sed interna mysteria mystice diuidens. Interim nostrae memores fragilitatis, pro laude specialissimi nobis domini et patris Chrodegangi haec dixisse satis sit; nunc ad hystoriae narrationem Deo auctore redeuntes, quantum uirtutum gloria in praesulatu effulserit uobis deuotis pro posse pandere aggrediar.

[21] Celebrata est itaque ordinatio beati pontificis die Kalendarum Octobrium, multis in praesentiarum positis sacerdotibus, Deo fauente et Pippino rege eius auunculo id elaborante, coelo terraque gaudente, sed ipso uberrime flente. Et quia Deo resistere non ualebat, suscepit quidem onus huius ordinis omnino inuitus; set quam strenue episcopali officio inseruierit puto sequentia manifestabunt. Coepit namque ecclesias et monasteria urbi commissae appendentia circuire, et auctoritate sacerdotali bene currentia in melius corroborabat, quae uero corrigenda reperiebat, ut bonus medicus medicamine sapientissimi oris atque operis releuabat. Sacrae autem quadragesimae diebus ad sedem propriam reuertitur et, ut mos fidelium est, abstinentiae rigori et orationum felici instantiae dans operam, sacrosancta passionis et resurrectionis dominicae sollempnia praestolabatur, quae et deuotus deuotissime, sanctus sanctissime celebrauit. Hisque transactis, quia oportunum tempus ecclesiarum restaurandarum repererat, fretus auxilio Pippini Francorum gloriosissimi principis, fecit fabricare rebam preciosissimi prothomartiris Stephani. Altare etiam ipsius atque cancellos, presbiterium arcusque per gyrum miro operariorum cultu, miro argenti et auri ornatu, nobilissime exstruxit, quia ditior cunctis praedecessoribus suis esse uidebatur. In basilica etiam sancti Petri apostolorum principis, quae ideo maior appellatur quia in eodem claustro habetur ecclesia eidem sacrata minoris et uetustioris manus, pari decore et honore presbiterium fieri instituit. Set et ambonem auro argentoque nobilissime decoratum et arcus per gyrum throni ante ipsum altare construxit, gloria et dignitate qua cunctos mortalium cum sanctitatis gratia superabat.

[22] Exinde sanctus Domini sacerdos Chrodegangus, quia totum se Dei seruitio corde et animo destinauerat, coepit praedicationi insistere pro posse et uiribus; et illos qui altiora quidem aggredi non poterant, monebat honorare patrem et matrem, Deum tota mente toto corde totisque interioribus diligere,

trouvait son plus merveilleux fleuron, son âge le plus accompli, comme l'écorce d'une grenade il révéla l'éclat de son épanouissement dans l'abstinence corporelle ; intérieurement il réconforta par sa sagesse spirituelle le peuple qui lui était confié, quels que fussent son âge et son sexe, et s'il se trouva confronté aux injures du siècle, il se livrait à des spéculations mystiques sur les mystères intérieurs.

Pour l'heure souvenons-nous que nous manquons de forces, et en voilà donc assez pour l'éloge de Chrodegang, notre seigneur et père qui nous protège tout spécialement. Reprenant maintenant notre récit avec l'aide divine, je vais exposer comme je peux aux zélés lecteurs que vous êtes quelle fut la gloire de ses vertus durant son épiscopat.

[21] L'ordination du saint évêque fut ainsi célébrée le jour des calendes d'octobre, en présence de nombreux prêtres, avec le secours de Dieu et par le soin de son oncle le roi Pépin, parmi les manifestations de joie du ciel et de la terre, mais avec des flots de larmes de sa part. Certes il endossa la charge de cet honneur totalement malgré lui, parce qu'il ne pouvait résister à Dieu ; mais avec quelle efficacité il se consacra à sa fonction épiscopale, ce qui suit le montrera, je crois. Il se mit à faire le tour des églises et des monastères dépendant de la ville qui lui avait été confiée. De son autorité sacerdotale il encourageait à faire mieux encore ceux qui couraient déjà sur le droit chemin ; quant à ceux qui avaient besoin d'être corrigés, en bon médecin il les réconfortait de la médecine de sa parole et de son action pleines de sagesse. Aux jours du saint carême il retourna chez lui, et en se consacrant, selon l'usage chrétien, à une abstinence rigoureuse et à des prières d'une heureuse ferveur, il attendit les sacro-saintes solennités de la passion et de la résurrection du Seigneur, que sa piété lui fit célébrer pieusement, et sa sainteté saintement. Cela fait, comme il jugeait que le moment était venu de restaurer les églises, fort de l'aide de Pépin, le très glorieux roi des Francs, il fit fabriquer un baldaquin au très précieux protomartyr Étienne. Il lui fit aussi construire un autel et un chancel, un chœur et des arcatures[51], le tout d'une facture remarquable, admirablement décoré d'argent et d'or, et d'un effet prestigieux, car il apparaissait comme plus riche que tous ses prédécesseurs. Dans la basilique de saint Pierre, prince des apôtres, que l'on appelle Majeure[52] parce que dans la même enceinte se trouve une église consacrée au même saint mais d'une construction plus petite et plus ancienne, il fit construire un chœur aussi beau et prestigieux. Il construisit encore devant l'autel un ambon noblement décoré d'or et d'argent et une arcature autour du trône devant l'autel, le tout d'un éclat et d'une majesté qui le mettaient au-dessus de tous les mortels distingués par la grâce de la sainteté.

[22] Dès lors le saint prélat du Seigneur, qui s'était destiné au service de Dieu de tout son cœur et de toute son âme, se consacra à la prédication dans toute la mesure de ses possibilités et de ses forces. À ceux qui ne pouvaient s'élever davantage il conseillait d'honorer leur père et leur mère, d'aimer Dieu de toute

fornicationem fugere, homicidia declinare, aliena non solum non rapere set et sua deuote pauperibus largiri, et omnino quae sibi quis fieri non uult alteri non irrogare, coniugii fidem seruare, et uitam aeternam omni concupiscentia desiderare. His uero quibus amor incumbebat coelestem uitam in terris agere, terrena ut stercora deputare, uoluntaria paupertate Christum pauperem pro se factum uelle pro uiribus imitari, coelibatum uirginitatis coniugio proponere, iniurias libenter sufferre, diuitias omnino contempnere, Deo diebus ac noctibus adhaerere. In domo Dei conseruis suis salutis ad medicinam aliquid supererogare festinans, hoc modo ut saluarentur prouidit. Nam clerum undecumque locorum collectum adunauit, et ad instar coenobii uiuere intra claustrorum septa fecit, normamque eis instituit qualiter in ecclesia militari deberent. Quibus anonas uitaeque subsidia sufficienter largitus est, ut perituris uacare negotiis non indigentes, solummodo officiis excubarent. Preciosus namque Domini praesul adeo erat in cunctis strenuus, adeo diuina et humana ei arridebant, ut summa efficacitate perficeret quicquid eorum umquam inceperat quae ad Dei honorem cultumque pertinebant; et ad quaecumque manum miserat, non aliquando destitit, donec ad perfectum laudabilem perduceret. Ecce enim postquam illud Dei supernum adiutorium, quod assolet dare felicissimum posse his quibus dederat uelle sanctum, sacerdoti dilecto annuit ut Sancti Stephani supprema renouandi manus imponeretur, postquam egit Omnipotentis uirtus suo illo auxilio interno ut claustro finis constructionis daretur, quia sciebat nihil utilitatis aut profectus in maceriarum decore haberi, si desint qui eas incolant aut inhabitent Deo seruientes, uita purissimos uiros sapientissimosque litteris coadunauit, ut diximus, et quanti haberet sanctae uitae religionem, ipse cum eis sancte uiuens bene et perfecte demonstrabat. Et quia Gallicana rusticitas Romana urbanitate et praecipue cantus suauitate ac dulcedine necdum feroces animos oraque insueuerat, qualiter per beatum Chrodegangum pontificem sancto studio factum fuerit edicere temptabo.

[23] Cum ea successio regum, quae a Meroueo et Clodoueo, magnae potentiae ducibus, sanguinis originem acceperat, Dei inscrutabili occultoque iudicio iam deficeret et ad summam stoliditatem peruenisset, accidit Anchisum, sancti Arnulfi filium, primum palatii, ut iam diximus, fieri. Cuius filius et nepos et pronepos sub nomine maioris domus uniuersae Galliae praefuisse memorantur. Sicque factum est ut honoris fastigium ad Pippinum secundum peruenisset. Cuius genitor, quia a Deo sermo exierat, posteritatem priorum regum adeo contriuerat, ut nec mentio eius iam apud homines haberetur, quod et supra

leur âme, de tout leur cœur et de toutes leurs entrailles, de fuir la fornication, les homicides, non seulement d'éviter de voler, mais aussi de distribuer pieusement leurs biens aux pauvres, de ne pas infliger à autrui ce qu'ils ne voulaient pas subir eux-mêmes, de rester fidèles dans le mariage, et de désirer de tout leur être la vie éternelle. Quant à ceux qui avaient le désir de mener une vie céleste sur la terre, il leur enjoignait de mépriser comme de la fange les biens terrestres, de se faire pauvres volontairement pour imiter de toutes leurs forces le Christ qui s'est fait pauvre pour eux, de préférer la virginité du célibat au mariage, de souffrir volontiers les insultes, de mépriser totalement les richesses, de s'attacher à Dieu nuit et jour. Dans son empressement à prodiguer à ceux qui servaient avec lui dans la maison de Dieu un remède supplémentaire de salut, voici les mesures qu'il prit pour qu'ils soient sauvés. Il rassembla son clergé de partout, le fit vivre dans la clôture comme dans un monastère[53], et lui donna une règle qui lui montrât comment servir dans l'Église. Il lui fit distribuer à suffisance vivres et ressources, afin que dispensé de l'accomplissement des tâches périssables il se consacre aux seuls offices. Le précieux évêque du Seigneur était si actif en toutes choses, les affaires divines et humaines lui souriaient tellement, qu'il accomplissait avec la plus grande efficacité tout ce qu'il entreprenait pour l'honneur et le culte de Dieu ; et quand il avait mis la main à quelque chose, jamais il ne l'abandonnait avant d'avoir atteint un résultat convenable. Et une fois que le secours suprême de Dieu – qui après avoir inspiré de saints désirs a coutume de fournir d'heureux moyens d'agir – eut accordé à son prêtre bien aimé de mette la dernière main à la restauration de Saint-Étienne, une fois que la vertu du Tout-puissant, par ce secours intérieur qu'il lui prodiguait, eut fait en sorte que s'achevât la construction du cloître, sachant qu'il n'y a ni utilité ni profit dans la beauté des murs s'il n'y a personne pour les habiter et y demeurer au service de Dieu, il rassembla, comme nous l'avons dit, des hommes d'une vie très pure et d'une excellente formation intellectuelle, et en vivant lui-même saintement avec eux il démontrait à la perfection le prix qu'il attachait à la profession religieuse. Et parce que la rusticité gauloise n'avait pas encore accoutumé ces esprits et ces bouches incultes à l'urbanité romaine, et tout particulièrement à la suavité et à la douceur du chant[54], je vais tenter de dire comment le saint évêque Chrodegang s'y employa avec une sainte ardeur.

[23] Tandis que la succession des rois qui par le sang descendaient des puissants ducs Mérovée et Clovis par le dessein impénétrable et secret de Dieu avait entamé sa décadence et était désormais parvenue à une stupidité extrême, Anchise, fils de saint Arnoul, devint prince du palais, comme nous l'avons déjà dit. On sait aussi que son fils, son petit-fils et son arrière-petit-fils furent à la tête de toute la Gaule sous le nom de maires du palais. C'est ainsi que l'honneur suprême revint à Pépin II. Dieu en ayant décidé ainsi, son père avait en effet éliminé les descendants des rois précédents, si bien qu'il n'en restait plus aucun souvenir sur terre, chose dont je me souviens avoir déjà parlé plus haut. Aussi la noblesse du

dixisse me recolo. Qua de re nobilitas Sicambrici generis satis dure ferens se sine rege uiuere, timens etiam, ne forte exterae gentes hoc audito putarent Francos ad eam ignauiam miseriamque deuolutos, ut qui eis regnaret inueniri non possit, et eo etiam qui et animo et nomine nec non uiribus nulli habentur, se impugnandi audatiam assumant, idcirco Pippinum maiorem domus uno uoto parique concordia sui in regem eligunt et principem sibi Dei uoluntate constituunt. Intererat huic glorioso Francorum conuentui etiam aeternae recordationis Chrodegangus Mettensium praesul, sine quo nihil umquam huiusmodi quoad uixit factum decretumque fuerat, set semper quae constituenda proposuerat constituebantur, quae uitanda uitabantur.

Rex uero christianissimus uidens tantam totius populi sententiam, quia animo habebat ut res Dei nutu ordinaretur, prouidere etiam sibi et filiis gestiens, coepit conari papae Romensi causa ut innotesceret, id consilii sancto Chrodegango auunculi auribus ingerente. Et quia ad hoc nemo magis idoneus, nemo fidelior, inueniebatur, idem sanctus pontifex Chrodegangus ad hoc negotium delectus, cum tocius regni consultu, tum etiam speciali auunculi sui amore, satis modeste asperitatem tanti itineris assumit, quod etiam sciebat pro sanctitatis suae priuilegio et patriae salute Deum prosperaturum. Quia autem sermo a Deo exierat, tanta facilitas rei obuiabat, ut omnes acclamarent Dei inspiratione principes regni quae agebant institui.

Assumpsit igitur sanctus Domini Chrodegangus iter memorabile sedis, et felici successu Romam peruenit. Praeerat tunc temporis sedi apostolicae beatus papa Stephanus, uir uita et sanctitate clarissimus, qui, rebus ecclesiasticis diebus ac noctibus intentus, coelestem patriam bonae operationis spe mercabatur. Qui sicut fides nostra habet, Dei omnipotentis iusta licentia hostium omnino perturbabatur infestatione, ut et sancto papae pro labore et angustia aeternae retributionis sancta merces succresceret, et illius rei occasio felix proueniret, quam dicere properemus. Haistulfus quidam Langobardorum dux erat, suo merito suaque feritate nec nominandus, beatum uirum frequenti obsidione pressurisque inmodicis affligens, qui multis urbibus quae usque antehac Romani pontificis dictioni subditae seruiebant bello captis, iam pessimus ad hoc nequitiae arma promouerat, ut ipsam gentium quondam dominam Romam seruili non minus quam audaci manu expugnaret. Quae res cum sancto papae tum cunctis patriae praeter spem in Deo nihil reliqui fecerat, et his huiusmodique anxietatibus pressa sancti anima, praeter arma orationis subsidii nihil habens, quid faceret, quo se ueteret omnino non habebat. Eum autem quem seruum suum igne tribulationis probat Dei clementia quia non permittit temptari supra

peuple sicambre supportait-elle mal de vivre sans roi, et craignait-elle même que les nations étrangères, si elles l'apprenaient, ne les croient parvenus à un tel point de démission et de misère qu'ils ne puissent se trouver de chef, et que par conséquent, malgré la nullité de leur courage, de leur renommée et de leurs forces, elles trouvent l'audace de les attaquer. Aussi par un vote et un accord unanimes avaient-ils élu roi le maire du palais Pépin, dont ils avaient fait leur chef par la volonté de Dieu[55]. À cette illustre assemblée des Francs participait Chrodegang, l'évêque de Metz d'éternelle mémoire, sans qui, tant qu'il vécut, aucune chose de ce genre-là ne se fit ni ne se décida, les décisions qu'il voulait voir prendre étant au contraire toujours prises, et évitées celles qu'il voulait voir éviter.

Voyant quelle était la décision unanime du peuple, le roi très chrétien, qui avait dans l'idée que la chose soit organisée conformément à la volonté divine, et qui brûlait aussi de pourvoir à ses intérêts et à ceux de ses fils, voulut faire en sorte que l'événement soit porté à la connaissance du pape à Rome ; c'était saint Chrodegang qui avait soufflé ce conseil à l'oreille de son oncle. Et comme on ne trouvait personne qui fût plus apte ni plus fidèle que lui, c'est le saint pontife Chrodegang qui fut choisi pour cette mission, sur décision de tout le royaume et pour l'affection particulière que lui portait son oncle. Il accepta très sagement d'affronter la difficulté d'un tel voyage, car il savait que pour le privilège de sa propre sainteté et pour le salut de sa patrie Dieu lui donnerait une heureuse issue. Et parce que Dieu en avait décidé ainsi, les choses se firent avec une telle facilité que tout le monde s'écriait que c'était sous l'inspiration divine que les princes du royaume prenaient leurs décisions.

Saint Chrodegang entreprit donc ce voyage mémorable[56] et il arriva sans encombre à Rome. Sur le siège apostolique se trouvait alors le pape Étienne[57], très renommé pour sa vie et pour sa sainteté, et qui, dévoué jours et nuits aux affaires ecclésiastiques, se ménageait l'accès à la patrie céleste par ce que laissaient espérer ses bonnes actions[58]. À ce que suppose notre foi, si le Dieu tout-puissant donnait à ses ennemis la juste permission de le harceler, c'était pour que la sainte récompense de la rétribution éternelle croisse pour lui en proportion de sa peine et de ses épreuves, et que naisse l'heureuse occasion dont nous allons parler tout de suite. Il y avait un certain Aistulfe[59], qui était duc des Lombards mais que sa cruauté rendait indigne de ce titre. Infligeant au saint homme des sièges fréquents et des malheurs terribles, après s'être emparé de plusieurs villes jusque-là soumises au pontife romain, il avait cette fois poussé son attaque, le scélérat, au point de donner l'assaut, avec une troupe non moins servile qu'audacieuse, à Rome qui fut jadis la maîtresse des nations. Au pape et à toute la population du pays la chose n'avait laissé que l'espoir qu'ils plaçaient en Dieu ; et le saint, dont l'âme était accablée par toutes ces angoisses, ayant pour seul secours les armes de la prière, ne savait quoi faire ni où se tourner. Mais parce que la clémence de Dieu ne permet pas que le serviteur qu'elle éprouve dans la tribulation subisse l'épreuve au-delà

quam humana possit ferre fragilitas, et quoniam beatus Stephanus pro salute creditarum ouium sollicitus totis uiribus et intentione de faucibus inimici et fornace tribulationis eripere laborabat, testati id sunt huiuscemodi prosperitatis euentus, quo subleuata sunt corda pro miseria gemebunda, cum etiam uno hoc facto tot uotorum felicia successerunt commoda.

[24] Igitur sanctus Domini Chrodegangus Mettensium pontifex, dum hoc turbine Italia quateretur, Romam ingreditur cum primis Francorum ; qui non minus deuote pro fama suae sanctitatis quam pro principis reuerentia a beato papa susceptus est. Qui legationem piissimi Francorum ducis, sui autem auunculi, ore ut uir erat facundissimo recitans, beatum Stephanum et cunctos melioris partis in lacrimas conuertit, qui gaudebant ueluti seruus de seruitute gaudet ereptus. Praesto se sanctus apostolicus ad omnia quae sanctus Chrodegangus perorauerat profitetur, gratias etiam Deo et sancto Petro, quia tale solatium insperate eis dederat, uocibus et fletibus quibus poterat referebat. Quiescunt igitur Gallicani paucis diebus et membra longo itinere fessa quieti indulgent ; in quibus diebus sanctus Chrodegangus missas ad confessionem sancti Petri coram papa sancto celebrans, seque plebemque suam Deo et sancto Petro commendabat. Post uero beatus patriarcha uiae necessariis praeparatis cum sancto Chrodegango ire pergit, assumptis secum ex Romano clero quibusdam honestae uitae uiris. Audiens Haistulfus, hominum quos terra sustinet sceleratissimus, uersus Galliam sanctum Stephanum festinare Pippino Francorum principe inuitante, tyrannidis suae causa suspectus pro re proque tempore timens, sicut futurum erat apud se conicere coepit, quoniam quidem Romanus exercitus Francis sociatus, nisi ingenio resisteret, seque partesque suas pessumdaret. Vias igitur Galliam respicientes manu militum occupat, parsque ut Alpes niueque albentia colla, pars uero montem Iouis inuadat, summa celeritate et insania iubet. Nec destitit, donec sanctis pontificibus rerum securis ignarisque insidiarum recto calle Galliam petentibus miles resisteret, et ipsius uitae periculum si non ad dominum suum pergerent comminabatur.

Videres tunc athletas Domini fortissimos adeo gaudentes, adeo in cordis dulcedine resultantes, ut miles bello assuetus et armis gaudet uictoriam praesto adesse cognoscens. Nec erat praeter solam mortem quod sancti Domini aestimarent sibi prae manibus positum, praecipue cum beatus Stephani diceret : « Ecce hora, ecce tempus, quod bestia illa semper expectauerat ! Bibat nunc sanguine meum, quem semper infelix sitierat. » Deducuntur igitur multitudine latronum furumque manipulo ad Haistulfum, qui forte tunc dierum Tycinis

des limites humaines, et parce que le bienheureux Étienne, inquiet du salut de ses brebis, travaillait de toutes ses forces et de toute son intention à les soustraire à la gueule de l'adversaire et à la fournaise de la tribulation, les événements confirmèrent bientôt le retour à une prospérité qui soulagea les cœurs gémissants d'angoisse, et sous l'effet des prières du saint à ce fait particulier s'ajoutèrent même quantité d'autres heureux avantages.

[24] Tandis que l'Italie était secouée par cette tempête, le saint du Seigneur, l'évêque de Metz Chrodegang, entra à Rome avec les chefs francs, et il fut chaleureusement reçu par le pape, autant pour sa réputation de sainteté que pour le respect dû au roi. Il se fit l'interprète de l'ambassade du très pieux duc des Francs son oncle, et comme il s'exprimait avec une très grande éloquence, il émut jusqu'aux larmes le bienheureux Étienne et tous ceux qui étaient du bon côté, lesquels se réjouissaient comme se réjouit un esclave qu'on vient d'arracher à la servitude. Le saint successeur des apôtres se déclara prêt à faire tout ce que Chrodegang avait exposé, et avec tous les mots et toutes les larmes de son corps il rendit grâce à Dieu et à saint Pierre de leur avoir apporté un tel réconfort de façon aussi inespérée. Les Gaulois se reposèrent alors quelques jours et accordèrent quelque repos à leurs corps fatigués par ce long voyage. Durant ce temps saint Chrodegang célébra des messes devant la confession de saint Pierre, en présence du pape, et se recommanda, lui et son peuple, à Dieu et à saint Pierre. Puis, une fois achevés les préparatifs du voyage, le saint patriarche partit avec saint Chrodegang, emmenant avec lui quelques membres du clergé romain que recommandait l'honnêteté de leur vie. Quand Aistulfe – le plus grand scélérat que la terre ait jamais porté –, apprit que saint Étienne rejoignait la Gaule pour répondre à l'invitation du roi des Francs Pépin, rendu méfiant par la situation et les circonstances[60] il se mit à craindre pour le pouvoir qu'il usurpait, et à songer, exactement comme cela allait se passer, que, s'il ne trouvait pas une idée pour l'arrêter, l'armée romaine alliée aux Francs les mettrait à mal, lui et son camp. Il occupe donc militairement les routes allant vers la Gaule, et avec une rapidité et une folie extrêmes, il donne l'ordre aux uns d'envahir les Alpes et les cols blanchis par la neige, aux autres le Mont-Joux[61], jusqu'à ce que les saints pontifes qui allaient tout droit vers la Gaule, tranquillement et sans se douter des embuscades, soient arrêtés par ses soldats et menacés de mort s'ils refusaient de se rendre auprès de leur seigneur.

Vous auriez vu alors ces valeureux athlètes du Seigneur, tout réjouis, le cœur exultant d'un doux plaisir, tel un soldat habitué à la guerre et aux armes se réjouit de savoir que la victoire est proche! Or les saints du Seigneur n'avaient d'autre perspective que la mort, surtout quand le bienheureux Étienne dit : « Voici l'heure, voici le temps que ce monstre a toujours attendu! Qu'il boive à présent mon sang, que le misérable avait toujours convoité! » Avec une foule de larrons et une troupe de brigands on les conduisit donc auprès d'Aistulfe, qui résidait alors

residebat; in quo itinere nihil aliud sancti praesules agebant, nisi quae coelestia sunt suis praedicabant, et ut mortem pro nomine Christi non formidarent patria uoce monebant. Dicebant etiam : « Ecce clamat nobis Dominus noster : *Qui uult uenire post me, abneget semet ipsum, et tollat crucem suam cottidie et sequatur me !*[a] » Hac sancta ammonitione cuncti animati, hi etiam qui in ecclesia gradum tenebant ultimum, ultro se uelle pro Domino pati profitebantur. Quae res sanctorum praesulum corda plurimum laetificant cum hos gloriam martyrii sponte petere conspiciebant, de quibus paulo ante plus se ne diffugerent formidabant. Sedenti igitur Haistulfo in solio crudelitatis et malitiae praesentantur sancti Domini sacerdotes spe sua in Domino constituta, quorum facies pro gloria martyrii, quam se ilico adepturos sperabant, sicut sol meridianus rutilabat. Quibus iniquissimus uisis, sanctum quidem Chrodegangum ut exploratorem arguens, cur fines Langobardorum intrare ausus fuerit sua illa feritate increpauit. Sanctus autem Chrodegangus, cui pauca quidem set sapientissima talibus loqui moris erat, haec ei respondisse dicitur « regna in manu Dei esse, et cui uoluerit dabit illa, nec seruos Dei plus posse timere eum cui datum, quam Deum qui dat regnum gloriam et honorem ». Canis inpudentissimus, tantam uiri constantiam uidens, aestimat sanctum Domini in Francorum potentia spem posuisse, coepit totus pallescere, tremere timoremque mentis uultus mutatione indicare dicens : « Vere non minimae gloriae ille inter suos habetur, de quo iste etiam in terra aliena constitutus, adeo praesumit, adeo gloriatur ! » Iamque mitius agens uertit se ad papam sanctissimum, et : « Oro te, inquit, si ad Gallias ire disposuisti, uel qua de causa Italiam exire aggressus es, ut nihil timens, edicas ! —Vere ego te, cui peccatis meis merentibus quae sancti Petri iuris sunt hostili manu populari concessum est, te, inquit, fugio, et ad eiusdem sancti Petri alumnum fidissimum Pippinum confugio. Et ne fortuitu hoc iter assumpsisse me aestimes, scias per reuelationem beatum domnum Petrum id mihi iniunxisse quod sine mora perficiam, si tantum uitam seruo suo Dominus seruauerit et de manibus tuis cruentis me et qui mecum sunt liberauerit. » Haec tyrannus tyrannorum pessimus Haistulfus audiens quasi in praesentiarum sibi malo parato extimuit et expauit, coepitque beatum uirum orare ut, sibi in amicitiam iungi dignatus, uiam qua ingressus fuerat intermitteret, et cuncta quae abstulerat se redditurum spondet, tantum Francorum principem in regnum Langobardorum ne iratus adduceret. Certe olim audita gloria sapientiae et fortitudinis, qua Gallicana patria cum suo principe effulgebat, omnino eum terruerat; set et auctoritas sancti Chrodegangi, secundum Deum et homines nobilimi, non minus eundem pauore repleuerat, quam audita principis Francorum fama et Galliarum comperta nobilitas et fortitudo. Sanctus uero Domini Chrodegangus sacerdos

---

a) Lc 9, 23

Texte et traduction de la Vie de saint Chrodegang

à Pavie ; en route les saints prélats se consacrèrent exclusivement à enseigner aux leurs ce qu'étaient les joies célestes, et à les inviter sur un ton paternel à ne pas avoir peur de mourir pour le nom du Christ. Ils leur disaient : « Voici que notre Seigneur nous crie : *Que celui qui veut venir derrière moi s'oublie soi-même, prenne sa croix et me suive !* » Tous furent réconfortés par cet encouragement, et même ceux qui avaient le dernier rang dans l'Église affirmaient qu'ils étaient volontaires pour souffrir pour le Seigneur. Les saints prélats se réjouissent fort de voir rechercher spontanément la gloire du martyre des hommes dont ils redoutaient plutôt qu'ils n'eussent de cesse de s'enfuir. On présenta donc à Aistulfe assis sur son trône de cruauté et de méchanceté les saints prêtres de Dieu qui, ayant placé leur espoir dans le Seigneur, avaient des visages rayonnants comme le soleil de midi, du fait de la gloire du martyre qu'ils espéraient obtenir sur-le-champ. Quand le scélérat les vit, il accusa saint Chrodegang d'être un espion, et se mit à lui demander avec sa férocité habituelle pourquoi il avait osé entrer en territoire lombard. Saint Chrodegang, qui à de tels gens avait coutume de répondre brièvement mais avec beaucoup de sagesse, lui rétorqua, dit-on, que les royaumes étaient dans la main de Dieu, qui les donnerait à qui il voudrait : les serviteurs de Dieu ne pouvaient pas craindre davantage un homme qui avait reçu un royaume, que Dieu qui donne royaume, gloire et honneur. Ce chien insolent, voyant la constance de Chrodegang, pensa que le saint du Seigneur avait placé son espoir dans la puissance des Francs, et il commença à pâlir, trembler, et manifester sa peur par un changement subit d'expression. Il dit : « En vérité, il ne jouit pas de peu de gloire parmi les siens, celui qui inspire autant d'audace et autant d'orgueil à un homme qui arrive en pleine terre étrangère ! » Se radoucissant, il se tourna vers le très saint pape en disant : « Je te prie de me dire sans crainte si tu as décidé d'aller en Gaule et pourquoi tu es en train de quitter l'Italie ». – « En vérité c'est toi que je fuis, toi à qui en châtiment de mes péchés il a été accordé de dévaster d'une main hostile les biens qui relèvent du pouvoir de saint Pierre, et je me réfugie chez Pépin, le très fidèle serviteur de saint Pierre. Et pour que tu n'ailles pas croire que j'ai entrepris ce voyage au hasard, sache qu'il m'a été ordonné en vision par le saint seigneur Pierre, et que j'obéirai au plus vite, si seulement le Seigneur consent à sauver la vie de son serviteur et à me libérer de tes mains couvertes de sang, ainsi que tous ceux qui sont avec moi. » Aistulfe, le pire de tous les tyrans, prit peur à l'idée qu'un piège lui fût réellement tendu, il éprouva une grande terreur, et se mit à implorer le saint homme de consentir à faire alliance avec lui et de renoncer à son voyage ; il promet de rendre tout ce qu'il a volé, du moment que sous le coup de la colère il n'amène pas le prince des Francs dans le royaume lombard. Certes, ce qui l'avait terrifié, c'était la réputation de sagesse et de courage dont rayonnaient la Gaule et son prince ; mais l'autorité de saint Chrodegang, très noble selon Dieu et selon les hommes, ne l'avait pas moins rempli d'effroi que la renommée du prince des Francs et la réputation de noblesse et de courage des Gaules. Quant à saint Chrodegang,

felicissimus, audiens quia hominum nequissimus Haistulfus, timore perculsus, rogatum sanctum papam Stephanum adiret, coepit omnino aestuari inter metum spemque constitutus, timens ne et asperitate longae ignotaeque uiae exterreretur aut, regis fallaci blandicie deceptus, quod proposuerat non impleret. Beatus autem papa in fide perfectissima solidatus, nihil ad uerba persuasoris motus respondet nisi, donec uita eis comes esset, a coepto non cessaturum. His dictis sanctus quidem Chrodegangus laeticia, rex uero tristicia et timore perfunditur et, accepta licentia, uia qua disposuerant ire pergunt.

Necdum uero iuga montium sancti superare coeperant, et ecce iam fama sanctorum ad principes Francorum peruenerat, ex quibus plurimi et praecipui iussu regis in occursum properant; congratulantes beatum uirum Chrodegagum id effecisse ad quod ierat, Dei uirtutem et prudentiam sanctis uocibus efferunt cuius sapientiae industria et meriti uera aestimatione ille uir Galliis est inuectus, qui a sede propria raro aut numquam discedere solet. Certe ex quo Romanam urbem sancti sunt egressi, ubicumque adueniebant, occurrebat eis omnis sexus et aetas omnis dignitas et conditio cum crucibus et cereis ac lampadibus, cum cantibus ac choreis spiritualibus, et beatum se uere credebat qui uel eorum benedictionem uel manuum impositionem adeptus fuisset. Cum uero Alpes, ut dixi, iam transmeassent, dicere aut scribere, fateor, non possum quae frequentia et concursus, quis apparatus in sanctorum fiebat aduentu, quousque regalem Parisiorum urbem Deo duce et auctore peruenirent; et si requiras cur haec concursio sanctorum praesentia adunabatur, scias, sacerdotes Domini et lucernae splendidissimae in domo Domini spirituali constitutae quia *erant Christi bonus odor Deo, in omni loco in his qui pereunt, et in his qui saluantur*[a], fama uirtutum adeo sese dilatauerant, ut, etiam longe positi dulci illo odore suaue spiranti attracti, cum muneribus et oratione accurrere maturarent. Nec inmerito. Certe cum Dominus, humilium susceptor et amator, in euangelio dicat : *Qui recipit unum paruulum talem in nomine meo, me recipit*[b], quali munere ille ditabitur, qui summae et apostolicae uitae uiros pro nomine Domini, immo Christum dominum in eis adorans, ex his et caeteris euangelii uerbis coniecturam tibi faciens facillime scire poteris. Parisius igitur, ciuitatem diuitiis et populo locupletem, ingressi, summa laeticia et exultatione omnium populorum excipiuntur. Pippinus et coniunx eius, nec non et filii eorum Karolus et Karlomannus, nepoti suo et papae Romensi honore maximo occurrunt.

---

a) II Cor. 2, 15   b) Mt 18, 5

le très fortuné prêtre du Seigneur, quand il apprit que cet Aistulfe, qui était le plus malfaisant des hommes, était allé prier le saint pape Étienne sous l'emprise de la peur, il commença à être violemment partagé entre la crainte et l'espoir : il craignait que le pape ne se laisse détourner de la difficulté d'une route longue et inconnue, ou qu'il renonce à son projet trompé par les amabilités fallacieuses du roi. Mais le saint pape persista dans une parfaite fidélité, et aux paroles de persuasion ne répondit que ceci : tant que la vie lui serait donnée, il ne renoncerait pas à son projet. À ces mots, saint Chrodegang fut rempli de joie, et le roi de tristesse et de peur ; et après en avoir reçu l'autorisation, ils prirent la route qu'ils s'étaient fixée.

Les saints hommes n'avaient pas encore dépassé les sommets des montagnes que déjà la nouvelle en était arrivée chez les princes francs, dont un bon nombre – et des plus importants – se hâtèrent à leur rencontre sur ordre du roi ; en félicitant saint Chrodegang d'avoir réussi ce pour quoi il était parti, ils louent par de saintes paroles la puissance et la providence de Dieu, car c'était par l'action de sa sagesse et grâce à sa juste évaluation du mérite de Chrodegang que ce dernier était parti en Gaule, alors qu'il ne quittait qu'exceptionnellement son siège. Depuis que les saints avaient quitté la ville de Rome, où qu'ils allassent, on venait à leur devant, tous sexes et âges confondus, sans distinction de rang ou de condition, muni de croix, de cierges, de luminaires, avec des chants et des chœurs mystiques, et quiconque obtenait d'eux une bénédiction ou une imposition des mains s'estimait véritablement bienheureux. Mais quand ils eurent franchi les Alpes, comme je l'ai dit, j'avoue que je ne puis décrire quelle foule, quelle affluence, quelle escorte se formaient à l'arrivée des saints, jusqu'à ce que sous la conduite et l'action de Dieu ils fussent arrivés à Paris, la ville royale ; et si l'on demande pourquoi la présence des saints suscitait cette affluence, qu'on sache que ces prêtres du Seigneur, ces luminaires resplendissants placés dans la demeure symbolique du Seigneur, parce *qu'ils étaient pour Dieu la bonne odeur du Christ en tout lieu, parmi ceux qui se perdent et parmi ceux qui se sauvent*, se répandaient si loin par la réputation de leurs vertus, que même de loin on était attiré par le parfum de leur odeur suave, et qu'on se dépêchait de venir à eux avec cadeaux et prières. Et ce n'est que justice : puisqu'en vérité le Seigneur, qui accueille et qui aime les humbles, dit dans l'Évangile : *Quiconque accueille un seul tout petit en mon nom, c'est moi qu'il accueille*, en s'appuyant sur ces mots et d'autres de l'évangile on pourra aisément deviner de quels dons sera comblé celui qui, vivant dans l'élévation spirituelle et en successeur des apôtres, se prosterne devant les hommes au nom du Seigneur, ou plutôt devant le Christ à travers eux. Entrant donc à Paris, cité regorgeant de richesses et d'habitants, ils furent reçus avec une joie extrême et dans l'allégresse générale. Pépin alla accueillir avec de grandes marques d'honneur son neveu et le pape romain, en compagnie de son épouse et de leurs fils Charles et Carloman.

[25] Interim positis pontificibus una cum principibus, patre dico et filiis, sanctus Stephanus adeo coepit infirmari, ut se uiuere omnino posse desperaret. Morabatur autem tempore suae infirmitatis in pago Parisiacensi in monasterio sancti Dyonisii. Quo cum iam a medicis desperatus de sola morte cogitaret, sicut epistola eiusdem beati uiri indicat, quadam noctium uidebatur ei se stare sub aecclesiae campanas, et beatos apostolos Petrum et Paulum ante altare positos, quos quasi saepe uisos uir sanctus recognoscebat; beatum uero Dionisium ad dexteram primi apostolorum longioris formae et subtilis stare conspiciebat, facie pulcha, capillis canicie decoratis, colobio indutum candidissimo, purpura clauato, pallio toto purpureo auro interstellato, et sermocinibantur inter se laetantes, dixitque bonus pastor beatus Petrus : « Hic frater noster postulat sanitatem. » Et dixit doctor gentium sanctus Paulus : « Modo sanabitur. » Et appropinquans misit manum suam ad pectus Dionisii amicorum more respexitque ad coapostolum sibi beatum Pertum, et sanctus coeli ianitor, uultu ut est semper hylari, sanctum respiciens Dionisium dixit : « Tua gratia est sanitas eius. » Qui beatus martyr, turribulum incensi et palmam in manu tenens, cum presbitero et diacono qui in parte stabant uenit ad aegrotum, et dixit ei : « Pax tecum, frater. Noli timere ; non modo morieris donec ad sedem propriam reuertaris. Surge sanus et hoc altare in honore Dei et apostolorum eius Petri et Pauli quos uides dedica, missas gratiarum agens. » Erat autem inaestimabilis ibi claritas et suauitas. Moxque sanus effectus, uolebat implere quod ei praeceptum fuerat. Qui uero adstabant, putabant eum nimia infirmitate dementare ; quibus conpulsus rem uisionis ex ordine retulit, et quia tempori illi mirabilem causam dicebat, quam sua sanitate ueram confirmabat, Deum uocibus magnis collaudabant et benedicebant.

[26] Anno igitur incarnationis dominicae 754, 5. Kalendas Aug. nocte quidem uisionem uidit, set mane altaris consecrationem perfecit. Inter missarum uero celebrationem cum magno omnium Francorum tripudio, assensu unanimi parique concordia totius patriae unxit in Galliarum regem Pippinum, sanctam prolem, et filios eius Karolum et Karlomannum. Set et Betradam, coniugem ipsius incliti regis Pippini, indutam cicladibus regiis, gratia septiformis Spiritus sancti in nomine Dei consignauit; atque Francorum principes apostolica benedictione sanctificans, auctoritate beati Petri sibi a domino Iesu Christo tradita obligauit, et obtestatus est ut numquam de altera stirpe per succedentium temporum curricula ipsi uel quique ex eorum progenie orti regem super se praesumant aliquo modo constituere, nisi de eorum propagine, quos et diuina prouidentia ad sanctissimam apostolicam sedem tuendam eligere et per eum, uidelicet uicarium sancti Petri immo domini Iesu Christi, in potestatem regiam dignata est sublimare et unctione sacratissima consecrare. Set et sanctum Chrodegangum, sanctae Mettensium sedis pontificem, uirum in Christo et in

Texte et traduction de la Vie de saint Chrodegang

[25] Sur ces entrefaites, une fois que les pontifes eurent rejoint les princes – j'entends le père et ses fils – saint Étienne tomba si malade qu'il abandonna tout espoir de vivre[62]. Durant le temps de sa maladie il demeura au monastère de saint Denis, dans le *pagus* de Paris. Les médecins n'avaient plus aucun espoir, et lui-même ne songeait plus qu'à la mort, quand une nuit, ainsi que le saint homme le dit dans une lettre[63], il lui sembla qu'il était sous les cloches de l'église, et il vit lui apparaître, placés devant l'autel et discutant joyeusement entre eux, les saints apôtres Pierre et Paul, qu'il reconnut comme des personnes familières, et, à droite du premier des apôtres, saint Denis, avec une silhouette plus longue et fine, un beau visage et des cheveux blancs, portant une tunique toute blanche bordée de pourpre, un manteau (*pallium*) entièrement pourpre constellé d'or. Saint Pierre, le bon pasteur, disait : « Notre frère que voici demande la guérison. » Et saint Paul, le docteur des païens, disait : « Il guérira bientôt. » Et en s'approchant il mit amicalement la main sur la poitrine de Denis, regarda vers son compagnon l'apôtre Pierre, et le saint portier du ciel, de son air perpétuellement souriant, regarda saint Denis et dit : « Par ta grâce il est guéri. » Le saint martyr, tenant l'encensoir et la palme, vint près du malade avec un prêtre et un diacre qui se tenaient sur le côté, et il lui dit : « La paix soit avec toi, frère. N'aie pas peur ; tu ne mourras pas avant d'être rentré chez toi. Lève-toi guéri, et dédie à Dieu et à ses apôtres Pierre et Paul l'autel que tu vois, en célébrant une messe d'action de grâce. Il y avait là une clarté et un parfum inappréciables. Il fut guéri aussitôt, et il voulut faire ce qui lui avait été demandé. Ceux qui étaient à son chevet pensaient que la maladie le faisait délirer ; poussé par eux, il raconta dans l'ordre la teneur de sa vision, et comme il disait une chose que son époque trouva extraordinaire, et dont sa guérison confirma la véracité, ils louèrent et remercièrent Dieu haut et fort.

[26] C'est en l'an 754 de l'incarnation du Seigneur, la nuit du 5e jour avant les calendes d'août, qu'il eut cette vision, et le lendemain il procéda à la consécration de l'autel[64]. Durant la célébration de la messe, dans une allégresse partagée par tous les Francs, avec le consentement et l'accord unanimes de tout le pays, il donna à Pépin, ce fils de saint lignage[65], l'onction qui en fit le roi des Gaules, et avec lui ses fils Charles et Carloman. Quant à Bertrade, l'épouse de l'illustre roi Pépin, revêtue de la robe royale, elle reçut de sa main, au nom de Dieu, la grâce septiforme de l'Esprit. Et en les sanctifiant de la bénédiction apostolique, par l'autorité de saint Pierre que lui avait transmise Jésus-Christ il leur enjoignit et les conjura de ne jamais oser, eux-mêmes ni aucun de leurs descendants, se donner durant les temps à venir un roi issu d'une autre lignée que celle que la providence divine avait daigné choisir pour veiller sur le très saint siège apostolique, et pour l'élever au pouvoir royal et la consacrer par la très sainte onction par son intermédiaire à lui, vicaire de saint Pierre, ou plutôt de Jésus-Christ. Quant à saint Chrodegang, le pontife du saint siège de Metz, dont l'autorité et la dignité étaient grandes dans

ecclesia magnae auctoritatis et dignitatis, pallio archiepiscopi decorauit, data ei licentia per totam Galliam episcopos benedicere, cum stola ubiuis ire, crucem ante se ferre Domini. Est igitur Pippinus, sancta progenies in Francorum regem benedictus; set et sanctus Chrodegangus pallio est auctus archiepiscopatus, ut dignitate ecclesiali semper proficeret, quem Deus uirtutibus et gratia omnino sanctificauerat. Ab ipso die coepit episcopos benedicere et quicquid archipontifices agere consuerunt apostolica auctoritate agere, et beatum se esse aliquis aestimabat qui uel eius manum impositionem meruisset. Ante hunc sane sanctum antistitem nemo in Mettensi ciuitate pallium acceperat praeter Urbicium sanctum, eiusdem urbis pontificem quintum decimum; quod contigisse nisi nimia sanctitate nullus qui illorum temporum beatitudinem nouit ignorat. Sanctitatem uero et uiri merita, carnisque claritudinem, sancto nostro supra cunctos sui temporis accessisse, cum tocius seculi uniuersitas tum Gurgitense monasterium, quod ab ipsis fundamentis nobillime aedificauit, uoce corde praedicat, et adeo eum continuis precibus Deo commendat, ut si, quod de eo dici non potest, minus meritis Deo uiueret, orationes eorum quos Christo uerus pater aggregauerat, totum impetrare, fateor, potuissent. Recto autem stili ordine quia ad id iam peruenimus, dicamus uestrae dulcissimae sanctitudini quanto sumptu et studio, quo labore quaque industria, locis quae construxit institerit, et ad quantam gloriam constructa perduxerit.

[27] Cum igitur domini Dei nostri famulus, praeceptorum diuinorum non surdus auditor, glorioso fidei et professionis ac uirtutum fundamento bene locatus et pontificii honore sublimatus, diuitiis etiam et gloria apud principes seculi primus, id solum cordi haberet ut in domo Domini, uera sanctorum matre, libera uoce et corde perfecto decantaret : *Ego semper sperabo, et adiciam, Deus, super omnem laudem tuam*[a], nequaquam sancto studio sanctisque uotis frustrari potuit; quin potius arbor fructifera in eadem domo Dei, sperans in misericordia Dei in aeternum[b], fructus attulit, iusticiam et pietatem respirantes, ac meritorum omnium nectar praecipueque elemosinarum suauitatem redolentes, qui ideo dispersit, dedit pauperibus, ut *iusticia eius permaneret in seculum seculi et cornu eius exaltaretur in gloria*[c]. Cumque ad pietatis et misericordiae opera totum se Deo suo deuouisset, memoratus est scriptum : « Sudet elemosina in manu tua, donec inuenias iustum cui eam tradas », et idcirco seruorum Dei habitaculis construendis operam dare proposuit, quod et felici fine consumauit. Nam praeter consuetudinarium elemosinarum usum quo ecclesiastico more plus

---

a) Ps 71, 14   b) Cf. Ps 52, 10   c) Ps 112, 9

le Christ et dans l'Église, il le décora du pallium archiépiscopal, en lui donnant le pouvoir de bénir les évêques de toute la Gaule, d'aller partout avec l'étole, et de porter devant lui la croix du Seigneur[66]. Donc Pépin, ce fils de saint lignage, fut béni comme roi des Francs, et en recevant le pallium saint Chrodegang fut promu à l'archiépiscopat, afin de bénéficier pour toujours de la dignité ecclésiastique à laquelle Dieu l'avait consacré par ses vertus et sa grâce. À compter de ce jour il bénit les évêques, accomplit avec l'autorité apostolique tous les actes habituels des archevêques, et quiconque avait mérité qu'il lui impose seulement les mains s'estimait heureux. Avant ce saint évêque nul autre n'avait mérité le pallium dans le diocèse de Metz, excepté saint Urbice, qui en fut le 15e pontife[67]. Personne, s'il connaît la sainteté de ces temps-là, n'ignore que cela n'arrivait qu'aux prélats d'une grande sainteté. Or d'un côté tout le monde séculier et, de l'autre, le monastère de Gorze[68] qu'il avait très noblement édifié depuis les fondations, affirment de voix et de cœur que notre saint, plus que nul autre de son temps, eut la sainteté, les mérites personnels et la gloire charnelle, et ils le recommandent à Dieu par des prières continues, de sorte que – chose que l'on ne peut dire de lui – s'il avait vécu avec moins de mérites aux yeux de Dieu, je l'affirme, les prières de ceux que ce père véritable avait attachés au Christ auraient pu tout obtenir. Puisque ma plume, qui se hâte tout droit, en est arrivée à ce point, nous allons dire maintenant à votre très chère Sainteté quelles dépenses, quelle ardeur, quels efforts et quelle habileté il a consacrés aux monastères qu'il a construits, et quelle gloire il a donnée à ces constructions.

[27] Donc le serviteur du Seigneur Dieu, qui n'était pas sourd aux préceptes divins, et qui après avoir reçu l'assise solide de la foi, de la conversion et des vertus, s'était élevé à l'honneur du pontificat, qui était aussi le premier des princes de ce monde par sa gloire et ses richesses, n'avait qu'un désir en son cœur : chanter dans la maison du Seigneur, qui est la vraie maison des saints, d'une voix libre et d'un cœur parfait : *J'espérerai toujours, et j'ajouterai, mon Dieu, à ta louange*, si bien que jamais il ne se vit déçu dans son saint zèle et dans ses saintes prières ; au contraire, en arbre couvert de fruits dans la maison de Dieu, espérant éternellement dans la miséricorde de Dieu, il produisit des fruits embaumant la justice et la piété et exhalant le nectar de mérites de toutes sortes, et spécialement le parfum des aumônes qu'il répandit et donna aux pauvres en sorte que *sa justice demeure dans les siècles des siècles et que sa corne grandisse en gloire*. Et comme par son œuvre de piété et de miséricorde il s'était tout entier dévoué à son Dieu, il se souvint qu'il était écrit : *Que l'aumône sue dans ta main, jusqu'à ce que tu trouves un juste à qui la donner*[69]. Aussi décida-t-il de faire construire des habitations pour les serviteurs de Dieu, chose qu'il mena à son terme avec succès. Car outre les aumônes coutumières, qu'il pratiquait selon l'usage ecclésiastique plus que tout autre au monde,

cunctis uiuentibus deditus erat, speciales animae suae sanatores Deo aggregare disposuit, et Deum, ut ita dicam, sibi debitorem constituens, foeneratorem se felicissimum eius, qui dederat quod erat quod poterat, facere decreuit. At primum in pago Moslinse monasterium magnae nobilitatis collocauit, quod Deo et sancto Petro consecrauit; maximisque illud ditans opibus, aeternum monachorum esse signauit eorum qui ueros se obseruatores dictorum sancti patris Benedicti uita et professione declararent. Dum uero diebus uitae suae ab opere Dei numquam cessare disposuisset, item assumit sibi onus alterius monasterii fabricandi, collocans sibi illos aeternos in coelo thesauros, quod numquam fur subtrahere, numquam tinea consumere, non aerugo corrodere posset. Est locus a Mediomatrico sex milibus distans, quem Gurgitensem uocari, ut ueterum hystoriarum testantur auctores, ea res dedit quia Octauianus ab eodem loco aquae ductum fieri instituit, quo ad ciuitatem usque pertingente, tali industria antiquo ritu lustra celebrarentur. Locus uero memoratus usque ad Pippini regis et sancti Chrodegangi pontificis aurea secula siluis antiquissimis omnino densescebat, et regio uenatui consecratus, ferarum omnis generis cubilia retinebat. Quadam die sane Pippinus rex eandem ingressus ceruum mouisse dicitur, qui manu militum et ui canum coactus, tam diu fugae institit, donec quandam cellulam offenderet et eam non suo more intraret. Prosecuta est canum rabies, et ante ostiolum aliquid diuinum ut aestimo sentientes resistunt, nec ualent locum ingredi, olim temporis seruorum Dei habitatione benedictum. Rex cum milite e uestigio adest et, rem supra sermonem admirans, animis praesagabatur intus aliquid coeleste latere, quod hominibus nondum scire fuerat datum. Et descendentes ex equis, summo reuerentiae cultu ingrediuntur, repperiuntque, ut fertur, seruum Dei quendam, Deum et sola coelestia corde et animis totis spectantem, et propter eum ceruum cubantem. Qui eum orationi uacantem conspicientes, genibus sancti omnes prouoluuntur, atque benedici rex se petens, fisco quodam regio eum munerauit, et accepta benedictione egressus est. Abhinc sanctus Chrodegangus coepit agere quo locus idem monachorum usibus satis habilis murorum decore ornaretur et sanctorum nomini consecraretur; et quia hoc proposuerat, adeo coepto operi institit, ut in Francorum regno noua manu gloriosius coenobium constructum non fuerit, quin immo multis, numero et antiquitate insignibus, dignitate superexcelleret et semper merito praeiret. Insistebat igitur coepto operi in tantum, ut cottidie delata cathedra pontificali, operariorum studiis ipse summus monitor esset, quem ardor animo semel iniectus quiescere numquam sinebat; set erat intentus diuinis coeptis, sicut solent seculo dediti in palatiis construendis et in laqueatis domibus auro argentoque uernantibus, qui gemmarum diuersi coloris et lapidum multo pretio adquisitarum decore mansorias heredibus praeparant domos. Huic sollertiae Christi domini famulus noctes et dies tota intentione deditus, et terrenarum rerum curis omnino expeditus, dum sola quae Dei

il décida de réunir une communauté dédiée à Dieu, spécialement chargée du soin de son âme : en faisant ainsi de Dieu son débiteur, si je puis dire, il devint l'heureux créancier de celui qui lui avait donné son pouvoir. Il érigea d'abord dans le pagus de la Moselle un monastère d'une grande noblesse, qu'il consacra à Dieu et à saint Pierre et, en le dotant richement, il signifia qu'il abriterait à jamais des moines prêts à se déclarer, par leur vie et leur profession, d'authentiques observateurs de la règle du saint Père Benoît[70]. Comme il avait résolu de ne négliger l'œuvre de Dieu à aucun moment de sa vie, il entama la construction d'un second monastère, se ménageant ainsi des trésors éternels dans les cieux, que nul voleur ne pourrait lui soustraire, nul ver lui manger, nulle rouille lui ronger. Il est un lieu situé à six milles de Metz, qui, à en croire les auteurs antiques, s'appelle *Gurgitense*[71] parce qu'Octavien en fit partir un aqueduc allant jusqu'à la cité, ouvrage qui alimentait des bains à la façon antique[72]. Jusqu'à l'âge d'or du roi Pépin et de saint Chrodegang, ce lieu était ombragé par d'antiques forêts, et comme c'était une chasse royale, il abritait des repaires d'animaux de tous genres. On dit qu'un jour le roi Pépin débusqua un cerf qui, pressé par les hommes en armes et la meute des chiens, s'enfuit jusqu'à heurter une cellule de moine, dans laquelle il entra, ce qui était une chose surprenante pour un animal. La meute enragée le poursuivait, et devant la porte elle sentit quelque chose de divin, à mon avis, et resta à l'écart, incapable d'entrer dans cet endroit qui avait été jadis consacré comme demeure de serviteurs de Dieu[73]. Le roi arriva instantanément avec ses hommes, admira cette chose au-delà du dicible, et se douta que quelque chose de divin se cachait à l'intérieur, qu'il n'avait pas encore été donné aux hommes de connaître. Ils mirent pied à terre, entrèrent avec de grandes marques de respect, et trouvèrent, dit-on, un serviteur de Dieu qui de tout son cœur et de toute son âme contemplait Dieu et les seules choses célestes, et, couché à ses pieds, le cerf. En le voyant absorbé dans ses prières, ils se jetèrent tous aux pieds du saint ; le roi lui demanda sa bénédiction, il lui fit un don sur le fisc royal, et une fois béni, il sortit. Alors Chrodegang s'occupa de faire embellir ce bâtiment tout à fait propre à abriter des moines, et il le fit dédier à de saints patrons. Et puisque c'était là son dessein, il persévéra dans cette direction, si bien que dans tout le royaume franc aucune main nouvelle ne construisit de plus brillants monastères ; mieux, celui-ci dépassa en prestige quantité d'autres d'une taille et d'une ancienneté remarquables, et il fut toujours le premier par sa valeur spirituelle. Chrodegang œuvra tant et si bien dans la voie qu'il s'était tracée que, déplaçant chaque jour sa chaire épiscopale[74], il allait en personne conseiller les ouvriers dans leurs travaux, et une fois qu'il s'était enflammé pour quelque chose, il n'avait plus de repos : il était passionné par les ouvrages de Dieu exactement comme les séculiers qui édifient des palais et des maisons lambrissées garnies d'or et d'argent, et qui en les embellissant de joyaux de toutes les couleurs et de pierres de grand prix construisent des demeures destinées à rester pour leurs héritiers. Le serviteur du Christ notre Seigneur se consacrait à ces entreprises de toutes ses forces nuit et jour,

sunt et meditaretur et ageret, accidit sabbati ad diem peruenisse, eoque studiosius cementarii monente sancto pontifice insistebant, quantum proposuerant horam nonam praeuenturi perficere. Secundum uero morem ecclesiasticum dum signum pulsaretur pro laxando opere, tenebant manibus operarii peram mirae magnitudinis, et hoc nitebantur ut antequam ab inuicem disiungerentur, quo dispositum fuerat locaretur. Cum autem sanctus Chrodegangus hausisset auribus campanam, iussit ut lapis a loco in quo iacebat non moueretur, donec uentura secunda alterius ebdomadae die, ubi relinquebatur, opus reinciperetur et honor debitus dominicae tribueretur nocti. Ut autem omnipotens Deus serui sui merita et deuotionem in suo seruitio miraculis quandoque declararet, dum transacta dominica ad opus coeptum operarii redissent, reperiunt lapidem usque ad destinatum locum cucurrisse, passibus plus minus ut ferunt uiginti. Dico autem, loco angulari quo fuerat locanda ita insertam, ut nullus cementariorum se diceret umquam aliquam firmius stabilisse. Quam se uidisse parieti insertam affirmant senes temporis nostri, et osculatam a populo ad ecclesiam ueniente saepenumero ob facti miraculi deuotionem. Tua sunt haec, Christe, mirabilia, tua sunt opera, tu idem ipse qui homo sine peccato inter homines peccatores uiuens dixerat olim : *Amen, dico uobis, si habueritis fidem sicut granum synapis, dicetis monti huic : 'Transi hinc !' et transibit*[a], tu nunc orationibus pulsatus tui confessoris, lapidem immobilitate monti similem moueri et ad locum, quo sanctus tuus uoluerat, ire iussisti. Ostendis te eundem christianorum dominum esse, qui fueras dudum et populi Iudaici tua insignia gesta cernentis. Tu certe, qui olim ex petrae naturali ariditate aquae liquorem dedisti, nunc iusti precibus petrae, rei utique immobillimae, uelocitatis cursum donasti. Bene istud senserat sanctos olim posse qui dicebat : « Habe caritatem, et fac quod uis », ac si diceret : « Habe Deum et fac quod uis » ; quoniam quidem haec uirtus est quae solis iustis est attributa, et per quam sancti quicquid uoluerunt agere consuerunt.

[28] Insistunt igitur pro posse pro uiribus domui coeptae, donec cunctis quae sanctus Chrodegangus agere deliberauerat ex sententia uotoque occurrentibus, usque ad fenestras maceriae fuissent extensae. Tunc demum beatus uir acri animo coepit item exaestuari, cogitans, si desideriis eius Dei bonitas, suo more antiquo agens, felicem successum donaret, sedem, immo totam suam patriam, corporibus sanctorum martyrum illustrare et decorare ; quoniam memoriis quidem et reliquiis insignem fuisse claret, set noticiam nostram latet ante hunc

---

a) Mt 17, 20

totalement délivré du souci des choses terrestres, ne méditant et ne faisant que ce qui appartient à Dieu, quand arriva un samedi où les maçons, encouragés par le saint pontife, s'activaient d'autant plus qu'ils avaient décidé de terminer avant la 9e heure. Tandis que suivant l'usage ecclésiastique on sonnait la cloche pour interrompre les travaux, les ouvriers avaient en main une pierre de dimensions extraordinaires, et avant de se séparer, ils essayaient de la placer à l'endroit prévu. Mais quand saint Chrodegang eut entendu la cloche, il donna l'ordre de ne pas bouger la pierre de l'endroit où elle était posée : le lundi de la semaine suivante on reprendrait l'ouvrage où on l'avait laissé, et en attendant on célébrerait comme on le devait la nuit dominicale. Le Seigneur tout-puissant ayant décidé de révéler un jour par des miracles les mérites de son serviteur et son dévouement à son service, tandis qu'une fois passé le dimanche les ouvriers étaient venus reprendre leur travail, ils découvrirent que la pierre avait couru jusqu'à l'endroit qui lui était réservé, sur une distance de vingt pas environ d'après eux. Et elle était, je le dis, insérée dans l'angle prévu, plus solidement que les maçons ne l'avaient jamais fait eux-mêmes, à ce qu'ils prétendaient. Des vieillards d'aujourd'hui affirment avoir vu cette pierre scellée dans le mur ; le peuple qui venait à l'église l'embrassait fréquemment, par dévotion à l'égard de ce fait miraculeux. Ce sont là tes merveilles, Christ, ce sont là tes œuvres, toi qui vivant en homme sans péché parmi les hommes pécheurs as dit un jour : *Car je vous le dis en vérité, si vous avez de la foi gros comme un grain de sénevé, vous direz à cette montagne : 'Déplace-toi d'ici à là', elle se déplacera* : touché par les prières de ton confesseur, tu as ordonné à cette pierre, immobile comme la montagne, de bouger et d'aller à l'endroit où le voulait ton saint. Tu montres que tu es pour les chrétiens le même Seigneur que tu fus jadis pour le peuple juif qui voyait tes miracles. Toi qui autrefois avais fait couler de l'eau de l'aridité naturelle de la pierre, ce jour-là, pour les prières d'un juste tu as donné la rapidité de la course à une pierre, objet immobile s'il en est. Il avait bien compris que les saints avaient ce pouvoir, celui qui a dit : « Possède la charité et fais ce que tu veux[75] », exactement comme s'il avait dit : « Possède Dieu et fais ce que tu veux », car cette vertu n'a été attribuée qu'aux justes, et c'est par elle que les saints font tout ce qu'ils veulent.

[28] Ils travaillèrent donc avec tous leurs moyens et de toutes leurs forces à terminer les bâtiments, jusqu'à ce que tout ce que saint Chrodegang avait décidé de faire soit achevé conformément à sa pensée et à son vœu, et que les murs soient élevés jusqu'aux fenêtres. Alors le saint homme fut repris d'un désir ardent et pensa que si la bonté divine, comme elle en avait coutume, donnait une heureuse issue à son projet, il pourrait illustrer et embellir le monastère, voire le pays tout entier, des corps de saints martyrs ; car s'il est clair que ce pays conservait la mémoire et les reliques de saints illustres, à notre connaissance, avant Chrodegang

aliquod corpus martyris Romani in Galliae ea parte quieuisse, qua ipse pontificis et merito et honore uiuebat. Qui cum solide plus proximorum praesentium et usque in finem mundi futurorum gauderet gaudia et laetaretur commoda, et cum induxisset animo istud utile esse fratrum seruire commodis, noluit pigritia sua aliquid utilitatis concludi aut impediri ; set coactus sua sancta uoluntate nunc est Romam adeundi, qui pridie est compulsus cum regni utilitate tum principis et auunculi sui uenerabili iussu.

Accelerat sumptus itineri necessarios praeparans, et praeparatis usibus iter assumit toto seculo post profuturum, et beatis successibus item urbem ingreditur inclitam. Hac uice uero iam liberius memorias sanctorum martyrum orationibus frequentat, et Agnae Anastasiaeque, Cosmae et Damiani, Iohannis et Pauli reliquorum testium Christi lustratis beati sepulchris, ad sanctos peruenit inter duas lauros gloriose sepultos. Inter quos pro sepulturae gloriosae honorificentia beatus martyr Gorgonius primus et praecipuus esse nullo uerbis indicante uidebatur, et quantae gloriae quantaeque dignitatis apud Deum esse, quam magni meriti esse apud superos haberetur, locus monumenti illius indicio erat.

Exardescit ilico animus uiri Deo uerissime pleni, et sicut ceruus ad fontem, sicut esuriens ad panem, sicut auarus ad aurum, sic sancta sancti nostri cupido ad sanctos beati corporis cineres loco illo auferendos secumque ad Gallias deportandos exaestuat. Erat ea tempestate sancti Petri uices dignissime agens Paulus sanctus, sancti Stephani iam memorati et uita et carne germanus, qui et ipse aecclesiis fabricandis toto studio instabat, et uitae aeternae suauitatem laboribus huius seculi et tribulationibus deuotus mercabatur. Quem sanctus noster adiens, muneribus papae sancto dignis ecclesiam et pauperes Christi honorat, et multis pro quibus quaedam ecclesiae dubitabant apostolica auctoritate roboratis, tunc demum pro quibus plenissime uenerat sancto pontifici intimat, et ut Galliae patriam aliquibus corporibus sanctorum Romanorum illustrare dignaretur, supplex orare coepit. Sanctus autem Paulus patriarcha, optime sciens beatum Chrodegangum totum quod agebat sola Dei aspiratione agere, sciens etiam nefas esse uirum contristare in quo Deus manifestissime habitabat et qui erat habitaculum Spiritus sancti, sic respondit petenti : « Etiam si aliquis non tuae bonae opinionis accessisset pro hac re rogaturus, tantum utilitati ecclesiae prouidere gestiret, nos quibus quamuis indignis uniuersalis totius mundi aecclesia uice sancti Petri est commissa, fidelium saluti succurrendum erat ; tibi autem, cuius sane peticioni optima uita concordat, quae petis si negem, quam sit absurdum uideo. » Et primo quidem reliquiis beatorum apostolorum et martyrum, quorum triumphis Romana ecclesia immo totus mundus exultat, beatus confessor laetificatur ac ditatur ; et tunc demum papa pergens ad

nul corps de martyr romain ne reposa dans la région de Gaule[76] où il vivait avec la charge et la dignité épiscopales. Comme cet homme se réjouissait de la vie éternelle et en goûtait les avantages plus fortement qu'il n'appréciait les biens immédiats du monde d'ici-bas, et comme il considérait que le plus utile était de se mettre au service des moines, il ne voulut pas les priver par négligence de quelque avantage que ce fût et obéit à son saint désir d'aller à Rome, alors qu'il avait déjà été contraint une première fois de s'y rendre pour servir le royaume, sur l'ordre vénérable du prince, son oncle.

Il se hâte de réunir les fonds nécessaires au voyage ; une fois les préparatifs de départ terminés, il entame une route qui fera le profit du monde entier et, après un parcours sans embûches, entre à Rome à nouveau. Cette fois, il va librement honorer la mémoire des saints martyrs, fait le tour des tombeaux d'Agnès, Anastasie, Côme et Damien, Jean et Paul[77], et d'autres témoins du Christ, puis arrive devant les saints glorieusement ensevelis dans le cimetière dit « des deux lauriers (*inter duas lauros*) ». Parmi eux, et nul besoin n'était de le préciser, le bienheureux martyr Gorgon apparaissait comme le premier et le plus important, en raison des honneurs qui entouraient son glorieux sépulcre : son lieu de sépulture disait assez sa gloire et son prestige auprès de Dieu, et son mérite dans les cieux.

L'esprit de l'évêque, homme vraiment rempli de Dieu, s'enflamme aussitôt, et comme un cerf devant une source, un affamé devant du pain, un avare devant de l'or, le saint désir de notre saint homme brûle de transporter les saintes reliques du bienheureux corps depuis ce lieu jusqu'en Gaule. À cette époque, le siège de saint Pierre était glorieusement occupé par saint Paul[78], frère de saint Étienne par la vie et la chair ; lui aussi mettait tout son zèle à fonder des monastères et achetait pieusement la douceur de la vie éternelle par les tribulations de celle-ci. Notre saint homme va le trouver, honore l'église et les pauvres du Christ par des présents dignes du saint pape, et quand l'autorité apostolique a confirmé certains points considérés comme douteux par quelques églises, il annonce au saint pontife la raison profonde de sa venue, et le supplie humblement de lui accorder la faveur d'illustrer la Gaule de quelques corps de saints romains. Alors le patriarche saint Paul, sachant que tout ce que faisait le bienheureux Chrodegang se faisait sous la seule inspiration divine, sachant aussi qu'il était impie de peiner un homme manifestement habité par Dieu, et qui était l'habitacle de l'Esprit saint, lui fit cette réponse : « Même si quelqu'un que je ne tiendrais pas en aussi haute estime était venu le demander avec le seul désir d'être utile à son église, puisqu'en dépit de notre indignité c'est à nous qu'a été confiée l'Église universelle en succession de saint Pierre, nous aurions dû venir au secours du salut des fidèles. Alors si je te le refusais à toi, dont l'excellente vie est à l'image de ta demande, je mesure tout à fait quelle serait l'absurdité de mon attitude ». Le bienheureux confesseur reçut d'abord pour son bonheur et son enrichissement les reliques des saints apôtres et martyrs, dont les triomphes remplissent de félicité l'église romaine et même le monde entier. Puis le pape se rendit aux tombeaux des bienheureux martyrs

sepulcra martyrum beati Gorgonii et sancti Naboris sanctique Nazarii effractis sigillis profert beata ossa cum totis cineribus; quae sanctus Chrodegangus laetus plus umquam extractis linteaminibus pretiosissimis suscipit et inuoluit, et ad patriam festinantissime ire pergit, gaudens se impetrasse pro quo uenerat, sicut gaudet mendicus insperante multos inueniens pecuniae thesauros.

[29] Est autem in ore uulgi sermo huiusmodi et a Romanis multae aetatis se audisse idem ferunt, quod sanctos Naborem et Nazarium sanctus Chrodegangus munere caritatis papa donante acceperit, beatus uero Gorgonius, quia inter martyres praecipui meriti apud Romanos habebatur nocturno silentio dono deprauatis custodibus sublatus sit. Dicitur etiam, quod sanctus Chrodegangus, peracto sancto sacrilegio, ante gallicinum suis secundum patris imperium praeparatis, sicut disposuerat uersus patriam tendere coepit. In crastina autem surgentes mansionarii, uiderunt sepulchrum beatissimi martyris diligentissime clausum, set sigillum a suo loco remotum. Statim rem sicut erat conicientes, accedunt propius, et summa uelocitate idem aperiunt, et quanto patrono frustrati sint, quantoque damno multati sint miseri conspiciunt. Vident autem tanta duricia erga se sanctos fures egisse, ut nec modicum quid beati cineris remanserit, set totum linteo sicut cernebatur erat extersum. Quid dicerent, quid facerent, quo se uerterent non habentes, dignis quidem set infructuosis fletibus satis faciunt; et quia celari res non poterat, currunt et causam apostolico ex ordine pandunt, circumuentos se et seductos deplorantes ab episcopo Gallorum. Vrbem dudum ingresso, « qui expetiit nos, inquiunt, una nocte sibi orandi spatium dari ad martyrum memoriam sanctam. Qui quia dolose hoc aggressus est, dolosissime quod coeperat perficit, et patriae ciuitatisque nostrae tutorem beatissimum Gorgonium martyrem ad Gallias transfert. Set prosequere eum uelocius, et credimus Dei in misericordia te posse recipere pignus sanctum quod aufertur. » His auditis papa infremuit, et in lacrimis datus ultra quam dicere aliquis posset dolore tactus est, et statim prosequi fugientes conuocato Romano exercitu nititur; set deprehendit quam frustra homo conetur Dei contraire uoluntati, et ex rei felici successu cognouit a Deo exisse, quod ut perficeretur sanctis miraculis declarabat.

Nam ubi ad hoc fugientes constringi coeperunt, ut se persequentes a tergo uiderent, prae manibus iam mortis acerbitatem habere credentes, ad arma solita certumque confugium currunt; precanturque martyrem, ut qui dignatus est miraculorum numerositate pandere factum sibi placuisse, summo mortis discrimine nunc constitutis subueniat, et quantum meritum in coelis possideat, seruis suis succurrens manifestet. Sancto autem Chrodegango pro tempore attentissime orante, ad tantam uiri fidem declarandam mox uirtus Altissimi

Gorgon, Nabor et Nazaire, brisa les sceaux, et sortit les saints ossements avec toutes les cendres ; saint Chrodegang, heureux comme jamais, les prend, recueille les précieuses reliques dans leurs linges, les enveloppe, et se presse de retourner dans son pays, tout satisfait d'avoir obtenu ce qu'il voulait, pareil à un mendiant qui se félicite d'avoir trouvé des trésors inespérés.

[29] Il est une histoire transmise par la rumeur populaire, qui aurait été rapportée par de vieux Romains, selon laquelle saint Chrodegang aurait reçu du pape les saints Nabor et Nazaire en présents de charité, alors que saint Gorgon, que les Romains considéraient comme un martyr de mérite particulièrement important, aurait été volé dans le secret de la nuit avec la complicité de gardiens corrompus[79]. On dit aussi que saint Chrodegang, une fois accompli ce saint sacrilège, fit ses préparatifs conformément à l'ordre du saint père, et prit la route avant le chant du coq, ainsi qu'il l'avait prévu. Mais le lendemain, au réveil, les gardiens virent que le tombeau du très saint martyr avait été soigneusement refermé, mais que le sceau en avait été enlevé. Ils devinèrent très vite ce qu'il en était, s'approchèrent, l'ouvrirent en toute hâte, et les malheureux virent de quel protecteur ils venaient d'être privés, et le dommage dont ils étaient victimes. Ils virent aussi que les auteurs de ce saint larcin avaient agi si durement à leur égard qu'ils n'avaient pas laissé la moindre cendre, et que tout apparemment avait été emporté avec le linge. Ne sachant quoi dire, quoi faire, vers quel parti se tourner, ils versent des larmes abondantes, attitude certes compréhensible, mais infructueuse. Puis, comme la chose ne pouvait rester secrète, ils courent la dévoiler en détail au pape, déplorant d'avoir été piégés et trompés par l'évêque des Gaules récemment entré à Rome, qui leur avait demandé l'autorisation de prier l'espace d'une nuit devant les tombeaux des saints martyrs. Comme il était venu là avec une intention perfide, il avait accompli son projet plus perfidement encore, et était en train de transporter jusqu'en Gaule le bienheureux martyr Gorgon, protecteur de leur pays et de leur ville : « Dépêche-toi de le poursuivre, disaient-ils, et nous sommes sûrs qu'avec la miséricorde de Dieu tu pourras récupérer les précieuses reliques qu'il nous vole ». À ces mots, le pape frémit, se mit à pleurer et à souffrir au-delà du dicible ; puis il réunit une armée de Romains, et tenta immédiatement de rattraper les fuyards ; mais il constata combien il est vain pour l'homme de vouloir contrer la volonté divine, et, à l'heureuse issue des événements, il sut que s'était réalisé là le projet de Dieu, qui déclarait par des miracles comment il devait s'accomplir.

Car lorsque les fuyards se virent talonnés par leurs poursuivants, ils crurent voir devant eux l'amère mort, et se ruèrent sur leurs armes et vers une retraite sûre. Ils implorèrent le martyr – qui par le nombre des miracles accomplis avait manifesté qu'il approuvait leur acte – de leur venir en aide dans cette situation cruciale, et de déclarer en secourant ses serviteurs la grandeur de son mérite dans les cieux. Saint Chrodegang pria un moment avec ferveur, et bientôt la puissance du Très-haut, en le secourant dans ses tribulations, fut là pour révéler l'entière foi de cet homme,

affuit, dans auxilium de tribulatione, et quam sit uelox ad in se confidentes auxiliandum, sua antiqua bonitate bonus Dominus aperit. Certe dum res in hoc posita esset ut mutuis se cernerent conspectibus, aer paulo ante serenissimus de repente tonitruis et fulgoribus quatitur, et pluuiarum nebulis conturbatur. Quod Romani uidentes, acti diuina uirtute dant fugae fidem, et ad propria Deo persequente festinant. Circa autem sanctum Chrodegangum lux clara et lux splendidissima effulgebat, et uis tempestatis nescit suo more saeuire ut noceat, set proprii oblita rigoris coepit obsequi ad salutem. Haec, ita ut descripta sunt, ore populorum hodieque referuntur.

[30] Dei igitur prosequente et subsequente tanta bonitate, illa uelocitate iter coeptum peragunt, ut uidere mererentur potius ferri auxilio sanctorum martyrum quam ferre. Praerupta Alpium transuolant, Rodanum olim reliquiis sanctorum Thebeorum sanctificatum transmeant, et Agaunum monasterium, quo beatus Mauricius cum suo collegio dignissime requiescit, a quo loco et Agaunenses idem martyres nominantur, deueniunt. Sanctus denique Chrodegangus dum Alpes iam transmeasset, sperans iam rem omnem esse in tuto, et credens se in portu nauigare, archidiacono thesaurum preciosissimum seruandum commisit, ipse autem uelocissime praecedere coepit, uolens constituere ut digno sanctis cultu uniuersa Belgica Gallia sanctis obuiaret. Prima uero nocte qua sanctus Domini Chrodegangus ab eis seiunctus est, Agauno itineris duriciam requie releuare disponunt, reliquias autem per pericula grauissima seruatas, super sanctum sancti Mauricii altare collocant. Set ut euentus rei patefecit, multo satius eos oportuit in mediis siluis feras beluasque hospitas pertulisse, quam in augustissimum fama sui locum hostes sensisse, non dicam paganis set ipsis leonibus lupisque crudeliores.

Nam dum sanctarum reliquiarum baiuli, ut dixeram, fessi itinere quieti indulsissent, loci illius clerici dolum, quem in die nec Deum neque diem uerum habentes mente conceperant, sub nocte obscurissima tandem eunt implere, quoniam non poterat praeteriri scriptura, quae asserit lucem odisse omnem male agentem[a]. Accedunt igitur, et malum aggrediuntur quod totae Belgicae Galliae perpetuo obfuisset, nisi Dei, qui uere bonus est, bonitate miseriis tuis sicut disposuerat, o Mettis, subuentum fuisset. Effractis sigillis, apertis portitoriis, denudatis reliquiis, praecipuum delatorum martyrum nefandissimi rapiunt, magnum tibi patronum, o Gurgitense coenobium, quantum in eis fuerat subducunt, et sibi iniuste iniustissimi uendicant, qui ad unius sanctorum quos penes se habebant famulatum non sufficiebant, quorum tanta milia locus ille unus amplectebatur atque colebat. Retegunt igitur scriniolum sanctorum,

---

a) Cf. Iob 3, 20

et le Seigneur très bon montra dans son habituelle bonté combien il est prompt à secourir ceux qui croient en lui. En vérité, la situation en était au point où ils s'observaient mutuellement, lorsque brusquement le ciel, qui un instant auparavant était encore tout bleu, fut ébranlé de grondements et d'éclairs, et obscurci par des nuages de pluie. Voyant cela, les Romains, poussés par la puissance divine, placent leur confiance dans la fuite, et se replient chez eux à toute allure, poursuivis par Dieu. Autour de saint Chrodegang, au contraire, resplendissait une lumière pure et fulgurante, et la tempête ne sut pas, comme d'ordinaire, se déchaîner pour causer ses ravages ; oubliant la violence qui est la sienne, elle se soumit pour leur salut. Ce que je viens de raconter circule encore aujourd'hui parmi le peuple.

[30] Précédés et suivis par l'immense bonté de Dieu, ils parcoururent donc leur chemin avec une telle rapidité qu'on les eût dits portés par le secours des saints martyrs, plutôt qu'ils ne portaient ces derniers. Ils traversent les massifs des Alpes, le Rhône, jadis sanctifié par les reliques des saints Thébains, et arrivent au monastère d'Agaune, lieu où repose très dignement le bienheureux Maurice[80] avec ses collègues, et qui a donné à ces martyrs le nom de « martyrs d'Agaune ». Alors saint Chrodegang, qui espérait que la situation fût tranquille maintenant qu'on avait passé les Alpes, et qui croyait naviguer dans le port, confie son précieux trésor à la garde de l'archidiacre, afin de partir en éclaireur, et d'organiser dans toute la Gaule Belgique des cérémonies pour saluer dignement le passage des saints. Mais la nuit qui suivit son départ, ils se disposent à réparer à Agaune les fatigues du voyage, et placent sur le saint autel de saint Maurice les reliques conservées au prix de graves périls. Mais, ainsi que les événements le révélèrent, ils auraient mieux fait d'aller en pleine forêt trouver l'hospitalité dans les tanières des fauves, plutôt que de se découvrir, dans ce lieu à l'auguste réputation, des ennemis dont la cruauté, on peut le dire, surpassait non seulement celle des païens, mais celle des lions et des loups eux-mêmes.

Car, comme je l'ai raconté, les porteurs des saintes reliques se remettaient des fatigues du voyage, quand, au plus noir de la nuit, des clercs du monastère, des gens sans foi ni loi, s'apprêtent à mettre à exécution une ruse conçue durant le jour, car ils ne pouvaient passer outre l'Écriture, qui affirme que *tout malfaiteur hait la lumière*. Ils s'approchent donc, et s'apprêtent à commettre le forfait qui eût causé le malheur définitif de toute la Gaule Belgique, si Dieu, qui est parfaitement bon, ne s'était, dans sa bonté, ô ville de Metz ! révélé comme ton secours, ainsi qu'il l'avait décidé. Ils brisent les sceaux, ouvrent les reliquaires, sortent les reliques de leurs linges, et les misérables emportent le plus grand des martyrs qu'on transportait, ton puissant patron, ô monastère de Gorze ! Ils volent tout le contenu du reliquaire et ces criminels se l'approprient criminellement, eux qui, eussent-ils été nourris par milliers dans la clôture de ce monastère, n'auraient pourtant pas suffi à servir un seul des saints dont ils s'étaient emparés. Ils referment ensuite le coffret contenant les corps saints et repartent, tout contents d'avoir volé ce grand trésor

et pro magno thesauro, sancti Gorgonii uidelicet corpore sublato, totis animis exultantes discedunt. Mane autem summo diluculo consurgentes qui uenerant, auditis missis Deo et sancto Mauricio se et iter suum committunt, et sic nullius mali suspecti abire disponunt.

Gradiebantur per uiam, et mirabantur, quod dulcedine alicuius miraculi sancti suos non laetificabant portitores. Dixitque archidiaconus ad comites suos : « Quid causae est, fratres mei quod hodierna ita iam praeteriit, ut quasi obliti laborum nostrorum sancti nos uisitare desierint ? Confiteamur igitur alterutrum, si quem alicuius poenalis delicti causa conscientia mordet, et oremus pro inuicem ut saluemur. Nec enim decet ut gloria sanctorum peccatis nostris merentibus clarescere desinat, aut uirtutes martyrum populus sitiens uidere, si causa nostri excessus frustratus fuerit ; quia melius erat nobis mori quam uiuere, scitis. » At singuli cordium suorum secreta rimantes, inueniunt quidem quod reprehendant, set quo ira tanta et offensa sanctorum acciderit, nullus conscientia inaccusatur. At corepiscopus nec sic quidem destitit ; sciensque non ab re esse quod deficiente iam et altera die miraculum nullum sancti ostenderant, coepit infelicitatis malum quo multati fuerant animo conicere, quodam modo ut ita dicam praesagari, ususque fiducia qua Deum nouerat bene accipere quae bono animo fiunt, accedit ad loculum et, inspectis singulorum reliquiis beatum martyrem Gorgonium non inueniens, erumpit in lacrimas, pectus ambabis manibus tundere coepit, clamans uociferansque altos ab imo cordis euomit gemitus, quoniam quidem hic miseriarum casus geminorum dolorum luctu oppressos cruciabat, dum et de gratia sancti Chrodegangi, domini uidelicet sui recuperanda omnino desperabant, et pro thesauro inaestimabilis precii quod ad salutem seculorum patriae inuehebatur, et quod tanta dolositate prauorum amisisse se ultra omnem sermonem dolebant ; quod umquam rehaberi posset timebant, credentes, sicut et accidit, ne ea pertinatia qua inique fraudem sacrilegio plenam aggressi fuerant, ea etiam et quae intulerant negatu periurioque tegere, aut ui utpote inibi possidentes sibi uendicare praesumerent. Inducunt tamen animo omnia adire pericula, omne discrimen aggredi deliberant, et periculo ipsius sui capitis subici, et quicquid umquam laboris humanitas humanaque corpora ferre potuerunt ferre suscipiunt, dummodo post cuncta emensa quae ferreus labor attulerat, Deus suorum misertus, tandem antiqua bonitate antiquaque uirtute quod perdiderant restituere iubeat.

Retorquent gressus, et uia qua uenerant Agaunum redeunt, corpusque martyris pretiosi humili uoce repetunt, set adeo minarum contumeliarumque uerbis aguntur, ut praeter augmentum doloris nihil ab eis elicere possent. Et quia uim inferre non poterant, quod tanti itineris tantique laboris fructu se frustrauerant, ut non eis in bonum uerteretur, extensis ad Deum manibus inprecantur, et ad patriam cum festinatione tendunt. Dum uero iam ad urbem appropinquarent, ex suis archidiaconus praemittit, et causam tantae calamitatis

qu'était Gorgon. De grand matin, les voyageurs se lèvent, entendent la messe, et recommandent leur personne et leur voyage à Dieu et à saint Maurice ; puis ils se préparent à partir, sans se douter de rien.

Tout au long du chemin, ils s'étonnent que les saints ne gratifient plus leurs porteurs d'aucun miracle. L'archidiacre dit à ses compagnons : « Mes frères, pourquoi cette journée s'est-elle écoulée sans que nos saints soient venus nous visiter, comme s'ils se désintéressaient de la peine que nous prenons ? Confessons-nous mutuellement, pour le cas où la conscience de l'un d'entre nous souffrirait du remords de quelque faute, et prions pour nos saluts réciproques. Car il ne faut pas que la gloire des saints cesse de briller en raison de nos péchés, et que le peuple impatient soit empêché de voir les miracles des martyrs, pour la raison que nous nous serions mal comportés ; vous savez que la mort vaudrait mieux pour nous que la vie ». Mais en fouillant les secrets de leurs cœurs, ils découvrent certes des actes répréhensibles, mais aucune conscience ne s'accuse d'une faute passible de ce degré de colère et d'hostilité de la part des saints. Le chorévêque n'abandonna pas néanmoins, et sachant qu'il n'était pas étranger au fait que le lendemain soir les saints n'eussent encore accompli aucun miracle, il se mit à réfléchir au malheur qui les punissait, commença à en entrevoir l'explication, et, confiant dans la pensée que Dieu accueille avec bienveillance les actes que l'on accomplit d'un cœur bienveillant, il s'approche du reliquaire, inspecte les reliques les unes après les autres, et ne trouve pas celles de saint Gorgon. Il éclate en sanglots, se bat la poitrine des deux mains, et, criant et vociférant, il exhale du fond de son cœur des gémissements profonds. Il se voit soumis avec ses frères à une double cause de deuil et de souffrance : d'une part, le désespoir de ne jamais pouvoir retrouver les bonnes grâces de saint Chrodegang, leur seigneur ; d'autre part, l'indicible souffrance d'avoir été frauduleusement dépossédés de l'inestimable trésor qu'ils transportaient dans leur patrie pour le salut des siècles à venir : ils craignaient de ne pouvoir le reprendre, car ils pensaient – ainsi que cela se fit en réalité – que les agents de cette ruse sacrilège mettraient à la nier et la dissimuler par le parjure la même obstination qu'ils avaient mise à la perpétrer, et qu'ils oseraient revendiquer par la force la propriété de ce qu'ils détenaient dans leur monastère. Ils décident néanmoins d'affronter tous les dangers, de prendre tous les risques, fût-ce au péril de leur vie, et d'endurer toutes les épreuves qu'aient jamais endurées l'humanité et les êtres humains, pourvu que, une fois achevé ce que leur aurait imposé ce dur labeur, Dieu prenne pitié des siens et, dans sa bonté et sa puissance coutumières, leur restitue finalement ce qu'ils avaient perdu.

Ils rebroussent chemin, retournent à Agaune par la même route, et réclament humblement le corps du précieux martyr. Mais on leur répond par un tel concert de menaces et d'insultes, qu'ils n'en retirent que plus de souffrances encore. Et, incapables d'user de la force, se voyant frustrés du fruit d'un si long voyage et d'une telle peine, ils tendent leurs mains vers Dieu, et lui demandent que cela ne porte pas chance aux moines de Saint-Maurice ; puis ils retournent en hâte dans

pontifici mandat. Sacerdos autem Domini his auditis ultra humanum sensum doluit, set nuntios moesticiam cordis celans confortat, dicens se confidere quod sanctus martyr ea pietate, qua se ab antiquis sedibus sumptum seruorum manibus per tot terrarum spacia euehi permisit, ut tantus labor adnichiletur numquam sineret. Suscipit itaque duorum martyrum, sancti Naboris et sancti Nazarii, corpora summa ueneratione et summo gaudio, occurrentibus omnibus utriusque sexus diuersarumque aetatum cum crucibus et cereis, resonabantque uoces Deum laudentium in excelsis.

[31] Collocata sunt quidem haec sancta pignora apud Gurgitenses, et sanctus Chrodegangus ilico Pippinum gloriosissimum regem Francorum adit, dampnumque quo ab Agaunensibus multatus fuerat quantumque eius laborem cassassent uix prae dolore animi exprimere uerbis potuit, plusque lacrimis quam sermone hoc tantum suum infortunium declarabat. Adeo uero calamitatis suae euentus magnis suspiriis confitebatur, ut omnes qui audiebant in luctum conuerterentur. Rex autem, quia prae cunctis mortalium hunc amabat, et quia ut proprios oculos eum diligebat, ipse quidem plorans plorantem consolari coepit, addens quoniam omnipotens Deus, qui id maximum profectum fidelium per tot spatia terrarum martyrem suum euehi dedit, potens etiam esset integre totum sancta uirtute restituere. Et dixit ei : « Accipe fortitudinem Gallicanam, et perge ad locum. Si conati fuerint inficias ire aut nolle reddere, habeas licentiam regis, beatae legionis principem, sanctum Mauricium, auferendi. Si uim facere uoluerint, habeant prae manibus bellum paratum ».

Sanctus autem Chrodegangus, gratias agens ilicoque a latere regis discedens, procinctum in Burgundiam parat. Veniensque Agauno, conqueritur cur duricia tante usi sint erga se, cur auferre ausi sint, quod Deus dare sua bonitate uoluerat. Ut reddant thesaurum, quod iniuste abstulerant, praemonentur, si uelint, ut eis dimittatur impune, quod assumpti itineris tanto labore eum frustrare moliti sunt. At illi, ut coeperant, perniciosissime negare insistunt rei huiusmodi se conscios esse, nec ut furti crimine coarguantur umquam promeruisse. Videns autem sanctus Chrodegangus blandicia nihil proficere, accepta securi cancellos scandere coepit, et totis uiribus locum quo sanctus Mauricius tegebatur confringebat. Intuentes Agaunenses eum aggredi quod numquam suspicati fuerant neque posse resistere, necessitate coacti tandem sicut sustulerant, sanctas reliquias sancto sacerdoti repraesentant, sanctusque Chrodegangus effringere sepulchrum sancti Mauricii cessauit. Erant sane in comitatu sancti Chrodegangi pontifices uenerandi ciuitatum Leuchorum urbisque Clauorum ac Treuirensium. Qui rogabant sanctum uirum, ut Agaunensibus quod commiserant consueta usus pietate indulgeret..............

leur pays. Lorsqu'ils furent à proximité de leur ville, l'archidiacre dépêcha un de ses hommes pour annoncer la catastrophe à l'évêque. Lorsqu'il entendit cela, le prélat du Seigneur souffrit au-delà de l'humain, mais il cacha sa peine et consola l'émissaire : il était sûr, lui disait-il, que le saint martyr manifesterait, pour empêcher que soient annihilés de tels efforts, la même miséricorde qu'il avait manifestée en laissant les mains de ses serviteurs l'arracher à son ancien séjour, pour lui faire franchir toute cette distance. Il accueillit avec une très grande vénération et une joie immense les corps des deux martyrs saint Nabor et saint Nazaire, et tous les gens des deux sexes et de tous les âges accoururent avec cierges et croix, et leurs voix s'élevèrent au ciel pour louer Dieu.

[31] Ces saintes reliques furent placées à Gorze, et saint Chrodegang alla aussitôt trouver Pépin, le glorieux roi des Francs. Sous le coup de la douleur, les mots faillirent lui manquer pour raconter le dommage qu'ils avaient subi à Agaune et la peine qu'ils avaient perdue : il manifestait son infortune davantage par des larmes que par des mots. C'est avec de grands soupirs qu'il exprimait les péripéties de cette catastrophe, si bien que toute l'assistance se mit à gémir elle aussi. Alors le roi, qui l'aimait plus que personne au monde, et qui tenait à lui comme à la prunelle de ses yeux, se mit à consoler ses pleurs en pleurant lui-même, ajoutant que le Dieu tout-puissant, qui avait accordé qu'on transportât son martyr sur de telles distances pour le plus grand profit de ses fidèles, pouvait aussi dans sa sainte puissance le restituer tout entier et intact. Il lui dit encore : « Prends ces soldats issus des Gaules, et va au monastère. S'ils tentent de contester, et s'ils refusent de rendre le saint, le roi t'autorise à emporter le corps de saint Maurice, chef de la bienheureuse légion. S'ils veulent vous agresser, ils trouveront une guerre toute prête ».

Saint Chrodegang remercia, et quitta le roi pour préparer une expédition en Bourgogne. Arrivant à Agaune, il se plaint, et leur demande pourquoi ils se sont comportés avec une telle rudesse à leur égard, pourquoi ils ont osé leur voler ce que Dieu avait voulu leur donner dans sa bonté. Il leur conseille de rendre le trésor détourné injustement : s'ils y consentent, on leur pardonnera d'avoir voulu rendre inutiles les terribles fatigues de ce voyage. Mais les autres continuèrent à affirmer pernicieusement qu'ils n'étaient au courant de rien, et qu'ils ne méritaient pas qu'on les accuse de ce vol criminel. Saint Chrodegang, voyant que ses amabilités étaient inefficaces, prit une hache, se mit à frapper le chancel, et à détruire de toutes ses forces l'endroit où était enterré saint Maurice. Les moines d'Agaune, le voyant faire là une chose qu'ils n'auraient jamais soupçonnée, incapables de s'opposer à lui, rendirent au saint prélat, contraints et forcés, les saintes reliques, dans l'état où ils les avaient volées, et saint Chrodegang cessa de détruire le tombeau de saint Maurice. Dans l'entourage de saint Chrodegang, il y avait les vénérables pontifes des villes de Toul, Verdun et Trèves : ils demandèrent au saint homme d'user de sa clémence habituelle et de pardonner leur forfait aux moines d'Agaune......... *(fin du texte dans le manuscrit)*.

Notes de la Vie de saint Chrodegang

1. L'expression « proche du Seigneur » (*propinquus Domini*), appliquée au 7ᵉ évêque de Metz, est étrange. Paul Diacre ne donne que le rang de Syméon dans la liste épiscopale ; en revanche l'auteur du catalogue métrique, (*MGH*, Poetae latini, I, p. 60, v. 33, et N. Gauthier, *L'évangélisation…*, p. 92) écrit : *Septimus Hebraeo est Simeon de sanguine cretus*. L'auteur de la Vie de Chrodegang assimile ainsi le Syméon qui fut évêque de Metz avec Syméon (ou Simon) fils de Cléophas, disciple et parent du Christ, évêque de Jérusalem et « crucifié pour le Christ » (voir la traduction latine par Rufin de l'*Histoire ecclésiastique* d'Eusèbe de Césarée, III, 32, 5, et IV, 22, 4).
2. Pour le rôle prêté à Auctor durant les invasions des Huns, et la préservation miraculeuse de la cathédrale Saint-Étienne, voir Paul Diacre, *MGH*, Scriptores, II, p. 262-263, qui reprend Grégoire de Tours, *Hist.* II, 5-6. Le point est fait par N. Gauthier, *L'Évangélisation des pays de la Moselle,* Paris, 1980, p. 139-142.
3. Hilariacum et Neuwiller, dont il sera question plus loin (voir *infra*, c. 10, et N. Gauthier, *L'Évangélisation…*, p. 396-397).
4. Le terme *obrizum* est glosé par Jean Cassien, *Collationes*, collat. 1, 20 : *aurum purissimum et, ut vulgo dicitur, obrizum.*
5. L'hagiographe souligne par cette phrase assez obscure la forme que prend à Metz le *topos* de l'apostolicité du diocèse. La plupart des diocèses de Gaule ont prétendu avoir été fondés par des proches de saint Pierre, même quand ils ne remontent qu'au IVᵉ siècle, comme celui de Metz, où le seul des premiers évêques qui soit historiquement attesté est l'un des deux Victor (5ᵉ ou 6ᵉ), à la date de 346 (N. Gauthier, *L'évangélisation…*, p. 92). Mais le cas de Metz est extrême, car ce sont les trois premiers prélats qui sont censés être des contemporains de saint Pierre. D'où le besoin d'insister sur leur succession.
6. C'est le premier jeu étymologique sur le nom des évêques. Il en sera de même pour Félix et Céleste. Paul Diacre, plus sobre, ne glose que celui de Céleste. Mais le catalogue métrique des évêques de Metz (*MGH*, Poetae latini, I, p. 60-61, et N. Gauthier, *L'évangélisation…* p. 92) glose systématiquement les noms : c'est donc là une source de notre auteur.
7. Sur le dossier de saint Clément, voir M. Chazan, dans M. Goullet et M. Heinzelmann (dir.), *Miracles, Vies et réécritures…*, p. 152-190.
8. Paul Diacre, auteur du *Liber de episcopis Mettensibus*.
9. Céleste, second évêque de Metz, fêté le 14 octobre. Drogon donna son corps à Marmoutier.
10. Félix, troisième évêque de Metz, dont Henri II s'appropria le corps en 1006 pour Bamberg.
11. Saint-Pierre-aux-Arènes.
12. Région de la Belgique actuelle, berceau du lignage Pippinide : voir Robert Folz, « Metz dans la monarchie franque à l'époque de saint Chrodegang », dans *Saint Chrodegang…*, p. 18.
13. La donnée selon laquelle la mère de Chrodegang serait une fille de Charles Martel ne figure pas dans Paul Diacre, et elle est inexacte. Landrade était en réalité la sœur du duc Robert, comte de la Hesbaye et du Masengau, et par elle Chrodegang se trouvait apparenté à des familles alliées à la descendance de saint Arnoul (R. Folz, *Saint Chrodegang…*, p. 19).
14. Pépin le Bref, roi de 751 à 768.
15. C'est-à-dire la Vie de saint Arnoul (BHL 689-692). Voir A. Wagner, « Saint Arnoul, évêque de Metz », *Les cahiers Lorrains* (1999), p. 385-400, et M. Goullet, « Arnulfus », dans M. Goullet et M. Heinzelmann (dir.), *Miracles, Vies et réécritures…*, p. 212-224.

16 Clou, évêque de Metz, mort en 694 est enterré à Saint-Arnoul ; son corps fut donné en 959 au prieuré de Lay-Saint-Christophe, qui dépendait de Saint-Arnoul.
17 Paul Diacre rebaptise déjà ainsi Anségisel afin de souligner l'héritage troyen des carolingiens. L'idée d'une filiation entre Francs et Troyens remonte à Frédégaire.
18 Pépin de Herstal, dit le Jeune (mort en 714).
19 En 744, le duc des Alamans, Theodebald, se souleva et fut vaincu par Pépin ; en 746 Carloman envahit le territoire alaman ; lors de la défaite de Cannstatt, sur le Neckar, les Alamans furent massacrés. Voir la Chronique de Frédégaire, IV, 27 et 29.
20 Voir Paul Diacre, *Histoire des Lombards*, VI, 37.
21 Willibrord est en fait un Anglo-Saxon, mais l'Irlande apparaissant comme le lieu par excellence de la réforme, on a tendance à présenter comme irlandais (*Scotti*) la plupart des insulaires : il en est de même pour Boniface un peu plus loin.
22 Le nom germanique *Karolus* s'est parfois vu donner le sens étymologique de 'valet'. Charles Martel était fils de Pépin et d'Alpaïde, épouse de second rang, mais sa brillante carrière a glorifié et perpétué ce nom dans la dynastie carolingienne.
23 La phrase est littéralement reprise du *Liber de episcopis Mettensibus* de Paul Diacre : *Ita praecipue Sarracenos detrivit, ut usque hodie gens illa truculenta et perfida Francorum arma formidet* (*MGH, Scriptores*, II, p. 265, l. 6-8).
24 L'idée que la naissance des saints a été décidée avant la création du monde et qu'elle s'accomplit dans le temps de l'Histoire est un topos hagiographique répandu ; elle est développée, entre autres, dans le prologue de la Vie du pape Léon IX (éd. M. Parisse, Paris, 2e éd. 2009, p. 2-3).
25 L'abbaye de Saint-Trond, située dans le diocèse de Liège, fait partie du patrimoine de l'évêché de Metz, auquel le fondateur, Trudo, avait fait don de ses biens à la fin du VIIe siècle. En 944, Adalbéron Ier essaie de réformer l'abbaye, et en prend lui-même la direction durant quelques années. Voir G. Boes, *L'abbaye de Saint-Trond, des origines jusqu'à 1155*, Tongres, 1970.
26 D'après le *Mediae Latinitatis Lexicon minus* de Niermeyer, 'référendaire' désigne une fonction – chef de la chancellerie, donc du secrétariat du roi qui prépare la rédaction des diplômes –, et 'apocrisiaire' une dignité, attribuée, entre autres, à certains référendaires. Mais pour Hincmar, dans le *De ordine palatii*, l'apocrisiaire est le chef du clergé franc et le conseiller du roi dans les affaires ecclésiastiques : cf. A. Stoclet, « La clausula de unctione Pippini regis : mises au point et nouvelles hypothèses », *Francia* 8 (1980), p. 33.
27 La phrase reproduit celle de Paul Diacre (*MGH, Scriptores*, II, p. 265, l. 9-12), avec les différences suivantes. Certains manuscrits du texte de Paul donnent *facilitate*, d'autres *felicitate* : l'hagiographe donne les deux, ce qui suppose qu'il collationne plusieurs manuscrits, ou que la superposition existait déjà dans la version qu'il avait sous les yeux (par exemple sous forme de correction supralinéaire ou marginale). L'adjectif *mira* est remplacé par *miranda nimium* ; il ajoute le verbe *prostravit* à *debellavit* et *subdidit*. Ces légères retouches confirment son goût de la surcharge. En 760 Pépin avait fait campagne contre le duc Waïfre, duc d'Aquitaine et fils d'Hunald. Pépin soumit l'Aquitaine en plusieurs dures campagnes de 760 à 768, date à laquelle Waïfre est tué. À la mort de Pépin, l'aristocrate Hunald (l'ancien duc ?) se soulève contre les Francs ; mis en fuite, il est livré par Loup de Gascogne.
28 Paul Diacre, *Histoire des Lombards*, VI, 53. Liutprand roi des Lombards (712-744) fit alliance avec Charles Martel dans sa lutte contre les Sarrasins en Provence en 738.
29 Étant donné le contexte, *sacrorum culmina*, qui vient tout droit de Paul Diacre, désigne les « toits des sanctuaires », c'est-à-dire par synecdoque les églises et les monastères.
30 Voir G. Philippart, « La Vie de saint Adelphe de Metz par Werinharius d'après un manuscrit de Neuwiller, cod. Vindobonensis 563, XIIe s. », dans *Mélanges offerts à Baudouin de Gaiffier et François Halkin*, *AnalBoll*, 100 (1982), p. 431-442 ; Christian Wilsdorf, « Remarques sur la première Vie connue de saint Adelphe de Metz et le pèlerinage de Neuwiller-lès-Saverne (IXe-XIIe s.) »,

dans *Mélanges offerts à M. Thomann, Revue d'Alsace*, 119 (1993), p. 31-41 ; M. Goullet, « Adelphus », dans M. Goullet et M. Heinzelmann (dir.), *Miracles, Vies et réécritures...*, p. 199-207.

31 Le mot latin est *sacerdos*, qui désigne un prêtre de rang élevé, en général un évêque. Nous le traduisons par 'prélat', qui réduit certes *sacerdos* à un doublet de *praelatus*, mais la connotation du mot est plus exacte que celle de 'prêtre', qui en langage moderne est dépourvu d'idée hiérarchique. On remarquera qu'à côté des deux mots déjà cités, et outre le terme courant *episcopus*, le latin désigne encore les évêques par les mots *pontifex*, *antistes* et *papa*. Le simple prêtre est désigné par *presbyter*.

32 Le 26 octobre 741.

33 *Hilariacum* est le nom primitif de Saint-Avold. Le monastère a peut-être été fondé au VIᵉ siècle par saint Fridolin et dédié à saint Hilaire. L'évêque Sigebaud le restaura avec l'aide de Pirmin. Sigebaud s'y fit enterrer mais son corps fut peut-être ramené à Metz au début du XIᵉ siècle et déposé à Saint-Symphorien. Chrodegang donna au monastère le corps de saint Nabor (forme première d'Avold), ce qui provoqua le changement de nom.

34 Allusion au soulèvement de Hunald, duc d'Aquitaine, en 742 (voir *supra*, p. 105, n. 27).

35 Après la mort de Charles (741), les deux Pippinides Pépin le Bref et Carloman s'allièrent pour rétablir un roi mérovingien, Childéric III, en 743 ; il fut le dernier de la dynastie. En 751, Pépin consulta le pape Zacharie, qui répondit que, pour que l'ordre ne soit pas troublé, il valait mieux appeler roi celui qui a le pouvoir plutôt que celui qui ne l'a pas. Pépin dépose alors Childéric III, qui est tondu et relégué à Saint-Bertin en 751, se fait élire roi à Soissons et sacrer par les évêques.

36 À la mort de Pépin de Herstal, en 714, la Neustrie se révolta sous la direction du prince des Francs (de Neustrie) Ragenfred, allié à Eudes d'Aquitaine et au roi des Frisons Radbod. Charles, vainqueur à l'issue d'une série de campagnes, fut reconnu comme maire des Francs. En 724, Raginfred fut définitivement vaincu à Angers, dont il resta comte.

37 Voir *supra*, p. 29.

38 Voir *supra*, *ibid*.

39 Les dénominations appliquées à Pépin ont diverses connotations : *dux* le désigne comme chef militaire, *princeps* comme le premier des nobles.

40 Sous le jeu rhétorique de la paronomase (*effectum affectus*), il faut lire qu'ils veulent voir se concrétiser rapidement l'affection qu'ils ont manifestée pour Chrodegang.

41 Cf. Paulin, *Vita Ambrosii*, c. 7-8 (*PL* 14, col. 29).

42 L'expression *cordis inspector* est très fréquente chez Augustin.

43 L'expression *plus prodesse quam praeesse* se trouve chez Augustin, *Epist*. 134, 1, et *Civit. Dei*, 19, 19, mais aussi chez Isidore et Grégoire, dans des contextes similaires à celui-ci. La formule est devenue l'expression de l'idéal épiscopal.

44 Ce genre de couplet anti-simoniaque est un *topos* des récits d'élection épiscopale.

45 Lieu commun des récits d'élections épiscopales dans les textes hagiographiques, et antidote à la suspicion de simonie.

46 Cette phrase dit de façon un peu ampoulée que l'hagiographe est un moine de Gorze : « être attaché à son nom » signifie qu'il réside dans un monastère fondé par l'évêque, et « reposer en sa mémoire » qu'il sera plus tard inhumé à Gorze. Sur les relations étroites établies par Chrodegang entre le chapitre cathédral et Gorze, voir R. Folz, *Saint Chrodegang...*, p. 21. L'emploi de mots comme l'adjectif biblique *speciosa* et la forme *totae* (au lieu de *toti*), que l'on trouve chez Sedulius, sont des indicateurs d'un registre stylistique élevé.

47 L'enregistrement des pauvres sur la matricule consiste à enregistrer les ayants droit aux aumônes épiscopales ; c'est une des fonctions sociales de l'évêque au haut Moyen Âge. La générosité exceptionnelle de Chrodegang se marque aux dénominations de 'fils' et de 'fille' qu'il attribue aux nécessiteux.

48 La polysémie du terme latin *pignus, oris* est intraduisible en français. Le terme désigne en effet, depuis le latin classique, un 'gage', puis un 'gage de tendresse', en particulier des êtres chers comme les parents, les enfants. En latin chrétien il désigne fréquemment les reliques. Ici les

deux derniers sens se superposent, puisque les reliques de Chrodegang, enterré à Gorze, protègent le monastère et contribuent à sa prospérité.
49. *Oda* ('chant') est encore un mot de Sedulius.
50. Ambr., *De obitu Valentiniani consolatio*, c. 7 (*PL* 16, col. 1360C) : « Isti sunt, in quibus est pulchritudo ecclesiae, in quibus flos eius gratior, in quibus aetas perfectior, qui velut cortices malorum punicorum decorem foris praeferant abstinentia corporali, intus autem commissam sibi plebem diversae aetatis et sexus foveant sapientia spiritali, obiecti quidem saeculo ad iniurias, sed interna mysteria dividentes. »
51. Voir *supra*, p. 20-22.
52. Voir *supra*, n. 29.
53. Voir G. Hocquard, « La règle de saint Chrodegang », dans *Chrodegang…*, p. 55-89.
54. Voir Iégor Reznikoff, « Le chant des Gaules sous les Carolingiens », dans *Haut Moyen Âge, Culture, éducation et société, études offertes à P. Riché*, Paris, 1990, p. 323-342.
55. Il s'agit de l'élection de Pépin comme roi en 751, à l'issue de laquelle il fut sacré par les évêques. L'auteur ne fait qu'une allusion furtive à cet événement, pour insister sur le second sacre par le pape Étienne II en 754.
56. Si le texte est *sedis*, il faut sûrement comprendre *apostolicae sedis* ; si on adopte la correction *saeclis*, il faut traduire par « mémorable pour les siècles à venir ».
57. Étienne II (752-757).
58. En 754, à Saint-Denis, Étienne II (que Chrodegang est allé chercher en 753) renouvelle l'onction de 751 en faveur de Pépin et de ses fils, faisant d'eux une famille élue par Dieu. Pépin prend le rôle de défenseur de la chrétienté, et, en échange du sacre, promet son aide au Pape contre les Lombards. Voir le *Dictionnaire d'Histoire et de Géographie ecclésiastiques*, t. 15, c. 1184-1190. La source principale est la *Vita Stephani II* (dans le *Liber pontificalis*, éd. L. Duchesne, t. I, p. 440-462).
59. Aistulf, roi des Lombards occupe Ravenne en 749. À son instigation, et craignant une intervention de Pépin en Lombardie, Carloman, le frère de Pépin qui s'était retiré au Mont-Cassin, se soulève en 754 : vaincu, il est relégué dans un autre monastère. En 756, d'Aistulf est assiégé dans Ravenne ; vaincu, il livre un tiers du trésor et des otages.
60. L'expression *pro re et tempore* se trouve, entre autres, dans César, G. 5, 8, 1, et elle est fort répandue chez les meilleurs auteurs de l'Antiquité. C'est un signe de la bonne formation classique de notre hagiographe.
61. Le *Mons Jovis* est le Grand-Saint-Bernard, voie de passage obligée des Alpes. Seul col ouvert alors, il est de grande importance stratégique.
62. Le chapitre 25 suit la Chronique de Réginon de Prüm, a. 753 (éd. F. Kurze, *MGH, Scriptores rerum Germanicarum in usum scholarum*, p. 44-45, qui s'inspire de deux textes d'Hilduin de Saint-Denis, la *Revelatio ostensa papae Stephano* et les *Gesta Stephani*.
63. *Revelatio ostensa papae Stephano,* BHL 2176.
64. Chronique de Réginon de Prüm, a. 753.
65. L'insistance sur la « race élue par Dieu » fait écho au texte sandionysien du sacre.
66. Chrodegang obtient ainsi le droit de se présenter dans toute la pompe épiscopale dans les diocèses autres que le sien, privilège qui était très mal accepté du reste de l'épiscopat, comme on le vit dans le cas de Drogon.
67. Voir *supra*, p. 32-33.
68. Le nom latin *Gurgitense* sera expliqué au c. 27.
69. La citation est issue de la *Doctrine des douze apôtres* ou *Didachè* (texte grec et trad. W. Rordorf et A. Tuilier, Paris, 1978 (Sources chrétiennes, 248), selon toute vraisemblance médiatisée ici par Augustin, *Ennarationes in Psalmos* (éd. E. Dekkers et J. Fraipont, Turnhout 1956, CC SL, 40), Ps. 103, 3, § 10, l. 34 ; Ps. 146, § 17, l. 24 et 28), ou par la *Regula pastoralis* de Grégoire le Grand, éd. Fl. Rommel, Paris, 1992 (Sources chrétiennes, 381-382).
70. Voir *supra*, p. 23.

71 Le mot signifie étymologiquement « tourbillon ou masse d'eau » (*gurges, itis*).
72 L'ancienneté du lieu est ainsi garantie.
73 Même miracle dans les *Gesta Dagoberti regis*, c. 2-4.
74 La chaire symbolisant la fonction de l'évêque, ce dernier déplace ainsi le centre de son évêché vers Gorze.
75 Cf. Augustin, *In Ioh. epist. ad Parth. tract.*, VII, 8 (*dilige et fac quod vis*).
76 P. Riché, « Les carolingiens en quête de sainteté », dans *Les fonctions des saints dans le Moyen Âge occidental (IIIe-XIIIe siècle)*, École française de Rome, 1991, p. 217-224.
77 On peut s'interroger sur le choix de ces saints, qui ont néanmoins en commun d'être titulaires d'une église à Rome.
78 Paul Ier (757-767). Voir les Miracles de saint Gorgon, *infra*, p. 157.
79 Voir Patrick J. Geary, *Furta sacra : Thefs of Relics in the Central Middle Ages*, Princeton, 1978.
80 Voir les Miracles de saint Gorgon, c. 4.

DEUXIÈME PARTIE

SAINT GORGON,
PATRON DE GORZE

I. INTRODUCTION HISTORIQUE

1. La fondation de Gorze

Revenons à Compiègne le 18 mai 757[1]. Chrodegang a réuni autour de lui des évêques et des abbés de tout le royaume franc et il leur lit l'acte de fondation du monastère de Gorze, qu'il leur demande de soussigner ; ils sont plus de trente témoins présents à ce synode, évêques et abbés, dans la sixième année du règne du glorieux roi Pépin. L'évêque de Metz, qui exerce les fonctions de chef de l'église franque, a commencé par organiser la vie des chanoines qui l'assistent dans le service religieux de la cathédrale Saint-Étienne et il poursuit son œuvre en imposant la règle de saint Benoît à une communauté qu'il a créée à partir de rien. Il croit bon d'en avertir tous ses pairs du royaume et du même coup contribue à imposer à tous la règle de saint Benoît au détriment de celle de Colomban, dont l'usage s'efface lentement.

À Metz il y avait alors plusieurs groupes de clercs qui desservaient différentes églises ; la plus importante conservait la mémoire de saint Arnoul, l'ancêtre des Carolingiens, et comprenait des religieux sous la direction d'un abbé. Cet établissement était propriété de la dynastie pippinide, plus tard carolingienne[2]. Chrodegang voulait une abbaye où il y aurait des moines bénédictins, et non pas des clercs, une maison qui fût propriété de l'évêque, entièrement entre ses mains, et c'est pourquoi il avait décidé de fonder Gorze.

Le long et somptueux aqueduc que les Romains avaient bâti pour amener de l'eau à Metz puisait celle-ci en un lieu où bouillonne une source abondante, au fond d'un vallon. Le bouillon d'eau a donné son nom au lieu de Gorze[3] ; c'est là, à une quinzaine de kilomètres de Metz, que l'emplacement d'une nouvelle église fut retenu. Chrodegang savait qu'il devait doter sa fondation. Les premiers actes que nous a conservés un cartulaire aujourd'hui détruit relate les donations de terres et de villages que le saint évêque a faites en attendant celles que ne manqueraient pas de faire ses successeurs[4]. Chrodegang émettait des conditions : la

---

1 Voir *supra*, p. 16.

2 Voir M. Gaillard, *La mémoire des Carolingiens à Metz au Moyen Âge : le Petit cartulaire de Saint-Arnoul*, Paris, 2006.

3 Voir *supra*, Vie de saint Chrodegang, c. 27.

4 Voir le cartulaire du XIIe s. publié par D'Herbomez et mentionné dans notre bibliographie (désormais cité *Cartulaire*).

règle de saint Benoît devait être adoptée et respectée ; on oubliait donc les derniers restes de la règle de Colomban, qui concurrençait ou accompagnait jusque-là celle de l'abbé italien. Rendre obligatoire pour tous la norme bénédictine était une forte décision du prélat réformateur. Le supérieur devait être un abbé pris dans la communauté des moines et mis en place avec l'accord de l'évêque.

L'église (*monasterium*) fut d'emblée placée sous le patronage des deux plus célèbres apôtres, Pierre et Paul, mais aussi de saint Étienne, patron de la cathédrale de Metz, et de quelques autres dont le nom n'est pas donné[5]. Mais cela ne suffisait pas, et Chrodegang usa de son influence dans le royaume et de ses bonnes relations avec la papauté pour oser demander le corps d'un saint et martyr qui deviendrait le patron de la seule Gorze. On sait quelle importance a prise la quête des reliques à partir du VIIIe siècle. La recherche de ces reliques a donné lieu à des récits que relatent la Vie de Chrodegang et les Miracles de saint Gorgon. Le cortège suivit une route que l'on retrouve grâce aux toponymes qui rappellent le nom de Gorgon dans le Jura et en Lorraine[6]. La troupe de moines finit par arriver à destination : saint Gorgon fut déposé à l'abbaye qui l'attendait, le 15 mai 765.

2. Les débuts de l'abbaye

Fondée en 757, l'abbaye de Gorze fut confiée par l'évêque à son frère Gundeland pour très peu de temps, car ce dernier prit en mains les destinées de Lorsch. Le second abbé fut Theutmar (767, 776), qui bénéficia de l'appui et des générosités de l'évêque Angelram[7]. À Theutmar succéda pendant de longues années Optarius, cité de 786 à 796. L'absence de chartes ne permet pas d'être plus précis. Magulf, qui le remplace (802, 815), porte en 809 le double titre d'évêque et d'abbé et on est conduit à penser qu'il eut la charge de la vacance du siège de Metz, mais seulement comme chorévêque. À sa mort l'abbé Haldin (822, 835) gouverna l'abbaye, que l'abbé-archevêque Drogon, demi-frère de Louis le Pieux, prit ensuite pour lui, comme cela est dit dans un acte de 848 (« le seigneur Drogon, par la grâce de Dieu archevêque et abbé »)[8]. Ce grand prélat mourut en 855, la même année que son neveu l'empereur Lothaire Ier. La Lotharingie tomba entre les mains de son fils Lothaire II, qui donna Gorze à un proche parent, le comte Bivin. Cet abbatiat laïc (855-863) fut lourd de conséquences, car les descendants de Bivin prirent et

---

5 Nous ne revenons pas ici sur le problème de l'existence de deux monastères voisins à Gorze ; voir *supra*, p. 23.

6 M. Parisse, « Varangéville, prieuré de Gorze », dans *Saint Chrodegang…*, p. 154.

7 On trouvera une liste commentée des abbés de Gorze dans M. Parisse, *Le nécrologe de Gorze. Contribution à l'histoire monastique* (*Annales de l'Est*, Mémoire n° 40), Nancy, 1971, p. 29-38, et sous le vocable « Gorze », dans le *Dictionnaire d'histoire et de géographie ecclésiastiques* (J. Schneider).

8 *Cartulaire*, n° 50 p. 89.

gardèrent le contrôle de nombreux éléments du temporel de l'abbaye ; on le sait par les difficultés que connurent les moines à le reconstituer, comme on le verra plus loin.

L'évêque Advence (858-875) décida de réagir et rétablit la régularité et la discipline auprès des moines placés sous la tutelle de Betton en 863[9]. Il nous décrit les conditions qui l'ont poussé à agir :

> « Quand le roi (Lothaire II) jugea bon de mettre ledit monastère aux ordres des laïques, il le confia à un certain comte Bivin ; peu à peu, comme les moyens en nourriture et en couvert faisaient défaut, l'observation de la règle se mit à baisser, la piété des moines perdit de ses forces, les églises étaient privées de tout ornement, les autels étaient souillés par les pluies et n'étaient plus couverts[10]. »

Malheureusement, dans les années suivantes, à partir de 868, le retour des prévôts, qui jouent le rôle de prieurs, laisse à penser qu'il n'y avait déjà plus d'abbé régulier. Sans doute Advence avait-il gardé l'abbatiat pour lui. Le prévôt Bovon finit tout de même par devenir abbé (876, 880). Le prélat suivant, Hérigaud, apparaît en 885, pour quelques années. La situation paraît alors confuse. Un certain Lodowin devient abbé dans les années 890-895, et l'on pense qu'il appartenait au groupe familial de l'abbé Bivin[11]. Un abbé Rodolphe souscrit ensuite en second derrière l'évêque Robert (883-917) une précaire de Gorze. On ne saurait dire s'il était abbé de Gorze ou si cet évêque avait déjà pris l'abbatiat pour lui. C'est ce qu'il a fait assurément dans les années 910, avant de céder la place à Wigeric, cité dans un acte de 912[12]. Ce personnage est sans doute le même que l'évêque qui succède à Robert en 917. L'abbatiat est ainsi lié régulièrement à l'évêque, qui le garde pour lui ou le donne en bénéfice à un laïc. L'abbaye fut alors très probablement mise à la disposition du comte Adalbert de Metz. Un acte, qui met en scène un abbé Foucher fils d'Adalbert[13], daté de 886, doit peut-être recevoir une datation plus basse ; il faut sans doute y voir un abbé des années 920-922. En 922, l'abbé est Adalbert (*senior sive abbas*[14]), qu'on retrouve à ce poste au moment de la

---

9   M. Gaillard, « Un évêque et son temps, Advence de Metz (858-875) », dans H.W. Herrmann, R. Schneider (dir.), *Lotharingia. Eine europäische Kernlandschaft um das Jahr 1000. Une région au centre de l'Europe autour de l'an Mil*, Sarrebruck, 1995, p. 89-119.

10 *Cartulaire*, n° 60, p. 108.

11 E. Hlawitschka, *Die Anfänge des Hauses Habsburg-Lothringen*, Sarrebruck, 1969, p. 23 et 41.

12 *Cartulaire*, n° 89, p. 162-164.

13 *Cartulaire*, n° 78, p. 142. Les témoins et le scribe de l'acte de 886 sont en effet identiques à ceux de l'acte 91 daté de 922.

14 *Cartulaire*, n° 91, p. 168.

réforme en 934. L'évêque Wigeric mourut en 927, cédant sa place pour moins de deux ans à Bennon. En 929, la communauté messine porta sur le siège le jeune Adalbéron, dont il sera question plus loin.

L'évêque de Metz Robert avait gardé l'abbatiat pour lui, sans doute parce qu'il avait besoin de revenus. L'abbaye était alors solide, car on constate que la communauté monastique est régulièrement peuplée d'une bonne vingtaine de moines[15]. Apparemment, les problèmes de l'abbatiat n'empêchaient pas l'abbaye de fonctionner normalement. Elle demeurait convoitée dans les années qui suivent, comme on l'a vu avec Wigeric et Adalbert. Ce dernier garda le bénéfice de l'abbaye jusqu'à la réforme de 934. Assassiné en 944, il était un des membres de la grande famille comtale messine, dont les descendants obtinrent le duché au XIe siècle.

3. Le temporel de l'abbaye

Le temporel convoité de Gorze fut important depuis le début. Les plus anciennes chartes, mises sous le nom de Chrodegang et d'Angelram, sont de longues listes de donations ou confirmations, qui constituent une énumération des points forts du temporel gorzien. Telles qu'elles se présentent, ces chartes éveillent la suspicion, mais quel que soit le moment où elles furent établies, avant d'entrer dans le cartulaire, elles constituaient un état des biens des moines, sur lequel ils pouvaient se reposer. Les faussaires des premiers actes, si on peut aller jusqu'à les appeler ainsi, ont partagé le patrimoine en deux parties avec un ensemble de biens lorrains d'un côté et des biens champenois et rhénans de l'autre. Les actes seraient datables de 745 et 754, avant même la fondation officielle. Par la suite Chrodegang fit d'autres donations en Champagne et en Woëvre, avant qu'Angelram ne donne Varangéville. On ne peut faire de récapitulation commode, car Gorze n'a jamais reçu de bulle de confirmation générale de ses biens, à la différence de nombreuses autres abbayes lorraines qui ont notamment demandé à la papauté du XIIe siècle une confirmation des églises dont elles avaient le patronage. Des registres de l'époque moderne et quelques chartes permettent cependant d'entrevoir ce que fut le temporel complet de Gorze. Il ne sera évoqué que pour situer ce qui en est dit dans les textes hagiographiques édités et traduits plus loin.

Si l'on se reporte aux récits de la translation, tels qu'ils figurent dans la Vie de Chrodegang et dans les Miracles de saint Gorgon, on constate que plusieurs centres tenaient une place importante dans le temporel de Gorze ; ils étaient convoités et devaient être défendus. Il était d'autant plus essentiel de leur assurer le

---

15 M. Parisse, « L'abbaye de Gorze dans le contexte politique et religieux lorrain à l'époque de Jean de Vandières (900-974) », dans *L'abbaye de Gorze au Xe siècle*, dir. M. Parisse et O. G. Oexle, Nancy, 1993, p. 86-88 ; J. Nightingale, *Monasteries and Patrons in the Gorze Reform. Lotharingia c. 850-1000*, Oxford, 2001, p. 59-70.

Introduction historique

patronage officiel de Gorgon. Au moment de la translation, trois acquisitions furent faites à la faveur de miracles : Varangéville, Moivrons et Novéant. Les moines qui accompagnent les saintes reliques sont venus d'Agaune, ont traversé la Bourgogne par Pontarlier et sont entrés en Lorraine aux environs de Remiremont. Dès lors ils descendent la vallée de la Moselle sur sa rive droite, passent à Pouxeux[16] et à Saint-Nabord[17]. Ils s'arrêtent au pays du sel, au lieu dit Varangéville[18]. Ici, selon un motif narratif bien connu, l'arbre auquel était suspendu le reliquaire s'éleva pour manifester la volonté de Gorgon d'avoir là une église. De fait l'évêque Angelram donna l'endroit, où fut très vite implantée une celle, futur prieuré. Un peu plus au nord, en s'écartant de la vallée, le cortège atteignit Moivrons, et le reliquaire ne put être soulevé tant que les propriétaires du lieu n'eurent pas donné le bien. À cet endroit, Gorze resta propriétaire, mais ce ne fut pas sans avoir à défendre son bien, pour lequel le cartulaire a conservé plusieurs actes de confirmation[19]. Le phénomène se répéta une troisième fois à Novéant, village situé au confluent de la rivière de Gorze et de la Moselle[20]. Cette possession fut elle aussi convoitée et fit l'objet de précaires dont les bénéficiaires furent l'impératrice Richilde et le comte Boson, des parents de l'abbé Bivin[21].

Le terme de précaire vient à point pour illustrer l'enrichissement progressif du temporel de Gorze ; le cartulaire a gardé le souvenir de très nombreux contrats de cette sorte. Rappelons ce qu'il en était : un propriétaire faisait donation à l'abbaye de quelques-uns de ses biens et demandait en échange à les reprendre en usufruit, augmentés de quelques terres de l'abbaye. À la mort de l'intéressé, de sa femme et de ses enfants, le tout revenait aux moines. Un acte double était dressé, qui comprenait d'une part la donation, d'autre part la demande ; puis il était partagé et chaque partie conservait un morceau du parchemin. On a des exemples de tels contrats dès la fondation et jusqu'au XIe siècle. Ces gains souvent modestes représentaient peu de choses à côté des « blocs » dont aimaient à s'emparer les grands voisins, gourmands de terres et de revenus. Les maux les plus graves que dut subir Gorze tenaient aux usurpations de la famille du comte-abbé Bivin et aux inféodations que ne craignaient pas de faire les évêques, « largement » (*larga*

---

16 Pouxeux, Vosges, arr. Épinal, c. Remiremont.

17 Saint-Nabord, Vosges, arr. Épinal, c. Remiremont.

18 Varangéville, Meurthe et Moselle, arr. Nancy, c. Saint-Nicolas-de-Port.

19 Notamment un diplôme de Louis le Germanique en 875 (*Cartulaire*, n° 68, p. 123) et une restitution non datée du comte Folmar (*ibid.*, n° 96, p. 177-178).

20 Pour la précaire de Novéant, voir *Cartulaire*, n° 19 (mal daté de 770, à situer en 913-914), et n° 87 et 88.

21 C. Bouchard, « The Bosonids or Rising to Power in the Late Carolingian Age », *French Historical Studies*, 15 (1988), p. 407 et suiv. ; J. Nightingale, *Monasteries and Patrons*, p. 39-50.

manu) comme on dit de l'évêque Wigeric. Les textes hagiographiques mettent l'accent sur ces pratiques, comme on va le voir à propos du bien de Vanault, qu'il convient de replacer dans son contexte.

Le comte-abbé Bivin obtint Gorze, on l'a dit, en bénéfice de la part du roi Lothaire II de 855 à 863, jusqu'à ce que l'évêque Advence le lui reprenne. Il n'en garda pas moins une grande influence, car on retrouve des biens de Gorze entre les mains de membres de sa famille. En outre l'abbé Lodowin (890-895) était son neveu, semble-t-il[22]. Richilde, qu'épousa Charles le Chauve, était sa fille ; elle garda le contrôle des deux biens de Varangéville et Voisage, qui passèrent ensuite entre les mains du comte Boson, son neveu[23]. Ce dernier personnage était petit-fils de Bivin, par son père Richard duc de Bourgogne. Dans les années 930, il se trouvait établi à Vanault (en Champagne) sur une terre donnée à Gorze dans les premières années de sa vie. Des biens gorziens de la région de Saint-Dizier tombèrent entre les mains d'un autre petit-fils de Bivin, Hugues, roi de Provence. La cour de Moivrons, restituée par le comte Folmar en 936, semble lui être venue par sa femme Richilde, descendante de l'impératrice homonyme. La distribution de biens de l'abbaye se poursuivit au début du XIe siècle, au temps des évêques Wigeric et Adalbéron Ier et au profit de fidèles laïques. Le premier de ces deux prélats avait été abbé de Gorze et il recruta des soldats à bon compte sur le dos de l'abbaye ; le second, qui prétendait vouloir le salut de l'abbaye et des moines, leur enleva la terre de Varangéville pour en doter son jeune frère Gauzelin, qui n'apprécia pas d'en être bientôt privé à la suite du mouvement de réforme[24]. Les Miracles de saint Gorgon, qu'on retrouve en partie dans la Vie de Jean de Gorze, ont pour but de conforter l'abbaye dans ses possessions.

Le comte Folmar ne semble pas avoir fait de difficultés pour restituer Moivrons ; la récupération de Varangéville put se faire grâce à la diligence du moine Jean, qui s'empara du montant de la dîme et prit possession de ce que l'évêque lui avait rendu bon gré malgré. Une autre restitution, arrachée au même prélat grâce à l'intervention nocturne du saint, valut à Adalbéron une algarade de son frère privé d'un riche bénéfice. La récupération d'une autre précaire nous vaut une leçon de vocabulaire à l'occasion d'une discussion assez vive entre l'évêque et le même Jean ; ce dernier, qui sait ce dont il parle, entendait retrouver une terre donnée en précaire, qui devait donc revenir aux moines à la mort du titulaire ; or l'évêque faisait mine de croire qu'il s'agissait d'un bénéfice qu'il avait concédé à l'un de ses fidèles. Le dialogue entre les deux hommes est mené sur un ton très vif. Les textes hagiographiques, en l'occurrence les Miracles de Gorgon et la Vie de Jean, deviennent ainsi des sources particulièrement précieuses pour la

---

22 Lodowin fait état de sa parenté avec le comte Bivin en 886 (*Cartulaire*, n° 77, p. 141).
23 *Cartulaire*, n° 87 et 88, p. 157-162.
24 Miracle n° 12.

connaissance de la gestion du temporel et l'exposé des conflits permanents entre les abbayes et les grands laïques. Ceux-ci se couvrent du manteau de l'avouerie pour se dire patrons, protecteurs, défenseurs, et pour agir en fait en véritables seigneurs. On le voit bien quand le comte Boson accepte contre son gré de restituer Vanault, à condition d'en rester l'avoué (*patronus*).

Au cours du Xe siècle, le mouvement de réforme avait mené une lutte de tous les instants contre la distribution généreuse des biens des églises faite aux nouveaux seigneurs et à leurs gardes du corps. L'attitude de l'évêque Adalbéron est à cet égard éclairante ; le prélat entendait user à sa guise des biens des abbayes qui relevaient de lui, et il se trouva contraint d'y renoncer pour répondre aux demandes des moines, que le récit hagiographique montre soutenus par leur saint patron. Si l'on est attentif à la chronologie, on est conduit à la conclusion qu'Adalbéron Ier osa encore donner à son jeune frère le bien de Varangéville, libéré par la mort du comte Boson en septembre 935, donc à un moment où il était censé soutenir la reconstitution du temporel gorzien ; la restitution intervint rapidement. Parmi les noyaux importants du temporel de Gorze n'est pas évoqué l'ensemble que les moines détenaient au bord du Rhin dans le pays de Worms[25]. Ce n'est que plus tard que furent fondés les prieurés d'Apremont, Amel et Stenay, mais ceux de Varangéville, de Saint-Nicolas-de-Port, de Vanault étaient déjà en place[26].

4. Les abbés de la réforme

L'occasion nous a déjà été donnée de relater les conditions dans lesquelles s'est mise en route la réforme bénédictine de Gorze, et cela grâce à l'exploitation de cette source incomparable qu'est la Vie de Jean de Gorze[27]. C'est à un regroupement de pieux clercs que l'on doit le renouveau de Gorze. Ces hommes, venus de Toul, de Verdun et de Metz, étaient sur le point de partir pour l'Italie, terre bénie du monachisme bénédictin, quand l'intervention d'un ami décida l'évêque de Metz à leur offrir l'abbaye qu'il aimait par-dessus tout, en la retirant au comte Adalbert. Ce dernier, qui était sur la fin de sa vie et n'avait pas d'héritier, consentit à rendre son bénéfice et c'est ainsi qu'au printemps de 934 le chanoine tou-

---

25 Cl. Sibertin-Blanc, « Les anciennes possessions de l'évêché de Metz dans le pays de Worms », *Annuaire de la Société d'Histoire et d'Archéologie de la Lorraine*, 49 (1947), p. 33-73.

26 Apremont, Meuse, arr. Commercy, c. Saint-Mihiel ; Amel, Meuse, arr. Verdun, c. Spincourt ; Stenay, Meuse, arr. Verdun, ch. l. c. ; Saint-Nicolas-de-Port, MM, arr. Nancy, ch. l. c. ; Vanault (le-Châtel), Marne, arr. Vitry-le-François, c. Heitz le Maurupt.

27 M. Parisse, « L'abbaye de Gorze dans le contexte politique et religieux lorrains à l'époque de Jean de Vandières (900-974) », dans *L'abbaye de Gorze au Xe siècle*, dir. M. Parisse et O. G. Oexle, p. 51-90 ; Jean de Saint-Arnoul, *La Vie de l'abbé Jean de Gorze*, éd. et trad. M. Parisse, Paris, 1997.

lois Einold (ou Agenold) fut désigné par ses compagnons pour devenir abbé du monastère rénové.

Cette date de 934 contrevient à la tradition qui fixe la réforme de Gorze à l'année 933, laquelle est proposée par deux sources :
1. Le cartulaire a conservé le texte de l'acte par lequel l'évêque Adalbéron Ier a reconstitué le temporel de l'abbaye rénovée et la date de cet acte est celle du 16 décembre 933.
2. La Vie de Jean de Gorze propose la même année dans les termes suivants :

> « Ils entrèrent dans ce monastère en l'an 933 de l'Incarnation de notre Seigneur, alors que la part de Francie qui était le royaume de Lothaire était détenue par le roi des Germains Henri, père du très glorieux empereur Otton, lequel surpassa la renommée de ceux qui l'avaient précédé et naquit tant pour la gloire que pour le bénéfice du monde entier. La part occidentale de la Francie était tenue par Louis, fils de ce Charles qui, à la bataille de Soissons, ne fut, selon une tradition connue, ni vaincu ni vainqueur, et resta en prison jusqu'à sa mort[28]. »

Ces deux textes ne sont pas très solidement assurés. On sait, pour le premier, que le scribe du cartulaire de Gorze ajouta souvent des dates de son cru à des textes qui n'en comportaient pas et il est possible que cela ait été le cas pour la charte d'Adalbéron. L'indiction 6 est bien celle de 933 ; la huitième année du règne de Henri en Lotharingie nous amène en 932, la cinquième du pontificat d'Adalbéron nous conduit à 933. L'ensemble est donc cohérent, mais il a pu être élaboré par le scribe.

Quant au second texte, s'il mentionne normalement le règne d'Henri, père d'Otton Ier, il se trompe en citant le roi de France Louis d'Outre-Mer, qui ne prit le pouvoir qu'en 936. Comme c'est en 936 que mourut Henri l'Oiseleur et que Louis devint roi, on peut imaginer que cette dernière année serait plus acceptable.

En faveur de l'année 934 pour la réforme, militent plusieurs indications :
1. À sa mort en 974, Jean entre dans la quarantième année de sa profession.
2. Flodoard date de 934 la rénovation des abbayes lorraines.
3. Il est dit que l'évêque Adalbéron se laissa tirer l'oreille durant trois ans avant de faire les restitutions de temporel souhaitées par les moines ; sa charte serait donc au mieux de 936.

Ces modifications de détail n'ont pas une importance capitale en soi, mais les historiens ont pris appui sur elles pour décrire le mouvement de réforme en retenant que Gorze ayant été la première touchée, les autres abbayes (Saint-Èvre

---

28 Jean de Saint-Arnoul, *La Vie de Jean…*, p. 78-79.

de Toul, Saint-Maximin de Trèves) venaient en second et avaient copié Gorze. En réalité l'action est partout contemporaine. Gorze ne fut sans doute pas un moteur aussi puissant qu'on le dit[29].

De ce que devient l'abbaye durant les quarante années qui suivent, on ne sait que ce que nous rapporte Jean de Saint-Arnoul à propos de l'activité de Jean de Vandières. Il est donc question avant tout de discipline monastique et de récupération de biens, et l'abbé Einold reste en arrière-plan ; on devine que son rôle fut celui d'un sage, mais on ne sait rien de plus. Quelques lignes des Miracles de saint Gorgon nous ouvrent les yeux :

> « (Le monastère) … réunit là des hommes venus de toutes les nations, de Grèce, de Bourgogne, de France, et même d'une terre aussi reculée que la Bretagne, des Messins, des Verdunois et des Toulois[30]. »

Des miettes que nous livrent les histoires des abbayes lotharingiennes et autres, il ressort que de nombreux moines formés à Gorze sont devenus abbés ailleurs pour y prendre en main la discipline de maisons en difficulté. Pour le seul xe siècle, on en connaît une vingtaine. À ces abbés s'ajoutaient les clercs et les moines qui avaient été élus évêques ou qui avaient simplement reçu ici une formation religieuse et intellectuelle, comme ce fut le cas des deux Messins qu'on retrouve sur le siège archiépiscopal de Reims, Odelric (962-969) et Adalbéron (869-989), ou d'Héribert, qui devint archevêque de Cologne[31].

Einold mourut un 18 août, entre 966 et 968. Son fidèle ami Jean de Vandières lui succéda, jusqu'à sa mort, qui survint le 6 mars 974. À cette date, le mouvement avait repris des forces après un certain ralentissement. Odolbert, qui avait été longtemps prévôt, au moins de 946 à 960, et qui joua peut-être un rôle dans la fondation et les premières années de Saint-Vincent, puisqu'on dit de lui qu'il en fut l'architecte[32], prit la place de Jean jusqu'au 25 mars 982.

Une autre période commence alors jusqu'à la fin du xie siècle, avec de longs abbatiats et un renouveau de la discipline. Les nouveaux abbés ne sont pas issus de la communauté de Gorze. Si Odolbert avait encore appartenu au groupe primitif, son successeur, Immo, est venu d'ailleurs. Ne peut-on dire qu'il a été mis en place par l'évêque Thierry Ier, qui a encore pu le consacrer avant de mourir ? C'est sans doute dès 982 qu'Immo prend la direction de Gorze. Dans ses premières années de gouvernement, il semble s'être préoccupé du culte de Gorgon et de la

---

29 Kassius Hallinger, *Gorze-Kluny. Studien zu den monastischen Lebensformen und Gegensätzen im Hochmittelalter* (Studia Anselmiana 22-23, 24-25), Rome, 1950-1951 ; A. Wagner, *Gorze au xie siècle*, p. 124.

30 Miracula c. XXVI (25), p. 201.

31 A. Wagner, *Gorze au xie siècle*, p. 124.

32 *Vita Deoderici*, MGH, Scriptores, IV, p. 470.

popularité de son abbaye, et nous tentons de montrer plus loin qu'il écrivit deux textes hagiographiques en l'honneur de saint Gorgon. Cela signifie que l'on avait envie de suivre la voie tracée par Jean de Saint-Arnoul en enrichissant le dossier gorzien de textes hagiographiques au service de l'abbaye : Vie de Chrodegang, Panégyrique et Miracles de saint Gorgon, Ces travaux s'ajoutaient à tous ceux qui furent produits à Metz à cette époque : Translation et Miracles de sainte Glossinde, Vie de saint Clément, Vie de Kaddroé[33]. Immo attira l'attention sur lui, et le nouveau roi Henri II lui confia deux autres abbayes d'Empire, Prüm et Reichenau, où l'abbé lorrain ne réussit pas.

Le climat tourna de nouveau à la réforme. En 992, l'évêque de Metz Adalbéron II avait fondé une communauté monastique où devaient être accueillis de préférence des Irlandais ; peu après il demanda l'aide de l'abbé de Saint-Bénigne de Dijon, Guillaume de Volpiano, pour relancer la discipline à Saint-Arnoul. Il peut paraître étrange que Gorze ait encore été à un niveau de vie monastique assez haut pour continuer à former des évêques et des abbés, et qu'en même temps l'évêque du lieu se soit tourné dans d'autres directions pour faire du neuf. Mais peut-être est-ce une constante de la nature humaine que de sentir le besoin d'aller chercher ailleurs ce qu'on croit ne pas avoir chez soi ? Vers l'an Mil, les textes hagiographiques à la gloire de l'abbaye une fois rédigés, se tournait une page de l'histoire de Gorze, riche de 250 années d'expérience. Après Guillaume, mort en 1031, son disciple Sigefroid prit la direction de l'abbaye durant vingt ans, puis vint le tour d'Henri, fils du comte palatin. L'école continuait de fonctionner et de former des abbés. Les principes demeuraient les mêmes. Dans une discrétion qui tranche avec l'expansion de Cluny au cours de ce même XIe siècle, Gorze a exercé une influence qui est restée marquée par la tradition de Fleury[34]. L'abbaye n'était plus convoitée par les comtes ou les évêques ; elle commençait un parcours dans l'ombre, tout en restant la *prima camera* du diocèse, comme l'écrivit l'évêque Étienne un peu plus tard[35].

---

33 Voir G. Philippart et A. Wagner, « Hagiographie lorraine (950-1130) », dans G. Philippart (dir.), *Hagiographies. Histoire internationale de la littérature latine et vernaculaire*, t. IV, Turnhout, 2006, p. 585-742.

34 Anselme Davril, « Points de contact entre la *Vita Iohannis abbatis Gorzensis* et les *Consuetudines Floriacenses antiquiores* », dans *L'abbaye de Gorze au Xe siècle*, dir. M. Parisse et O. G. Oexle, p. 183-192.

35 Charte d'Étienne pour Gorze (*Cartulaire*, n° 177) : *quasi camera Mettensis episcopi et principale membrum ecclesiae Mettensis*.

II. PRÉSENTATION DES TEXTES[36]

1. Le Panégyrique de saint Gorgon (BHL 3620)

Qui est le saint Gorgon vénéré par les moines de Gorze ? Si la question se pose, c'est que la tradition hagiographique connaît plusieurs homonymes, dont les Passions se sont plus ou moins contaminées les unes les autres. La question a été résolue de façon définitive par François Dolbeau[37], dont nous reprenons ici les conclusions.

Un premier Gorgon est attesté à la date du 9 septembre dans la *Depositio martyrum* reproduite par le chronographe de 354[38]. D'après ce document, confirmé entre autres par le martyrologe hiéronymien, son corps reposait primitivement *in Lavicana*, c'est-à-dire sur la Voie Labicane, dans le cimetière *inter duas lauros*, appelé aussi cimetière de Marcellin et Pierre. Le culte de ce martyr se développa durant les VIIIe et IXe siècle, et fit l'objet de quatre translations. Le problème est que ce saint n'eut jamais d'histoire : déjà sous le pape Damase on ignorait tout de lui. On en fait généralement un saint romain, en fonction de son lieu de sépulture. L'absence de biographie a encouragé une double confusion.

On l'a confondu d'abord avec son homonyme le martyr de Nicomédie, en Asie Mineure, compagnon de Dorothée et comme lui haut dignitaire de l'empire, tous deux martyrisés sous Dioclétien. L'origine de cette confusion est Adon, qui dans son martyrologe a déplacé l'anniversaire des saints de Nicomédie du 12 mars au 9 septembre, pour faire coïncider les fêtes des homonymes. Pour justifier le culte romain de Gorgon, il avait ensuite imaginé que le corps du martyr asiatique avait d'abord été transféré à Rome, *via Latina* (sic), doublant sa manipulation liturgique d'une absurdité topographique.

On a également confondu le Gorgon 'romain' avec l'un des quarante martyrs de Sébastée en Arménie. Gorgon, qui ne fut d'abord qu'un martyr parmi ces quarante, se vit ensuite monté en épingle par un hagiographe inconnu,

---

36 Pour tout le dossier de Gorgon, voir A. Wagner et M. Goullet, « Gorgonius », dans M. Goullet et M. Heinzelmann (dir.), *Miracles, Vies et réécritures…*, p. 258-281.

37 F. Dolbeau, « Un panégyrique anonyme prononcé à Minden pour la fête de saint Gorgon », *AnalBoll*, 103 (1985), p. 35-59. Une excellente synthèse du dossier hagiographique de saint Gorgon se trouve dans P. Boulhol, « Ricerche sul culto di s. Gorgonio in Occidente fino al x. secolo », *Rivista di archeologia cristiana*, 63 (1987), p. 107-165.

38 Éd. R. Valentini, G. Zucchetti, *Codice topografico della città di Roma*, t. 2, Rome, 1942, p. 25.

vraisemblablement du nord de la France, d'une région proche de Gorze, d'où s'est diffusé son culte. Il devint alors le chef de file de ces martyrs, sa Passion fit l'objet d'un remaniement (BHL 7538d) et on a imaginé que son corps avait été lui aussi transféré de Sébastée à Rome (Via Appia!). C'est cette Passion qui a inspiré le récit de translation de Rome à Marmoutier, près de Tours (846), et elle est la source directe d'un sermon prononcé à Minden, sur lequel nous reviendrons.

Si l'on confronte ce qui précède avec le corpus des textes gorziens présentés ici, on constate que le Gorgon vénéré à Gorze est identifié, dans le Panégyrique (moyennant quelques variantes), et dans le c. 28 de la Vie de Chrodegang, avec le compagnon de Dorothée enterré à Rome *inter duas lauros*. C'est en effet cette version de la 'contamination' qui a prévalu en Saxe et en Lorraine, puis dans le reste de l'Occident. Dans les Miracles l'auteur n'éprouve plus le besoin de revenir sur sa biographie, ce qui étaie l'hypothèse de l'étroite dépendance entre le Panégyrique et les Miracles, que nous allons examiner à présent.

2. Panégyrique et Miracles de saint Gorgon : un ensemble homogène

La Passion de Gorgon et Dorothée (BHL 3617) a bénéficié d'une diffusion manuscrite extrêmement large. À la seule Bibliothèque nationale de France il en existe onze manuscrits[39]. Bien d'autres manuscrits de ce texte sont connus, dont une demi-douzaine se trouve à Bruxelles[40]. C'est cette Passion que l'auteur du Panégyrique utilise comme modèle[41], en la réécrivant sous la forme d'un éloge (*laudatio*) ; il transpose ainsi le texte narratif primitif dans le mode discursif : la Passion est devenue sermon, destiné à être prononcé devant des fidèles. L'hagiographe modifie en outre la mort des saints martyrs, jetés aux chiens dans la Passion, et tués d'un coup de glaive dans le Panégyrique. Mais le rapport entre les deux textes ne fait aucun doute quand on observe certaines reprises littérales[42]. Il est donc

---

39 Manuscrits latins 5278 (fol. 199v-201v) ; 5308 (fol. 28r-29v) ; 5353 (fol. 24r-25v) ; 8995 (fol. 59v-61v) ; 9737 (fol. 92r-95v) ; 11759 (fol. 87v-89r) ; 14364 (fol. 31r-33r) ; 15437 (fol. 180v-182r) ; 16733 (fol. 10r-11v) ; 17006 (fol. 20v-22v) ; 17627 (fol. 188v-189r).

40 Voir *AnalBoll*, 18, p. 5, n. 3. G. Philippart, *AnalBoll*, 90, p. 409, signale que les Bollandistes ont repéré 40 exemplaires environ de la Passion de Gorgon et Dorothée. Dès la fin du IXe s., le texte était parvenu jusqu'à Bénévent, ainsi que l'écrit François Dolbeau, *AnalBoll*, 103, p. 43, n. 36 (voir *AnalBoll*, 51, p. 340). Pour les témoins manuscrits de la Passion des martyrs de Sébastée, voir F. Dolbeau, *AnalBoll*, 103, p. 46, n. 48.

41 On trouve dans la version de la Passion conservée dans le manuscrit Bruxelles, BR 831-34, XIIIe s. des interpolations du Sermon de Gorze (interpolations éditées par les bollandistes dans le Catalogue des manuscrits hagiographiques de la Bibliothèque royale de Bruxelles, I, p. 281-82).

42 Pour le détail, voir A. Wagner et M. Goullet, « Gorgonius », dans M. Goullet et M. Heinzelmann (dir.), *Miracles, Vies et réécritures*, p. 260.

évident qu'à la date de rédaction du Panégyrique, Gorze possédait une version de la Passion BHL 3617.

Or dans les manuscrits Paris, BNF lat. 5594 (fol. 9r-9v) et Paris, BNF 5353, on trouve une lettre adressée à l'abbé de Gorze Immo (982-c. 1015) par Milon, évêque de Minden[43]. L'évêque a été chaleureusement reçu à Gorze ; l'abbé a déploré auprès de lui de ne pas posséder de Vie de leur saint patron commun. Rentré chez lui, Milon a, dit-il, cherché fébrilement dans sa bibliothèque et a trouvé dans un calendrier, au V des Ides de septembre, une courte Passion qu'il envoie à son ami. Mais dans le manuscrit Kynswart 20. D. 22, la Passion est accompagnée d'une autre lettre d'envoi[44], émanant d'un certain Adalbert, évêque lui aussi, qui, à la requête de son ami Milon, aurait recherché un texte de la Passion de saint Gorgon, en aurait trouvé un, qu'il aurait retouché avant de le lui envoyer. L'affaire, fort difficile, a été discutée dans les détails dans l'article du Père Poncelet[45], et il en ressort qu'Adalbert[46] est l'auteur de la Passion BHL 3617[47], qu'il a écrite en démarquant le martyrologe d'Adon. En tout cas, si l'abbé de Gorze Immo s'est plaint de ne pas posséder de Passion de saint Gorgon, il ne peut l'avoir fait qu'après 982, date du début de son abbatiat ; puisque le Panégyrique ne peut avoir été écrit qu'après la réception du texte, 982 devient du même coup le *terminus post quem* de sa rédaction.

Quels sont les rapports entre le Panégyrique et les Miracles ? Si l'on s'avise que, dans la première phrase du dernier chapitre du Panégyrique, l'auteur annonce indirectement un récit des miracles du saint[48], ce qui conduit à revoir la question de la filiation des deux textes, et par conséquent la datation traditionnelle des Miracles. Rappelons que si la question n'avait jamais été posée en ces termes jusqu'à présent, c'est que le Panégyrique était resté inédit, et que par conséquent nul ne s'était avisé des rapports qui pouvaient exister entre lui et les Miracles. Il revient à François Dolbeau d'avoir attiré l'attention sur le fait que les Miracles apparaissent très clairement comme la suite du Panégyrique[49], d'autant que le Panégyrique s'arrête avec l'arrivée des reliques de Gorgon à Rome, et que les

---

43 On trouvera le texte de cette lettre dans Mabillon, *AASS OSB*, III, 2, p. 204-205, et Poncelet, « L'auteur et les sources de la passion des ss. Gorgon et Dorothée », *AnalBoll*, 18 (1899), p. 5-21.

44 Éditée par Poncelet, *ibid.*, p. 6-7.

45 « L'auteur et les sources de la passion des ss. Gorgon et Dorothée », cit. n. 43.

46 Poncelet se refuse à l'identifier avec le fameux évêque de Prague, et suggère qu'il pourrait être l'évêque de Magdebourg (voir *AnalBoll*, 25, p. 378).

47 Le texte est édité dans les *AASS*, Sept. III, p. 341-342.

48 « Comment et pourquoi ce prestigieux martyr apporta ensuite renommée et gloire à la Gaule, c'est ce que nous essaierons de montrer dans ce qui suit ».

49 Anne Wagner, *Gorze au XIe siècle*, p. 50.

Miracles commencent avec leur translation par Chrodegang. Les Miracles déplorent la perte du souvenir des miracles anciens, dont le Panégyrique souligne l'existence[50]. Le Panégyrique est certes dissocié des Miracles dans la tradition manuscrite – qui d'ailleurs n'est pas très abondante – et, dans tous les manuscrits conservés, les Miracles sont précédés de la Passion (BHL 3617) ; mais il n'y a rien d'étonnant à ce qu'on ait préféré regrouper deux textes narratifs, et que, hors de Gorze, on ait préféré un texte plus impersonnel que le Panégyrique ; d'autant que, comme on le verra, tous les manuscrits se sont employés également à effacer les signes d'énonciation (emploi de verbes à la première personne, par exemple) et d'appartenance gorzienne (désignation de Gorgon comme *patronus noster*).

Ainsi c'est tout le groupe Panégyrique et Miracles qui a vraisemblablement été écrit après 982, ce qui est un argument supplémentaire pour récuser l'attribution traditionnelle des Miracles à Jean de Gorze. Peut-on en connaître l'auteur ? Quand on rassemble les données, à savoir l'intervention de l'abbé de Gorze Immo pour obtenir une Passion de saint Gorgon, la dépendance du Panégyrique par rapport à cette Passion, et l'unicité de l'auteur du groupe Panégyrique-Miracles, les présomptions se portent immédiatement sur Immo lui-même. Le texte autorise à aller dans ce sens, car l'expression « grâce aux efforts de nos prédécesseurs », qui fait allusion au redressement progressif du monastère après les années noires qu'il a connues, résonne comme l'expression d'un abbé parlant de ses devanciers[51]. Et c'est pour cette raison que l'expression ne figure que dans le manuscrit de Reims, aujourd'hui perdu mais connu par l'édition de Mabillon[52] : ce témoin est le seul à dépendre de l'original, tandis que les autres manuscrits survivants, qui appartiennent à une famille qui a circulé hors de Gorze, ont effacé, comme on l'a dit, toute marque d'énonciation du locuteur et d'appartenance de ce dernier à Gorze. Étant donné les datations auxquelles nous sommes parvenus, le groupe Panégyrique et Miracles de saint Gorgon a donc, selon toute vraisemblance, été écrit par l'abbé de Gorze Immo (982-ca. 1015)[53]. En effet les temps héroïques immédiatement consécutifs à la réforme s'achèvent avec la mort, en 982, d'Odolbert, le dernier abbé qui ait connu Einold et Jean. Son successeur Immo, qui a joui d'une réputation d'énergie et de culture, aurait ainsi cherché à renforcer le prestige, et peut-être la discipline, à Gorze en insistant sur la puissance de son saint patron. Les Miracles

---

50 Miracles, IV : « Les miracles accomplis par Gorgon dans les temps très anciens, nous ne les connaissons pas » ; Panégyrique, 12 : « leurs précieux corps recueillis par des fidèles et ensevelis près de la ville même de Nicomédie, où, durant tout le cours des années, le Seigneur accomplit d'innombrables miracles pour proclamer leur foi. »

51 *labore praedecessorum nostrorum*.

52 Voir *infra*, p. 129.

53 Sur l'abbatiat d'Immo, voir A. Wagner, *Gorze au XIe siècle*, p. 40-52.

insistent sur le danger du relâchement de la règle, qui a valu à Gorze une période obscure avant la réforme d'Adalbéron. Immo aurait ainsi fait bon usage de la Passion d'Adalbert[54].

3. Les Miracles de saint Gorgon, la Vie de Jean de Gorze et la Vie de saint Chrodegang

Ces trois textes présentent des points de contact frappants. Dans la Vie de Jean de Gorze et les Miracles de saint Gorgon, il y a quatre épisodes dans lesquels les coïncidences narratives et lexicales sont si évidentes qu'on pense d'abord à une dépendance directe[55] : la vision qui donne à Adalbéron la vocation de restaurer Gorze[56] ; la restitution de Varangéville, où toutefois la Vie de Jean donne davantage de précisions que les Miracles[57] ; les restitutions de biens relatés aux c. 110-114 de la Vie de Jean, et au c. XVII des Miracles, où, la encore, la Vie de Jean donne davantage d'informations ; la restitution de terres demeurées anonymes au c. 103 de la Vie de Jean, mais situées à Longeville et Moulins au c. XIII des Miracles, ce qui infirme l'hypothèse d'une dépendance directe des deux textes. La seule solution valide est que les deux textes démarquent une source commune que nous n'avons plus, et cela se confirme dans un cinquième épisode commun, organisé autour du comte Boson, aux c. 104-109 de la Vie de Jean, et XIV des Miracles : chacun des deux textes contient des détails précis que l'autre n'a pas, et qui ont été retenus en fonction de visées différentes. L'un valorise l'efficacité de Jean, héros bien vivant de la réforme de Gorze, l'autre exalte le saint martyr Gorgon. La Vie de Jean est la biographie d'un 'saint sans miracle', dont la dimension réaliste est plus marquée que dans les œuvres hagiographiques ordinaires ; les Miracles de saint Gorgon célèbrent l'efficacité des reliques d'un martyr des premières persécutions. L'auteur manie le genre de façon très traditionnelle : parmi les miracles opérés lors de la translation des reliques depuis Rome, la plupart sont 'passe-partout' : opposition

---

54 Notons que Peter Christian Jacobsen conclut lui aussi que l'auteur des Miracles de saint Gorgon est un abbé de Gorze ; hésitant entre Odelbert et Jean, il penche finalement pour ce dernier, mais c'est faute de connaître le Panégryrique de Gorgon, inédit et resté dans l'ombre avant la thèse d'Anne Wagner et la brillante attribution de François Dolbeau (voir A. Wagner et M. Goullet, « Gorgonius », dans M. Goullet et M. Heinzelmann (dir.), Miracles, Vies et réécritures, p. 267).

55 Pour une comparaison plus détaillée entre la Vie de Jean et les Miracles de s. Gorgon, voir A. Wagner et M. Goullet, « Gorgonius », ibid., p. 264-267.

56 Vie de Jean de Gorze, c. 99, et Miracles de s. Gorgon (désormais Miracles), c. X. L'évêque Angelram donna des terres provenant du temporel de l'évêché à Gorze (Cartulaire, n° 12, en 770). Ces donations furent attribuées à Pépin (Cartulaire, n° 10, faux), et Nécrologe de Gorze, éd. M. Parisse, Nancy, 1971, le 26. IX). Voir M. Parisse, « Varangéville prieuré de Gorze », dans Saint Chrodegang…, p. 153-167.

57 Vie de Jean, c. 98-99, et Miracles, c. XII.

du saint à l'ouverture de son reliquaire ; récupération de terres ; guérisons. Mais le fait qu'il ait manifestement été un témoin personnel de plusieurs épisodes le sauve souvent du stéréotype.

Quant aux Miracles de saint Gorgon et à la Vie de Chrodegang, ils ont en commun un récit très important : la translation des reliques de Gorgon, relatée aux c. III-IV des Miracles et 28-31 de la *vita*. Seuls les Miracles donnent l'année et les circonstances de l'acquisition, mais comme la Vie de Chrodegang est inachevée, on pourrait toujours imaginer que cette information y était donnée vers la fin du texte. On constate le même type de coïncidences littérales qu'entre la Vie de Jean et les Miracles[58].

Il y a néanmoins des divergences assez importantes entre les deux textes, mais surtout une différence fondamentale de points de vue. L'hagiographe de Chrodegang vise à exalter les mérites de son héros, et pour ce faire, il amplifie ses sources. L'auteur des Miracles, qui est aussi celui du Panégyrique, est à la recherche des miracles de Gorgon. Constatant qu'il n'y a pas de témoignages antiques, il remonte aux plus anciens miracles connus, ceux qui se déroulèrent durant la translation de Rome à Gorze, et dont il attribue la connaissance à la *fama volans*, autrement dit à la tradition orale. Il est totalement muet sur les circonstances de l'acquisition des reliques, qui ne l'intéressent pas vraiment. Peut-être son silence s'explique-t-il aussi par le désir de ne pas faire état du « pieux larcin » qui aurait permis l'acquisition de ces reliques selon la même tradition orale, dont la Vie de Chrodegang se fait, quant à elle, longuement l'écho[59]. Dans les Miracles, la translation – dont la partie précédant l'arrivée à Saint-Maurice d'Agaune n'est évoquée qu'en une ligne –, est assurée par Chrodegang, désigné par le terme d'évêque,

---

58 Par exemple au c. IV des Miracles et 30 de la Vie de Chrodegang, au moment de la découverte du vol des reliques, celui qui est appelé archichapelain dans un cas et archidiacre dans l'autre s'écrie respectivement : « Frères, qu'y a-t-il ? Que se passe-t-il ? [...] Examinons scrupuleusement nos consciences, confessons-nous les uns les autres humblement, pour le cas où nous aurions commis par négligence une faute qui nous prive douloureusement des bienfaits habituels », et « Mes frères, pourquoi cette journée s'est-elle écoulée sans que nos saints soient venus nous visiter, comme s'ils se désintéressaient de la peine que nous prenons ? Confessons-nous mutuellement, pour le cas où la conscience de l'un d'entre nous souffrirait du remords de quelque faute, et prions pour nos saluts réciproques » ; au c. IV des Miracles et 31 de la Vie de Chrodegang, lorsque les moines vont à Saint-Maurice récupérer les reliques volées : « Il se saisit aussitôt d'une hache, et avec ses compagnons se mit à briser le pavement de l'église. Jamais les autres n'auraient pensé qu'ils oseraient faire une chose pareille » et « Saint Chrodegang, voyant que ses amabilités étaient inefficaces, prit une hache, se mit à frapper le chancel, et à détruire de toutes ses forces l'endroit où était enterré saint Maurice. Les moines d'Agaune, le voyant faire là une chose qu'ils n'auraient jamais soupçonnée... »

59 Selon l'hagiographe, cette version est « transmise par la rumeur populaire, qui aurait été rapportée par de vieux Romains » ; il la rejette en précisant : « Ce que je viens de raconter circule encore aujourd'hui parmi le peuple » (c. 29).

puis d'archichapelain, qui fait référence à sa fonction à la cour de Pépin[60]. Nul besoin, donc, de supposer une source commune aux deux textes : il est probable que le modèle textuel de la Vie de Chrodegang aient été les Miracles de saint Gorgon, et que, trompé par le caractère elliptique du récit, l'hagiographe ait cru que l'archichapelain était un autre personnage que l'évêque. Cela l'aurait conduit à gonfler son récit, en imaginant que l'évêque abandonna le cortège, pour aller préparer l'*adventus*[61] des reliques, et qu'il confia la direction des opérations à un subordonné, appelé tantôt archidiacre, tantôt chorévêque. La chose n'aurait rien eu de surprenant sous la plume d'un Messin de l'époque. La règle des chanoines de Metz, en effet, témoigne de l'existence de deux dignitaires de l'Église de Metz, l'archidiacre et le princier (ou primicier), et prévoit que l'évêque peut confier une partie de ses fonctions à un sous-évêque (*corepiscopus*)[62]. Cette différence de traitement du récit de translation dans les deux textes est aussi un argument fort pour rejeter l'idée qu'Immo de Gorze serait également l'auteur de la Vie de Chrodegang.

En revanche, comme il y a d'excellentes raisons de croire qu'Immo est l'auteur du Panégyrique et des Miracles de saint Gorgon, et puisque la Vie de Chrodegang est antérieure à 987, il faut alors dater ces trois textes des années 982-987, et même des années 982-984 si l'on admet que la Vie de Chrodegang a été écrite sous l'évêque Thierry Ier.

4. Présentation des manuscrits et des éditions[63]

a) Panégyrique de saint Gorgon

Le texte a été transmis par un manuscrit unique : Paris, BNF lat. 5594, fol. 13-19v, originaire de Saint-Bénigne de Dijon. C'est un recueil composite de 83 fol., des XIe (fol. 1-34), XIIe (fol. 67-83), XIIIe (fol. 35-58) et XIVe (fol. 59-66) siècles, contenant diverses Vies de saints. Aux fol. 9r-13r se trouve la Passion BHL 3617, précédée de la lettre de Milon de Minden, puis le Panégyrique, aux fol. 13r-19v.

---

60 Chrodegang était « référendaire », titre mérovingien qui, sous les Carolingiens, devint « chapelain », puis « archichapelain », attesté, par exemple, pour l'archevêque de Metz Angelram (768-791).
61 Accueil solennel des reliques, semblable à celui d'un empereur de l'Antiquité.
62 *Dictionnaire d'Archéologie chrétienne et de liturgie*, XI, c. 829, article « Metz ».
63 Présentation plus détaillée dans A. Wagner et M. Goullet, « Gorgonius », p. 259.

Le Panégyrique était également contenu dans le manuscrit Metz, BM 523, originaire de Saint-Arnoul de Metz, et détruit pendant la guerre de 1939-1945, suivi de la Passion BHL 3717, accompagnée de la lettre de Milon. Un exemplaire de ce texte figure enfin au catalogue médiéval de la bibliothèque de Gorze (XIe s.)[64].

Le texte a été édité en édition princeps par A. Wagner et M. Goullet[65]. Nous le reproduisons ici avec l'aimable autorisation des éditions Thorbecke.

b) Miracles de saint Gorgon[66]

Les Miracles ne nous étaient plus connus par aucun manuscrit ancien, avant que François Dolbeau[67] ne rappelle l'existence des deux témoins suivants : le seul témoin complet, Wien, ÖNB 563, XIe s., déjà mentionné par G. Philippart[68], et Verdun, BM 74, XIIe s. (lacunaire), décrit par J. Van der Straeten[69]. Les chapitres 2-7 sont également contenus dans le manuscrit Metz, BM 527 (XIe s.).

Aucun des manuscrits conservés n'appartient à la recension originale. En effet le manuscrit de Vienne supprime toutes les marques de l'origine gorzienne du texte des Miracles de saint Gorgon, en remplaçant, par exemple, systématiquement *patronus noster* par *beatus martyr*. Il y a, comme au fol. 47, des repentirs du scribe, ou bien, comme dans l'incipit, ou au c. XV, des oublis de correction. On a ainsi la preuve que le scribe copiait un texte de la version gorzienne primitive, en l'adaptant à l'usage de son monastère (Neuwiller[70]) et en effaçant les mentions de la présence de l'auteur aux différentes péripéties du récit ; il laisse pourtant échapper un *nobis*, à la fin du c. XVI.

---

64 A. Wagner, *Gorze au XIe siècle*, Nancy-Turnhout, p. 156, n° 163.

65 M. Goullet et M. Heinzelmann (dir.), *Miracles, Vies et réécritures*, p. 309-317.

66 Présentation plus détaillée dans A. Wagner et M. Goullet, « Gorgonius », p. 261-264. Voir aussi W. Schultze, 1884, p. 498-502, et P. Boulhol (éd.), « Ricerche sul culto di s. Gorgonio in Occidente fino al X. secolo », *Rivista di archeologia cristiana*, 63, 1987, p. 107-165.

67 *AnalBoll*, 103 (1985), p. 44, n. 39.

68 *AnalBoll*, 90 (1972), p. 409.

69 *Les manuscrits hagiographiques des bibliothèques de Charleville, Verdun et Saint-Mihiel*, Bruxelles, 1974, p. 122 (Subsidia hagiographica 56).

70 Avec l'arrivée de l'abbé Mainard, à l'extrême fin du Xe ou au début du XIe s., Gorgon devint le second patron de l'abbaye primitivement consacrée à saint Pierre et détenant les reliques de saint Adelphe de Metz. Il paraît donc curieux qu'on se soit appliqué à supprimer ce patronage d'un manuscrit rédigé à Neuwiller. Toutefois, à une date inconnue, qui pourrait être toute proche de l'arrivée de Mainard, la gestion des reliques de saint Adelphe et du pèlerinage furent confiées à un chapitre Saint-Adelphe, peut-être créé pour la circonstance (voir M. Goullet, « La Vie d'Adelphe de Metz par Werinharius : une réécriture polémique ? », dans *Scribere gesta sanctorum*. Recueil d'études d'hagiographie médiévale offert à Guy Philippart, Turnhout 2005, p. 451-476, ici p. 475) ; peut-être la version de Vienne, dont le scribe Arnulfus se dit « nouveau venu à Neuwiller » était-elle à l'usage de ce chapitre.

Présentation des textes

La version du manuscrit Verdun, BM 74 (Saint-Vanne) concorde souvent avec celle de Vienne, sauf quand ce dernier efface les expressions du type *patronus noster*. Il ne donne qu'une version partielle du texte, omettant les épisodes suivants du récit[71] : la restitution de Vanault en Champagne par le comte Boson ; la tentative avortée de vérification des reliques par les moines de Gorze, consécutive à la rumeur selon laquelle Minden aurait possédé une moitié du corps de Gorgon ; la restitution des terres du vétéran d'Adalbéron ; des miracles accomplis au profit des moines du monastère ; l'incursion hongroise au cours de laquelle Gorze est miraculeusement protégé ; l'éloge final de la vie monastique gorzienne. Il cherche donc lui aussi, par d'autres moyens, à dépersonnaliser son modèle.

Le manuscrit Metz, BM 527 est un petit in-quarto composite, qui après une Vie de saint Clou contient les six premiers chapitres du texte (le prologue est omis), qui concorde presque toujours avec celui des deux manuscrits précédents. Les très rares variantes s'expliquent par des erreurs de copie de l'un ou l'autre scribe.

Les manuscrits de Vienne, Verdun et Metz appartiennent ainsi à une même famille, qui se caractérise par deux types d'adaptations du texte à des usages locaux : effacement des marques gorziennes dans le manuscrit de Vienne, larges excisions dans celui de Verdun. Le manuscrit de Metz est trop mutilé pour qu'on puisse préjuger du projet de l'éditeur.

Une seconde famille, vraisemblablement plus proche de l'original par ses marques textuelles d'appartenance gorzienne, est constituée par deux manuscrits de Saint-Remi de Reims aujourd'hui perdus, dont les éditeurs du XVIIe siècle possédaient des copies.

Les trois éditions de Mabillon[72], Suyskens[73], et Pertz[74] sont toutes fondées sur la tradition rémoise ; elles ne varient que très peu. Pertz, qui ne disposait d'aucun manuscrit médiéval, a travaillé à partir du texte de Mabillon, sur lequel il est très peu intervenu. Bien qu'il appartienne à une famille dépendant d'un *exemplar* manifestement réécrit, nous avons choisi comme manuscrit principal, et traduit, la version de Vienne, qui fournit le seul état médiéval complet du texte. Il est impossible, en effet, de contrôler la fidélité du texte publié par Mabillon ; plusieurs endroits inspirent la suspicion, par exemple, au c. 21, où *quod est verber ex corio factum* semble une glose de *scuticam* ; on sait qu'à cette époque les meilleurs éditeurs n'hésitaient pas à s'éloigner du texte de leur manuscrit. Par souci d'allègement, nous avons exclu de notre apparat critique de nombreuses variantes touchant à l'ordre des mots. La version de Vienne cherche souvent à introduire une rime là où celle de Reims en est dépourvue.

---

71 Les chapitres omis sont indiqués par l'astérisque dans la synopse des p. 152-153.
72 *AASS OSB*, III, 2, p. 206-217.
73 *AASS*, Sept. III, p. 343-355.
74 *MGH, Scriptores*, IV, p. 235-247.

III. PANÉGYRIQUE DE SAINT GORGON

Sigles

B : Paris, BNF lat. 5594, xie s., fol. 13r-19v
B^1 : B avant correction médiévale
B^2 : B après correction médiévale
La division en chapitres est celle du manuscrit.

Synopsis

1. Prologue : 1. Création et chute de l'homme. 2. Rédemption, et rôle des saints.
3. 4. Rappel historique des persécutions.
5. Présentation de Gorgon et Dorothée.
6. Martyre de leur maître Pierre sous Dioclétien.
7. Gorgon et Dorothée cherchent à leur tour le martyre.
8. 9. Ils dénoncent le culte des idoles.
10. 11. 12. Ils passent en jugement devant Dioclétien, qui cherche à les convaincre puis ordonne leur supplice et enfin leur décollation.
13. Mort des tyrans.
14. Appel à l'intercession de Gorgon.

Saint Gorgon, patron de Gorze

\<Sermo de sancto Gorgonio\>

[1] (fol. 13r) (S)aluatoris omnipotentia, fratres dilectissimi, recte a fidelibus ubinam summa cum reuerentia conlaudanda est, quae ad suae claritatis laudem simulque honorem uniuersa distinxit opera. Verum cum et in omnibus, quamuis non uno eodemque ut uidentur ordine, illius mirabilis conditio creationis laude habeatur et merito, quippe cum quaedam sint ex nihilo existentia pluraque et diuersa ex paucis in consona serie disposita, precipua et singularis illi laus adtribuitur rationabilis creaturae, utpote in qua cuncta et pro qua omnia creduntur esse signata. Quae spectabilis **(fol. 13v)** creatura, homo uidelicet, cum ex diuersis elementis in corporea¹ spiritalique existeret materia, ac in sua nobili polleret gloria, pro dolor, illius immoque totius futurae posteritatis diabolus inuidit felicitati, ne scilicet locum suppleret beatae gloriae, de qua tumens ceciderat, callida ac uenenifera suggestione serpentis suasit crudeliterque perdidit. Cuius posteritatis propagationem dehinc in seculo priori adeo suae illexit nequitiae, quo uix pauci uestigium tenerent fidei. Quo etiam actu cunctorum mentes illius feritas illo in tempore uidelicet usque ad prefinita tempora natiuitatis domini perculisset, ueris ortodoxorum scriptis comperimus.

[2] Verbum igitur quod erat in principio cum patre manens, id caro factum in fine temporumª. Christus dei filius ex uirgine humanatus, maxima motus misericordia, hostia uiua pro hominibus cruci addictus, cirographum antiqui abegit facinoris, tribuens donum libertatis suis fidelibus. Qui primum de multis pauci electi fuerunt apostoli, per quos in reliquas nationes dogmata panderentur diuina. Domini siquidem annuente clementia, ipsaque procurante diuinitatis gratia, iam cumulatur fides in populo, illisque ex diuino docentibus precepto, uera uitalisque passim caelebratur christi confessio. Verum et hoc temptator condolens callidus, priori adhuc crassante dolositatis malitia, tyrannicam contra ipsos armat insaniam, quosdam cruci affigere cogens, nonnullos capite plectens,

---

1 in corporea] incorporea *B*

---

a) Cf. Io. 1,1 et 14

Traduction du Panégyrique de saint Gorgon

[1] La toute-puissance de notre Sauveur, mes très chers frères, doit être partout justement célébrée par ses fidèles dans le plus grand respect, elle qui a créé toutes les choses dans leur diversité pour la louange et l'honneur de sa gloire. Mais si son admirable création mérite d'être louée en toutes ses créatures – même si, visiblement, ce n'est pas de la même façon et au même degré – parce qu'il a fait quelque chose à partir de rien, et qu'il a, à partir de quelques-unes, multiplié, diversifié et disposé les choses selon un ordre harmonieux, la créature raisonnable lui vaut cependant une louange particulière et unique, car c'est en elle et pour elle que toute la création a été désignée. Mais tandis que l'homme, cette créature remarquable, avait été formé à partir d'éléments divers d'une nature à la fois corporelle et spirituelle, et qu'il jouissait de cette distinction exceptionnelle, le diable, hélas! se mit à jalouser sa félicité et celle de toute sa postérité et, pour ne pas le laisser jouir de la gloire bienheureuse dont lui-même avait déchu par orgueil, il le séduisit de ses tentations perfides et vénéneuses de serpent et le perdit cruellement. Durant les temps anciens, il réussit alors à prendre dans ses pièges la succession des générations, au point que seuls quelques-unes restèrent sur le chemin de la foi. La façon dont sa cruauté avait frappé tous les cœurs en ces temps-là, c'est-à-dire avant que ne vienne le jour prédestiné de la naissance de notre Seigneur, nous la connaissons par les écrits véritables de l'orthodoxie.

[2] Donc le Verbe qui était au commencement et demeurait avec le Père fut fait chair à la fin des temps. Le Christ, fils de Dieu, fait homme en naissant de la Vierge, mû par une extrême miséricorde, hostie vivante vouée à la croix pour les hommes, abolit le pacte du péché originel et à ses fidèles fit don de la liberté. Dans le nombre quelques apôtres furent d'abord élus, qui eurent la mission de répandre les dogmes divins à travers les nations, et avec l'assentiment de la clémence de Dieu et le secours de la grâce divine, la foi se répandit dans le peuple. Par l'enseignement que les apôtres diffusèrent d'après le précepte divin, la foi du Christ, source de vérité et de vie, pénétra partout. Mais le tentateur perfide en fut affecté, car l'antique méchanceté de sa ruse demeurait entière : aussi arma-t-il contre eux la folie des tyrans et les poussa-t-il à infliger aux chrétiens le supplice

forsan in[1] ipsis fidem trinae maiestatis extinguere adtemptantes. Sed quae ab ipsis in robur excreuerat uirtutis, non minus in dies augmentabatur roborata, insignis miraculis spectabilibusque uirtutibus. Bonus siquidem dominus nil negat umquam suis fidelibus. Quia enim et in illis se promiserat habitare, ex tanto promissionis merito erat dignum, ut, cuius se morte tenus fore profitebantur testes, manerent et in uirtutibus (**fol. 14r**) insignes. Quae ut uere credamus continuatim exhibitae, et mentes confirmabant credentium, infidisque credendi prebebant exemplum.

[3] Quamuis namque hostilis quaquauersum mundi tyrannica[2] rabie produceretur gladius, colligebat se cateruatim in sinu aecclesiae plebs domini innixa seruitio, ex quo poene quisque dies ad ludibrii causam ut putabatur producebat robustissimos uictores datos igne, ferro, tormentis diuersi generis, atque ad lacerandum immanissimis bestiis. Recta siquidem constantia fidei nesciens umquam falli, aeque robur mentis concipiens, animo subibat promptissimo cuncta illata ac uincendo tolerans, fidens auxilium domini ubique fideliter certantibus affuturum, iuxta psalmistae uocem : *Auxilium meum a domino qui fecit caelum et terram*[a]. Et iterum : *Adiutorium nostrum in nomine domini qui fecit caelum et terram*[b]. Horum gloriosam uitam mortemque preciosam dicentes insaniam[c], seuo ducti[3] errore in eorum exultatione mortis, de qua sibi putabant adipisci uictoriae palmam, agebant ludos scenicos inque propriis delectationibus luxus corporeos, proque talibus recompensationibus arbitramur parasse sibi igneae poenae cruciatus. At nos agamus illorum certamina digna ammiratione celeberrima[4], mente quoque recolamus tantae uictricis gloriae triumphos, quo illorum patrocinantibus meritis efficiamur consortes gloriae regni caelestis.

[4] Denique quibus modis et quotiens quibusue ut dixerim certis temporibus christi salubris doctrina ab infidelibus sit impugnata, quiue uel quanti in illa lue usque ad tormentorum constantiam atque ad effusionem cruoris pro sermonis domini ueritate in agone steterunt, edicit actus singulorum a fidelibus hystoriographis stili memoria notatus. Qui etiam ueris sed non sine angustia pudoris prosequuntur scriptis, adeo tunc temporis illam ferbuisse tempestatem, quo nonnulli spreta (**fol. 14v**) libertate uerae fidei tyrannicae se subderent dominationi. Sed clementissimus dominus paululum tantis parcere

---

1 in] *add. B² supra lineam* **2** tyrannica] tyrantica B **3** ducti B²] dicti B¹ **4** celeberrima] celebrerima B

---

a) Ps 121, 2   b) Ps 123, 8   c) Cf. Sap 5, 4

de la croix ou à les mettre à mort, pour tenter d'éteindre en eux leur foi en la glorieuse Trinité. Mais cette foi, qui grâce à eux avait accru la force de sa puissance, augmentait de jour en jour, fortifiée par des prodiges, des miracles et des pouvoirs extraordinaires. En vérité, dans sa bienveillance le Seigneur ne refuse jamais rien à ses fidèles. Car comme il leur avait promis d'habiter en eux, en vertu de cette promesse, ceux qui avaient juré de témoigner pour lui jusqu'à la mort méritèrent en échange de demeurer illustres par leurs pouvoirs miraculeux. Ces miracles, qui se produisent continûment pour que nous y croyions vraiment, confirment les fidèles dans leur foi et aux infidèles donnent l'exemple de la foi.

[3] La rage des tyrans avait beau porter le glaive dans le monde entier, le peuple qui s'était attaché au service du Seigneur vivait en communautés dans le sein de l'Église, car chaque jour ou presque apportait, pensait-on, pour les tourner en dérision, des oppresseurs puissants, armés du feu, du fer, d'instruments de torture divers et de bêtes féroces pour les mettre en pièces. Mais la droite constance de leur foi, ignorant la défection, en tira des forces elle aussi, et opposant à tout ce qu'on machinait contre elle un courage toujours prêt, elle le supportait triomphalement, sûre que le secours du Seigneur accompagnerait toujours ceux qui combattent fidèlement pour lui, conformément au mot du psalmiste : *Le secours me vient du Seigneur qui a fait le ciel et la terre*, et à cet autre : *Notre secours est dans le nom du Seigneur, qui a fait le ciel et la terre*. Traitant de folie la vie glorieuse et la mort précieuse des chrétiens, leurs persécuteurs, que leur barbare erreur remplissait d'allégresse au spectacle de morts dont ils pensaient tirer la palme de la victoire, en donnaient des représentations scéniques et au sein de ces plaisirs livraient leurs corps à la débauche, en retour de quoi ils se sont ménagé, à notre avis, la punition des flammes. Quant à nous, représentons les combats nombreux et admirables des chrétiens, rappelons les triomphes de leur gloire victorieuse, afin que grâce au patronage de leurs mérites nous soyons associés à la gloire du royaume des cieux.

[4] Comment, combien de fois, et à quels moments pour ainsi dire déterminés, les païens ont attaqué la doctrine salutaire du Christ, les noms et la gloire des martyrs qui durant ces persécutions ont combattu au point d'endurer fermement tous les supplices et de verser leur sang pour la parole du Seigneur, nous le savons par leurs Actes, que des historiographes fidèles ont consignés par écrit. Ils rapportent dans des récits authentiques, non sans une sorte de réserve pudique néanmoins, qu'en ce temps le feu de la persécution fut tel que certains, reniant la liberté de la foi véritable, se soumirent à la domination des tyrans. Mais le Seigneur très clément, voulant contenir un peu toute cette masse de malheurs pour consoler

uolens malis, ad consolationis leuamen, uiresque reparationum fidelium, quietis per aliquot temporis contulit spatium, scilicet a tempore Gallieni, Valeriani fratris, qui uterque imperiali fasce, alter a militibus, alter a senatu Romanorum est sublimatus. Valerianus[1] siquidem post decretum publice datum ut uulgo cultores diuini nominis persequerentur, Persis bellum inferens captus est. Et quia christi fideles atroci asperitate affligere disposuerat, ipse miserabili oppressus seruitute exul uita decessit. Huius rei causa Gallienus mente perculsus, pacem indixit christianis. Quae usque ad tempora Aureliani sceleratissimi imperatorum uiguit. Cui quamuis breue spatium regnandi concederetur, tamen conatus est genus extinguere christianorum. Verum diuina percussus ultione, iterum pace potiti sunt usque ad tempora Diocletiani regis. Is, adiuncto sibi Maximiano Erculio in societate foederis utque dicam malitiae, magnum mouit in aecclesia persecutionis furorem.

[5] Opere precium uidetur enarrare, quam mirabiliter ante persecutionem illam, quamque magnifice per uniuersum mundum sermo christi et pietatis doctrina profecerit, ac in quantum culmen sublimitatis ascenderit. Nonnulli siquidem ex principibus romanorum, fauente clementia christi, aliquantis christianis prebebant facultatem licentiae gubernandi prouintias legisque causas proferre. Agebat enim hoc intrinsecus uis diuinitatis, ut non solum in re publica libere ab illis tractata omnibus placerent, uerum in sua fide sinceriter manentes non minus diligerentur. Talisque beniuolentia familiares sibi nonnullos christianorum asciuerat, certa de illis nil contra-(**fol. 15r**)-rium ab amore [2]fidei repperire. De quibus fuerunt duo nobilissimi et bonae opinionis uiri, Gorgonius et Dorotheus, quorum hodie uictorialis celebratur triumphus martyrii, insignes in omnibus uirtutibus, ueri cultores et obseruatores mandatorum domini. Hi uidelicet inter regales aulicos in summis positi honoribus, cunctis preferri meruerunt, et honore dignitatis et amore dilectionis. Sub quorum tuitionibus simulque exortationibus beatis crescebat cotidie fidelium numerus, statusque aecclesiae augebatur prosperioribus incrementis. Cum subito sensim coepit subrepere liuor nequissimi daemonis, alterque alteri inuidere, iaculis uerborum in corda proximorum suffodere, sicque diuini mandati immemores effecti, aduersum se inuicem contentionibus, zelo, liuore, superbia, inimicitiis atque odiis inflammati, potius tyrannidem quam religionem uidebantur sectari. Tunc demum meritis illorum exigentibus, impleta est uox Hieremiae prophetae dicentis : *Deiecit gloriam Israhel de alto submersit decorem eius*[a], et iuxta

---

1 ualerianus] ualerianos B **2** amore] amorem B

---

a) Lam 2,1   b) Cf. Ps 88, 40 et 44

ses fidèles et leur permettre de reprendre des forces, leur accorda un moment de répit à partir du règne de Gallien, le frère de Valérien, ceux-ci ayant obtenu tous deux les faisceaux impériaux, l'un de ses soldats, l'autre du sénat romain. Valérien, après avoir promulgué publiquement un édit de persécution général contre les adorateurs du nom de Dieu, fut fait prisonnier au cours d'une guerre contre les Perses. Et parce qu'il avait résolu d'écraser les fidèles du Christ sous une violence atroce, lui-même finit sa vie en exil, accablé par une misérable servitude. Gallien fut ébranlé par la chose et accorda aux chrétiens une paix qui dura jusqu'au temps d'Aurélien, le plus criminel des empereurs. Ce dernier n'eut beau régner que très brièvement, il tenta néanmoins de les exterminer tous. Mais la vengeance divine le frappa et les chrétiens bénéficièrent d'une nouvelle trêve, qui dura jusqu'à Dioclétien : celui-ci, s'étant adjoint Maximilien Herculius et ayant conclu avec lui, si je puis dire, une alliance de nuisance, déclencha une grande folie de persécutions contre l'Église.

[5] Il vaut la peine, me semble-t-il, de dire la façon extraordinaire et éclatante dont s'étaient répandues dans le monde entier la parole du Christ et la doctrine de la foi, et à quels sommets elles étaient arrivées avant cette persécution. Grâce à la clémence du Christ, certains des empereurs romains accordaient à des chrétiens des gouvernements de provinces et des charges judiciaires. Le pouvoir divin agissait ainsi à l'intérieur de l'Empire, non seulement pour que tout le monde bénéficie de leur libre action politique, mais aussi pour qu'ils puissent se faire apprécier tout en restant sincèrement fidèles à leur foi. Si les empereurs s'étaient montrés bienveillants envers des chrétiens, au point de les admettre dans leur proche entourage, c'est aussi par certitude de ne jamais rien leur voir commettre qui fût contraire à l'amour de leur foi. Parmi eux, il y avait deux hommes de haute noblesse et de bonne renommée, parés de toutes les vertus, vénérant et observant véritablement les ordres du Seigneur, Gorgon et Dorothée, dont on célèbre aujourd'hui la victoire triomphale dans le martyre. Occupant un rang très important à la cour impériale, ils méritèrent d'être préférés à tous les autres sur le plan de la considération comme de l'amitié. Sous leur sainte protection et leurs saintes exhortations, croissait de jour en jour le nombre des fidèles, et la situation de l'Église progressait considérablement. Mais lorsque s'insinua petit à petit la rancœur du démon malfaisant, on se mit à éprouver de la jalousie, à ficher dans le cœur de ses proches la pointe de propos venimeux, et, oublieux du précepte divin, enflammés les uns contre les autres par les querelles, les rivalités, la rancune, l'orgueil, l'inimitié et la haine, on les vit cultiver la tyrannie plus que la piété. Et à la fin, sous l'effet de cette conduite, s'accomplit la parole du prophète Jérémie, qui dit : *Il a précipité du ciel la gloire d'Israël, il a englouti son prestige*, et celle du psalmiste : *Il a renié l'alliance de son serviteur, il a profané jusqu'à terre sa sanctification, il a détourné*

psalmistam : *Destruxit testamentum serui sui, polluit in terra sanctificationem eius, auertit adiutorium gladii sui*[b]. Talibus quippe miseriis prior religionis disciplina sauciata, breues facti sunt dies pacis, superque effusa est indignatio furoris.

[6] Igitur nono decimo anno imperii Diocletiani[1], instante sollempnitate paschali, dolor horrendae iussionis corda infecit credentium, cum percipiunt ex decreto ipsius tyranni fundetenus destrui quae usquam fuerant aecclesias, scripturas pessumdari, comprehendi, ligari ipsius ministros durisque uinclis conici, idolis immolari, renuentesque diuersis tormentis affici, ad ultimum gladio uitam finiri. Multi siquidem quorum erat mens promptior, fides ualidior – nonnullos enim metus solusque (**fol. 15v**) terror tantae acerbitatis adeo oppresserat, quo etiam in articulo uictoriae cederent ueritati – fine tenus pacientiam obseruantes, amore ueritatis uaria sustinebant tormenta, certi se[2] ob hoc fruituros[3] uictrici palma. Beatissimi denique Gorgonius et Dorotheus, quorum institutionibus paene omnes ministri cubiculares in fide christi uigilanter permanebant, animas pro christo obponentes, et[4] carnificibus ingentia supplicia testibus ueritatis ingerentibus : « Cur, inquiunt, obliti propriam similemque materiam carnis, tam obstinato corde aduersus hos tali circumferimini[5] insania ? » Siquidem horum institutor et magister nomine Petrus, quoniam decretum immolationis spreuerat, innumeris distentus cruciatibus illorum in aspectu martyrio coronatus est, et magni Petri extitit et fidei heres et nominis. Maximeque huius compassi doloribus et suppliciis, constanter et libere cuius forent fidei obclamantes aiunt : « Cur imperator in Petro aliisque punis mentis sententiam, quae in nobis omnibus uiget ? Vt quid solummodo in istis crimen ducitur quod a nobis firmiter confitetur ? Haec nobis fides, hic cultus et unanimis habetur sententia ». Tali cum uoce iussu principis comprehensi educi iubentur in medium, atque ilico immolare compelluntur. At illi uiua proclamabant uoce numquam se ueram[6] relinquere culturam daemonicasque fantasias colere. Minantur carnifices inferre illis omnia genera tormentorum, nisi supplices et cum libaminibus uenerarentur deos ut iussa Diocletiani decreuerant.

[7] Omnes denique commilitones, in quorum se iamdudum amicitiis gratulabantur, suadere cupiebant ne tantam sui generis nobilitatem per inaudita tormentorum supplicia diffamarent, atquin[7] plenis decere illos tymiamatheriis ture sacros deferre deos, quos et ipsi colunt principes. Commonent inferre

---

1 diocletiani] diocletianus B   **2** se] *add.* B² *supra lineam*   **3** fruituros] fruituri B   **4** et] *add.* B² *in marg.*   **5** circumferimini] circumferrimini B² circumfertis B¹   **6** se veram] seueram B   **7** atquin] ad quin B

le secours de son épée. Après les calamités qui frappèrent la diffusion naissante de la religion chrétienne, il y eut quelques jours de paix, puis cette fureur abjecte sévit à nouveau.

[6] Donc la dix-neuvième année du règne de Dioclétien, à l'approche de la fête de Pâques, le cœur des chrétiens fut brisé par la douleur que leur causa un ordre terrible : sur décret du tyran, apprirent-ils, les églises et les livres saints étaient détruits, et des ministres de l'empereur étaient arrêtés, enchaînés et jetés en prison sans pitié, puis devaient sacrifier aux idoles, ou bien, en cas de refus, subir des tortures diverses, pour être finalement mis à mort par le glaive. Ceux dont l'intelligence était rapide et la foi solide (quant aux autres, à l'article même de la victoire, la peur et la terreur engendrées par la persécution les empêchaient de céder à la vérité) tinrent bon jusqu'à la fin, et, pour l'amour de la vérité, endurèrent des supplices variés, sûrs d'être récompensés par la palme du triomphe. Les bienheureux Gorgon et Dorothée, dont l'enseignement avait maintenu dans l'observance de la foi chrétienne presque tous les ministres impériaux, offrirent leur vie pour le Christ et dirent aux bourreaux qui torturaient férocement les témoins de la vérité : « Pourquoi oubliez-vous que vous êtes faits de la même chair qu'eux, pourquoi vous enfermez-vous obstinément dans une telle fureur contre eux ? » Leur précepteur et maître, qui se nommait Pierre et avait refusé d'obtempérer à l'ordre de sacrifier aux dieux païens, fut en représailles écartelé devant eux dans d'innombrables tortures, reçut la couronne du martyre et se montra héritier de la foi et du nom de l'apôtre Pierre. Compatissant à ses douleurs et aux supplices qu'il subissait, ils persistèrent à proclamer librement leur foi en disant : « Empereur, pourquoi punis-tu en la personne de Pierre et des autres la proclamation que nous faisons tous en nos cœurs ? Pourquoi ne persécutes-tu que chez eux ce que nous aussi nous confessons fermement ? C'est là notre foi, notre religion, et notre proclamation unanime ». Pour avoir tenu ces propos, ils furent arrêtés sur ordre de l'empereur, on les fit comparaître en public, et ils reçurent l'ordre de sacrifier aux dieux. Mais eux criaient d'une voix forte qu'ils n'abandonneraient jamais le culte véritable pour vénérer de vaines effigies de démons. Les bourreaux les menacèrent de toutes sortes de tortures s'ils ne vénéraient pas les dieux en les suppliant et en leur offrant des sacrifices conformément aux ordres de Dioclétien.

[7] Tous leurs collègues, de l'amitié desquels ils jouissaient depuis longtemps, voulaient les persuader de ne pas déshonorer la noblesse de leur famille en subissant l'affront de supplices aussi inouïs : il fallait, disaient-ils, qu'ils se saisissent des encensoirs et que par l'offrande de l'encens ils proclament sacrés les dieux qu'honoraient les empereurs. Ils les poussèrent à se prêter aux sacrifices rituels

consueta libamina (**fol. 16r**) aris ne in poenis[1] deficiant ostensis. « Parcite, inquiunt, iuuentuti uestrae, legemque christianorum quam imperium romanorum exterminare statuit abicite, ac decus honoris quod uobis diu in palatio fuit concessum familiaritatem consequuti imperialem ex offitio recipite. » Tunc inuictissimi martyres, Gorgonius et Dorotheus quos a primeuis temporibus fraternalis deuinxerat sodalitas, accensi in fide constanter dixerunt : « Libero sumus parati animo tolerare cuncta quicquid sors tulerit ultima. Vestrorum deorum numquam polluemur immolaticiis, nec pro timore suppliciorum reuocabimus sententiam ueritatis. Absit ut nobilitas carnis obfuscet nobilitatem mentis. Genus paternum flocci penditur, quoniam singularem patrem habere in caelis confitemur. Ex precepto siquidem domini hic uita est contempnenda, quo in futuro custodiam consequatur libertatis. Itaque summopere promissa dignitatum culmina contempnuntur, quoniam ueri honoris culmen amplectitur. Quid enim in talibus censere potestis ? Nonne cursim omnia transeunt ? Imperiales obeunt fasces, quibus promititur uti, ut gloriam spernamus uerae libertatis. Iam funestus lictor occurrat, poenas ingerat, inconcussa manebunt fidei fundamina[2]. Adhibeat uirgifer tormenta, ungulas, lamminas, flammiuomas, nempe eadem extrema finis cruciatuum potius nobis ludus uidebitur quam supplicium. Non gaudebit sacerdos profanus expectans idolotitum, pro quo et fatigatur peruigil sed nec illius saturabitur domus nostris libaminibus quae oscitando totum ducit diem, quo nocte superuentura obesis distendatur dapibus. Nobile genus huius sacerdotii. Quamuis non uno ipsi sint consentanei furore in suorum deorum uidentur dispares honore, dum unus Iouem, alter Martem, aliusque Mercurium prefert in propitiationis dignitate. Siquidem et iniuriantur reliqui dii deaeque dum istis absentibus illis famulamini. Denique et quodammodo (**fol. 16v**) hii ab inuicem uidentur discrepare, dum ab isto Mars laudatur bonus, ab altero potius Mercurius, dumque a plurimis Iouis prefertur summus. Nam si uestrorum deorum dearumque ut putatis diuinitas ab inuicem inuido stimulatur honore, alterque alteri preferri uobis preconantibus desiderat, quae uis concordiae ac deitatis in utrisque ? » His uerbis templorum pontifices cum ministris lacessiti proclamant dignos esse morte, nisi illatam deorum iniuriam sacrificiis expiarent. Vrgetur etenim uiolentia carnificum athletas christi in diuersas trahens partes, quatinus imperatoria obaudirent iussa, ac ex templo ueneratis aris diis inferrent libamina.

---

1 in poenis] impaenis *B* **2** fundamina] fundamenta *B¹*

devant l'autel, pour éviter d'être soumis aux supplices qu'on venait de leur montrer : « Épargnez votre jeunesse, leur disaient-ils, et rejetez la loi des chrétiens, que l'Empire romain a décidé d'abolir ; et en retour de votre obéissance, retrouvez l'amitié de l'empereur et le rang qui a longtemps été le vôtre au palais ». Ces paroles attisèrent encore davantage la foi des invincibles martyrs Gorgon et Dorothée, que des liens fraternels unissaient depuis l'enfance, et ils dirent sans fléchir : « Nous sommes prêts à supporter volontairement tout ce que nous apportera l'ultime nécessité. Jamais nous ne nous souillerons en sacrifiant à vos dieux, jamais par peur de la torture nous ne renierons la foi que nous proclamons. La noblesse de notre chair ne souillera pas celle de notre cœur. Nos origines paternelles nous importent peu, puisque nous affirmons que notre seul père est dans les cieux. D'après l'enseignement de notre Seigneur il faut mépriser la vie ici-bas, afin d'obtenir dans l'autre la conservation de notre liberté. Atteindre le faîte des honneurs, ainsi que vous nous le proposez, n'a aucun sens pour nous, car ce que nous recherchons, c'est le faîte de l'honneur véritable. Dans ces circonstances, en effet, quelles peuvent être vos pensées ? Toute chose n'est-elle pas transitoire ? Ils sont périssables, les honneurs impériaux qu'on nous promet si nous renions la gloire de la vraie liberté ! Que vienne le funeste licteur, qu'il nous inflige son châtiment, les assises de notre foi demeureront inébranlables ! Qu'arrive le tortionnaire avec ses instruments, ses ongles, ses lames, ses fournaises : la fin ultime de ses tortures sera pour nous davantage un jeu qu'un supplice ! Il ne sera pas à la fête, le prêtre païen qui s'épuisera en veilles dans l'attente de nos sacrifices ! Et sa maison a beau bâiller toute la journée pour pouvoir la nuit venue se gaver de mets opulents, elle restera vide de nos offrandes ! Noble prêtrise que la leur ! Ils ont beau partager la multiplicité de leurs délires, ils diffèrent dans la vénération qu'ils portent à leurs dieux : l'un place Jupiter avant tous les autres pour son pouvoir propitiatoire, un autre Mars, un troisième Mercure. Quel affront subissent vos autres dieux et déesses, quand en l'absence des uns vous servez les autres ! Et d'ailleurs eux aussi affichent un certain désaccord, quand parmi vous l'un loue la bonté de Mars, l'autre plutôt celle de Mercure, presque tout le monde plaçant au premier rang Jupiter Très grand. Car si ce que vous appelez la toute-puissance de vos dieux et déesses est sensible à la jalousie et aspire à se disputer vos préférences, quel pouvoir de concorde et quel caractère divin peuvent-ils bien avoir les uns et les autres ? » Les prêtres des temples, ainsi insultés avec leurs serviteurs, proclament qu'ils méritent la mort s'ils n'expient pas les injures qu'ils ont proférées contre le culte des dieux. Alors les tortures des bourreaux s'abattent sur les athlètes du Christ et les déchirent, pour les contraindre à obéir aux ordres de l'empereur, à vénérer leurs dieux sur-le-champ en sacrifiant sur les autels.

[8] Tunc beatissimi martyres in uerae fidei constantia permanentes dixerunt : « Si sensum nostris apposuissetis dictis, non solum hortaremini hanc <non>[1] sequi uanitatem, uerum omnia uestris statim confringerentur manibus. Vobis siquidem si opus mirabile non permittit artificum, aut error defendit religionis seu terror principum, sinite nos et ipsis in nomine domini iubebimus daemonibus qui uos in illis fallunt simulacris, ut confestim exeant propriasque sedes uobis presentibus confringant. Sed o ciues, iam parcite uobismetipsis, ne simul cum illatis donis uitam aeternam perdatis. Nobis siquidem non talis conceditur cultus, quoniam uera ambitur fides, diuina ueneratur exhibitio, nec terror umquam poenarum transeuntium a percepta nos mouebit fide, quoniam per uarias tribulationes nouimus regnum posse consequi sempiternum. Gypseis metalloque fusilibus aut ligneis numquam subiciemus ceruices, uerum patrem a quo cuncta prodeunt bona, filiumque eius per quem saluantur omnia, spiritum sanctum ex quo uiuificantur omnia, unam substantiam in tribus confitemur personis. Eat quapropter citius satelles, talia suo renuntiet regi, sciatque in nobis unam eandemque fidem (**fol. 17r**) consistere firmam, diuersitatem nullam. Genus querit persequendo Christicolum, illius sitit sanguinem, nouerit nos idolorum esse contemptores, illorumque uanitates pedibus proteri, corde et ore uerum deum fateri ».

[9] Nuntiatur itaque Diocletiano irreuocabilis beatorum martyrum animositas : « Tua, inquit carnifex, imperator, postponitur[2] potestas, decretum abicitur, tuis minime dicunt parere preceptis, nescio cuius se fatentur esse famulos falsitatis ». Inter haec dum agitur triumphalis delatio ad aures principis, gloriosi milites christi hortatu salubri commonent collegas, cunctisque qui aderant credentibus talis datur exhortatio : « Nolite, inquiunt, dilectissimi, nolite momentaneas expauescere tyrannorum poenas[3], quoniam succedet nobis inestimabilis suauitas, incomprehensibilisque laetitiae infinitas. Vobis fideliter certantibus uictoriae premium, illis iniuste affligentibus retribuetur inauditae poenae supplicium. Sustineamus hic pro christo modica obprobria, ut ab ipso in futurum indeficientia suscipiamus gaudia. Iam carnifex nostram detulit coram iudice causam, iamque proclamabitur in nos sententia publica, ut tamquam rei uindice pereamus ferro. Quocirca stemus intrepidi, nihil metuentes pro christo animas tradere, quoniam et ipse pro nobis animam posuit[a]. Quid si ad modicum

---

1 non] *om.* B 2 postponitur] *add.* B² *supra lineam* 3 poenas] penes B¹

---

a) Cf. Io 10,15

[8] Alors les très saints martyrs, qui restaient fidèles à la foi véritable, dirent : « Si vous aviez compris le sens de nos paroles, non seulement vous cesseriez de nous exhorter à croire à vos chimères, mais vous iriez même jusqu'à les briser tout de suite de vos propres mains. Si c'est le travail remarquable de vos artistes qui vous interdit de le faire, ou l'erreur superstitieuse qui vous tient, ou encore la terreur que vous inspirent vos princes, autorisez-nous à interpeller les divinités qui vous font illusion dans ces statues, et à leur ordonner au nom de notre Seigneur de les quitter et de briser elles-mêmes devant vous leurs propres demeures. Souciez-vous désormais de votre salut, et ne perdez pas la vie éternelle avec les dons qui vous ont été donnés. Nous, en vérité, nous ne pouvons pas pratiquer votre culte, puisque c'est la vraie foi que nous recherchons, c'est l'accomplissement de la promesse divine que nous vénérons, et jamais la crainte d'un châtiment passager ne nous détournera de la foi que nous avons conçue, car nous savons que c'est par toutes ces épreuves que nous pourrons obtenir le royaume éternel. Jamais nous ne courberons la nuque devant des statues de plâtre, de métal fondu ou de bois : car nous affirmons que le Père véritable duquel procèdent tous les biens, son Fils duquel toutes les créatures reçoivent le salut, et l'Esprit saint qui les vivifie toutes sont une seule substance en trois personnes. Que le garde coure annoncer cela à l'empereur ! Qu'il sache qu'il y a en nous une seule et même foi inébranlable, et nulle dissension. Il persécute le peuple chrétien ; il a soif de son sang : qu'il apprenne que nous méprisons ses idoles, que nous foulons aux pieds leurs vaines images, et que nos cœurs et nos lèvres proclament le Dieu véritable ».

[9] On annonce alors à Dioclétien l'hostilité irrévocable des bienheureux martyrs : « Empereur, lui dit le bourreau, ta puissance est bafouée, ton décret violé, ils se soustraient à tes ordres et se prétendent les serviteurs de je ne sais quelle chimère ». Tandis que le rapport de leur triomphe parvient aux oreilles de l'empereur, les glorieux soldats du Christ adressent à leurs collègues des encouragements salutaires et exhortent du même coup tous les chrétiens présents : « Très chers frères, n'allez pas redouter les châtiments éphémères des tyrans, puisque nous allons trouver bientôt l'inestimable douceur et l'éternité de la joie éternelle. À vous qui combattez fidèlement reviendra la récompense de la victoire ; à ceux qui vous torturent injustement le supplice d'un châtiment terrible. Supportons ici-bas pour le Christ ces outrages négligeables, afin de recevoir de lui dans l'autre vie des bonheurs sans fin. Le bourreau vient de déférer notre cause devant le juge, on va proclamer à notre encontre la sentence publique qui nous condamnera à mourir par le fer, comme des criminels. Affrontons cela courageusement, sans craindre de donner nos vies pour le Christ, puisque lui aussi a donné sa vie pour nous. Qu'importe, si on nous torture durant quelque temps : que sans tarder le tyran se venge sur notre chair, puisque le Christ défendra nos âmes. Qu'il nous

subiciuntur poenae ? Acceleret tyrannus nostrae carnis ultor, siquidem aderit christus nostrarum animarum defensor. Sufficiat quod hucusque luce usi fuimus temporali, dehinc frui ualebimus caelesti, siquidem finis successerit constantiae fidei ».

[10] Talibus firmati exhortationibus unanimes spondent ultro idolatriam respuere, ueramque fidem inuiolabiliter seruare. Inter haec legatio dirigitur (**fol. 17v**) celeris, quae iubet[1] beatos martyres mox debere conspectibus Diocletiani representari. Pergunt igitur sancti cum aparitoribus alacres, et inter eundum supplici se uoce commendabant domino, qui saluos facit sperantes in se. Quos tyrannus uidens infremuit dicens : « Gorgoni, quis peruertit sensum uestrum, quia in talibus delectamini uanitatibus ? Nonne satius fuisset in armis militari imperatoriis quam ita indecenter dies finire ultimos ? Puto quia error Petri aliorumque quos martyres dicitis uos seduxit. Sed miror quid uirtutis arbitramini in illis, quos in puncto[2] ut uidistis nostra dampnauit sententia. » Gloriosus martyr Gorgonius respondit : « Noli, imperator, putare in nobis peruersum esse sensum, uerum potius crede ad dei misericordiam esse conuersum. Diu uanitates et quaeque inepta secuti fuimus et frustra in secularibus pompis delectati. Nunc autem in bono uitam nostram deducere disponimus quam dicis finire inhoneste, quia exempla precedentium patrum martyrumque precipue imitari uolumus. Nam quos credis in mortes[3] dampnasse, scias pro certo aeternaliter uiuere, illorumque preciosus exitus tuum parauit interitum, nisi credideris saluatorem mundi dominum. » Diocletianus dixit : « Vobis consentientibus talia potestis obicere, me autem in talibus nil prodest morari, quoniam a uestro errore longe fit animus meus. Sed facite quae adhuc hortor. Relinquite huius superstitionis sectam et sacrificate diis, decusque nobilitatis quod hactenus in palatio[4] seruastis gratanter recipere poteritis. Adquiescite meis dictis et palma fruimini militiae[5]. » Gloriosissimi martyres responderunt : « Ipsam quam dicis uidetur iam nec[6] audire militiam nedum uti, quamdiu quasi in illa gloriantes nihil profecimus. Prorsus a nobis contempnitur, quia aeterni regis milites fieri decreuimus, illorumque uestigia quos dampnasse (**fol. 18r**) estimas tota deuotione adipisci cupimus. Si uerbera, ignem, gladium, inieceris, ultro parati sumus tolerare, fidem quam percepimus numquam scias uiolare. »

---

1 iubet] *add. B² supra lineam* **2** in puncto] impuncto *B* **3** in mortes] immortes *B* **4** in palatio] impalatio *B* **5** militiae] *add. B² supra lineam* **6** nec] vel *B¹*

suffise d'avoir contemplé jusqu'ici la lumière terrestre, à présent nous pourrons jouir de la lumière céleste, et ce sera là l'aboutissement de la constance que nous avons montrée dans notre foi. »

[10] Encouragés par de telles exhortations, ils jurent d'un commun accord de rejeter l'idolâtrie et de se faire inviolablement les serviteurs de la foi véritable. Sur ces entrefaites arrive une délégation rapide, qui ordonne la comparution des bienheureux martyrs devant Dioclétien. Les saints partent alors allègrement avec les appariteurs, et, en chemin, se recommandent par une humble prière au Seigneur qui sauve ceux qui espèrent en lui. Les voyant, le tyran se fâche et leur dit : « Gorgon, qui pervertit assez votre raison pour que vous vous complaisiez dans ces chimères ? N'auriez-vous pas mieux fait de servir dans l'armée impériale, plutôt que de finir vos jours dans une telle honte ? Je crois que c'est l'erreur de Pierre et des autres, que vous appelez des *témoins*, qui vous a séduits. Mais je me demande quel pouvoir vous pouvez bien prêter à des hommes qu'en un instant vous voyez condamnés par ma sentence ». Le glorieux martyr Gorgon répondit : « Empereur, ne crois pas que notre raison ait été pervertie ; crois plutôt qu'elle s'est tournée vers la miséricorde divine. Nous avons courtisé assez longtemps des vanités et des inepties, nous nous sommes vainement complus dans les fastes du siècle. Mais nous avons à présent résolu de passer dans le bien notre vie, qui, à t'entendre, finit dans la honte, car ce que nous voulons avant tout, c'est imiter les exemples des Pères et des martyrs qui nous ont précédés. Ceux que tu crois avoir condamnés à mort, en effet, sois bien sûr qu'ils vivent éternellement, et que leur précieux trépas a déclenché ta perte, si tu ne crois pas que le Seigneur a sauvé le monde ». Dioclétien leur répondit : « Vous pouvez bien tenir tous ces discours, puisque vous y adhérez ; mais moi, je perds mon temps à les écouter, car ma conviction est très loin de l'erreur qui est la vôtre. Faites donc ce que je vous propose. Abandonnez cette doctrine superstitieuse, sacrifiez à nos dieux, et vous pourrez retrouver avec joie le rang que vous avez conservé jusqu'ici dans mon palais. Acceptez mes propositions, et soyez récompensés pour le service que vous accomplirez dans l'armée ». Les très glorieux martyrs lui répondirent : « Ce métier militaire, que tu nous proposes, nous ne voulons plus en entendre parler, et, à plus forte raison, nous ne voulons plus le pratiquer, car nous n'avons rien gagné à nous y distinguer. Bref, nous le méprisons, car nous avons résolu de nous faire les soldats du Roi éternel et nous désirons ardemment marcher sur les traces de ceux que tu crois avoir condamnés. Si tu nous infliges le fouet, le feu, le fer, nous sommes prêts à le supporter de bon gré, et sache que nous ne violerons jamais la foi que nous avons conçue.

[11] Tunc Diocletianus furore nimio accensus ait : « Per deos obtestor propitios, quia nisi sacrificaueritis inauditis poenis distentos crudeliter uitam uestram extorqueri faciam, et merito, quia non solum militiam quam rei publicae impendere debetis superbe abnegatis, uerum etiam nonnullos prauo peruertitis errore, docentes quo penitus decreta nostra abiciant, ac omnem uenerationem illi exhibeant, quem principes sue gentis iustis exigentibus meritis cruci affixerunt ». Nobilissimi martyres dixerunt : « O caeca inanisque mens uestra. Num iubes insensibilibus creaturis culturam inferre uerumque creatorem relinquere, cui cuncte obediunt et famulantur creature ? Nempe isdem sensus uobis qui et diis uestris tribuitur. Nam quomodo putatis uos iuvari[1] ab illis, quibus magistri[2] artis effigiem datis ? Similes estis illis, qui ea facitis, quique confidunt in eis. Iam tibi uera diximus assertione milites christi esse, sciesque quandoque nullum fuisse in illis errorem, qui sinceriter adorant eum quem crucifixum audes dicere iuste, qui peccatum non fecit nec inuentus est dolus in ore eius[a]. At si mysterium tante salutis agnoscere uelles, ipsum pro te patibulum crucis subisse sentires. Verum quia sacramentum[3] despicis salutis, cito sententiam percipies dampnationis ».

[12] Videns denique Diocletianus martyrum constantiam in sententia fidei persistere, iussit eos primo aeculeo appendi ac uerberibus immaniter caedi. Adeo autem uis cadentium inflicta est carnificum, ut uix crederet quis uel modicam corporis partem in modico conspicere momento, nedum animas in ipsis consistere corporibus. Ideo enim tam crudelis tamque intolerabilis indicta fuerat sententia, quo necessitas saeui doloris acsi inuitos ad sacrificandum compelleret. Sed quo amplius ingerebant poenas, eo magis robur augmentabatur **(fol. 18v)** fidei, christique magnificentia inuiolabilisque caritas subministrabat uires, et gratia spiritus sancti releuabat afflictos, spesque aeternae remunerationis illorum in penis laetificabat animos. Iamque carnifices profitentur lassabunda gerere brachia, referunt tyranno insuperabiles manere martyres, et proinde quid de eis iuberet fieri expectant. Haec audiens Diocletianus, ira permotus precepit illorum patentia uiscera inflictu uerberum aspergine salis cum aceto perfundi. Cumque etiam hoc tormenti genus constanter et fortiter tolerassent, ex precepto iudicis acclamatum est quo superponantur craticulae prunis succensae, ut quod flagris non fuerat disruptum, urentibus flammis fieret exustum. Et non ad subitum sed sensim paulatimque iubetur succendi, quo

---

1 iuvari] iuvare B^1 **2** magistri] magistra B^1 **3** sacramentum] sacramentam B

---

a) Cf. I Petr 2, 22

[11] Alors Dioclétien dit, fou de rage : « Par les dieux propices, je jure que si vous ne sacrifiez pas, je vous arracherai cruellement la vie dans les tortures les plus terribles, et à bon droit, puisque non contents de mépriser orgueilleusement le métier militaire que vous devez pratiquer dans l'intérêt de l'Empire, vous en attirez d'autres dans votre criminelle erreur, en leur apprenant à violer nos décrets et à ne plus vénérer que celui que les princes de son pays ont crucifié comme il le méritait ». Les nobles martyrs dirent alors : « Que votre cœur est aveugle et vain ! Tu nous ordonnes de vénérer des créatures insensibles et d'abandonner le Créateur véritable, auquel toutes ses créatures obéissent et qu'elles servent. En vérité, vous avez autant de bons sens que vous en prêtez à vos dieux ! Car comment pensez-vous qu'ils puissent vous venir en aide, alors que vous êtes les artisans qui leur donnent corps ? Vous êtes tout comme eux, car c'est vous qui les fabriquez, et ensuite vous croyez en eux. Nous, en nous disant les soldats du Christ, nous disons vrai, et un jour tu sauras qu'on ne se trompe pas en adorant Celui dont tu as osé dire qu'il a mérité d'être crucifié, alors qu'il n'a jamais péché et qu'on n'a jamais surpris dans sa bouche aucune fourberie. Et si tu voulais reconnaître le mystère d'un salut aussi étonnant, tu saurais qu'il a subi pour toi le supplice de la croix. Mais puisque tu méprises le mystère du salut, tu connaîtras bien vite la sentence de ta condamnation.

[12] Dioclétien, voyant les martyrs persister avec constance dans leur foi, les fit d'abord suspendre au chevalet et fouetter sauvagement. La violence des bourreaux se déchaîna contre eux, tant et si bien qu'au bout d'un court instant on eût dit qu'ils n'avaient plus le moindre morceau de chair et que leurs âmes avaient quitté leurs corps. Si une sentence aussi cruelle et insupportable leur fut infligée, c'était pour les contraindre à sacrifier, même malgré eux, sous la contrainte de la douleur. Mais plus on les torturait, plus leur foi s'affermissait ; la majesté et l'amour inviolable du Christ leur administraient des forces, la grâce de l'Esprit saint les réconfortait, et l'espoir de la récompense éternelle réjouissait leur cœur au milieu même des supplices. Bientôt les bourreaux affirmèrent que leurs bras étaient épuisés, ils annoncèrent au tyran que les martyrs restaient invaincus, et attendirent de savoir ce qu'ils devaient en faire. À cette nouvelle Dioclétien, ivre de colère, fit arroser de sel et d'acide leurs entrailles que les coups avaient mises à nu. Et comme ils avaient enduré avec fermeté et courage ce dernier supplice, la sentence du juge ordonna de les placer sur un gril chauffé à blanc, afin de brûler par le feu ce que les coups n'avaient pas réussi à mettre en pièces. Et on donna l'ordre de ne pas les brûler trop vite, mais progressivement, à petit feu, pour prolonger la douleur du châtiment. Tandis que les bourreaux criminels tournaient et retournaient leurs

scilicet dolor poenae protelaretur in longum. Cumque ministri scelerum hinc modo corpus, modo inde uersantes per membra singula poenas inciperent, et supplicia renouarent, sperantes ab eis se posse elicere consensum, illi firmi in fide et ouantes in spe partim consumptis igne, partim resolutis flagris carnibus, tantum spiritum ad dominum tendebant, nec cessabant laudes christi inter immania personare supplicia, sed absque nutatione animi libera uoce christianos se fore proque iustitiae ueritate se pati talia uelle fatebantur. Videns uero Diocletianus omnia illa superare tormenta, nihilque super hoc nouum repperire genus supplicii, nam potius fortissimi martyres constantes inueniebantur in tolerando, quam ille crudelis et callidus in exquirendo, laqueo appensos, ad ultimum gladio iussit eos interimi. Hos tamquam robustissimos athletas uiam martyrum preeuntes pene omnis plebs fidelis Nicomediae ciuitatis cum suo antistite gloriosissimo nomine Antimo martyrio coronata prosecuta est. Passi sunt autem, V Idus Septembris et collecta sunt (**fol. 19r**) illorum preciosa corpora a fidelibus uiris, atque apud ipsam urbem Nichomediae honorifice posita, ubi per multa curricula temporum ad declarandos fideles suos dominus innumera ostendit miracula.

[13] Non post multum uero temporis spatium, tantae persequutionis rabiem uolens dominus cessare, utque sermo beatorum martyrum in omnibus ueridicus pateret, qui de interitu crudelissimi regis prolatus fuerat, Diocletianus Nichomediae, Maximianus etiam qui in nece sanctorum fautor extiterat Mediolani sponte uno eodemque tempore uterque honorem dignitatis imperialemque purpuram deposuit, alterque, hoc est Diocletianus, plenus dierum simulque omnis malitiae, hominum conuersatione priuatus, solus ueluti amens crudeli et digna morte iuxta locum Salonis dictum periit, alter uero id est Maximianus apud Massiliam merita ultione occiditur. Dehinc regnantibus imperatoribus, annuente clementia domini, christianissimis, memoria beatorum martyrum Nichomediensium Romae perlata ob triumphum insuperabilis martyrii, ab apostolico tunc temporis impetratum est corpus beati athletae christi Gorgoni, et sic cum multis aliis delatum est, maximoque cum honore in basilica beati Petri reconditum.

[14] Qua uero ratione cuiusque gratia postmodum tanto martyre Gallia inlustrata et magnificata sit, in sequentibus curabimus declarare. Cuius nos nunc et semper opem et misericordiam indefessis precibus imploremus, ut qui sua nos dignatus est uisitare presentia, conferat auxilium contra omnia inimici temptamenta, aeuique instantis aduersant(ia). Et qui quamuis indigni tanto assistimus patrono, quia non meremur ex nostro, ex suo donum salutis percipere ualeamus merito. Sustineat illius clementia miseriam nostram, fragilem releuet uitam, in sibi apto conformet seruitio, quo digne a nobis suscipiat, quod soluimus ex

corps, pour torturer leurs membres l'un après l'autre et renouveler à chaque fois le supplice, espérant toujours leur arracher un assentiment, eux, fermes dans leur foi et triomphants dans leur espérance, leurs chairs en partie brûlées et en partie arrachées sous les coups, ils ne tendaient plus que leur souffle au Seigneur et faisaient retentir sans relâche les louanges du Christ parmi ces atroces tortures. Sans que jamais ne fléchît leur courage, ils se proclamaient chrétiens et affirmaient qu'ils désiraient subir ces tortures, pour la vérité de la justice. Dioclétien les vit triompher des tortures et, incapable d'en inventer de nouvelles, puisque les martyrs dans leur courage montraient davantage de force à les endurer que lui, dans sa cruauté et sa perversité, de capacité à les produire, il les fit alors suspendre et tuer d'un coup de glaive. Presque tout le peuple chrétien de Nicomédie, avec son très glorieux évêque Antime, reçut la couronne du martyre et suivit sur la route qu'ils lui avaient ouverte ces deux très robustes athlètes du Christ. Ils furent martyrisés le cinquième jour des Ides de septembre, et leurs précieux corps recueillis par des fidèles et ensevelis près de la ville même de Nicomédie, où, durant tout le cours des années, le Seigneur accomplit d'innombrables miracles pour proclamer leur foi.

[13] Un peu plus tard, le Seigneur voulut mettre un terme à la rage de cette persécution, et pour que tout le monde voie la véracité de la parole par laquelle les bienheureux martyrs avaient prédit la mort de l'empereur très cruel, Dioclétien et Maximien – qui avait été son complice dans le meurtre des saints –, perdirent leur pouvoir et la pourpre impériale d'un même coup et au même moment, le premier à Nicomédie, le second à Milan. Le premier, Dioclétien, chargé d'années en même temps que d'une totale méchanceté, mourut d'une mort cruelle et juste, privé de la compagnie des hommes, solitaire, comme fou, près de Salone ; le second, Maximien, périt à Marseille sous le coup d'une vengeance méritée. Alors régnèrent, avec le consentement de la clémence divine, des empereurs très chrétiens, et la mémoire des bienheureux martyrs de Nicomédie parvint à Rome, en raison du triomphe qu'ils avaient remporté lors de ce martyre victorieux. Le corps du bienheureux athlète du Christ Gorgon fut alors réclamé par le pape, on le transféra avec beaucoup d'autres et on le déposa avec grand honneur dans la basilique Saint-Pierre.

[14] Comment et pourquoi ce prestigieux martyr apporta ensuite renommée et gloire à la Gaule, c'est ce que nous essaierons de montrer dans ce qui suit. Inlassablement nous prions, maintenant et toujours, son secours et sa miséricorde : lui qui a daigné nous gratifier de sa présence, qu'il nous apporte son aide contre toutes les atteintes de l'ennemi et les malheurs des temps qui menacent. Nous qui, bien que nous en soyons indignes, sommes au service de ce saint patron, puissions-nous par son mérite recevoir le don du salut éternel que ne peut nous

debito. (**fol. 19v**) Sit defensor in aduersis, uisitator in prosperis, pius castigator in offensis, et ne inuoluamur utriusque uite amaritudinibus, oremus ut optineat suis sanctissimis interuentionibus. Depositoque carnis onere ab omnibus liberati malis, illum quem precipue hic ueneramur patrem, illo sentiamus protectorem. Agamus quapropter, fratres dilectissimi, hunc diem celeberrimum, recolentes triumphum beati Gorgonii communis patroni quem uere credimus egregium sustinuisse martyrium pro fide christi. Non enim timens repudiauit illata supplicia, uerum tolerando omnia spreuit gloriam caduci mundi, amplectens uictricia signa christi. Sustinuit quippe patienter immania passionis tormenta, sicque martyrii palma decoratus nunc fulgens triumphat inter angelos coronatus. O quam felix beati martyris certamen. In modico illud duxit spatio, nunc uictor fidelis summo perpetim ob hoc fruitur caelo. Nullis iam ardoribus estuatur, quoniam dulcedine incircumscripti luminis satiatur, despexit in breui transitorium seculum, quo totum possideret perpetuum. Et nos, fratres, ueri efficiamur beatissimi patris nostri Gorgonii uictoriosissimi martyris imitatores, sinceriter dominum Iesum christum mentis progressu sequentes, ut cum eo gloriam exultationis possideamus, cuius nos famulos profitemur, prestante eodem domino et saluatore nostro Iesu christo qui cum patre et spiritu sancto uiuit et gloriatur deus per omnia saecula saeculorum. AMEN.

procurer le nôtre. Puisse sa clémence soutenir notre misère, réconforter notre vie fragile et la rendre conforme à ce qu'exige son service, afin qu'il reçoive dignement de nous le paiement de notre dette envers lui. Qu'il soit notre défenseur dans l'adversité, notre protecteur dans la prospérité, le juste vengeur des offenses que nous subirons, et, pour nous soustraire aux peines de l'une et l'autre vie, qu'il nous conserve sa très sainte intercession. Et lorsqu'après avoir déposé le fardeau de notre chair nous aurons été libérés de tous nos maux, puisse celui que nous vénérons comme un père en ce monde devenir notre protecteur là-haut. C'est pourquoi, mes très chers frères, nous devons célébrer solennellement ce jour, en mémoire du triomphe du bienheureux Gorgon, notre saint patron à tous, dont nous croyons sincèrement qu'il a glorieusement enduré le martyre pour sa foi dans le Christ. Car au lieu de refuser les supplices sous l'emprise de la peur, il les a tous endurés, méprisant ainsi la gloire du monde éphémère et brandissant les étendards victorieux du Christ. Il a affronté avec courage des tortures horribles : aussi à présent, décoré de la palme du martyre, triomphe-t-il auréolé de gloire parmi les anges. O l'heureux combat de ce saint martyr ! Il n'a combattu qu'un instant, et maintenant, en chrétien triomphant, il goûte pour l'éternité la joie du firmament. Plus aucun feu ne le brûle, puisqu'il baigne dans la douceur d'une lumière infinie ; il a méprisé un court instant le monde transitoire, afin de posséder pleinement le monde éternel. Et nous, mes frères, imitons véritablement notre très saint père Gorgon le très victorieux martyr, suivons sincèrement dans nos cœurs la voie de notre Seigneur Jésus, pour partager la gloire de la béatitude avec celui dont nous nous déclarons les serviteurs, avec l'aide de notre Seigneur et sauveur Jésus Christ, qui vit et règne avec le Père et l'Esprit saint, Dieu par les siècles des siècles. Amen.

IV. MIRACLES DE SAINT GORGON

Sigles

W : Wien, ÖNB 563, XIe s., fol. 12v-58r (manuscrit principal)
V : Verdun, BM 74, XIIe s., fol. 23v-32r
    (c. II-XII ; XVI ; XVIII ; XXV-XXVI explicit post *propalauit signa*)
M : Metz, BM 527, fol. 32r-37v
    (c. II-VII explicit *pristinæ castigationis rursus*)
Mab : éd. J. Mabillon, *Acta sanctorum ordinis sancti Benedicti*, t. III, 2, p. 204-206
AASS : éd. C. Suyskens, *Acta sanctorum*, Sept. III, p. 343-355
Pertz : MGH, Script. t. 4, p. 238-247.
edd : Mabillon, Suyskens et Pertz
[Le e cédillé du manuscrit *W* est rendu par la diphtongue æ.]

Synopsis[1]

I (0) Prologue. L'auteur annonce qu'il racontera les miracles de Gorgon malgré son indignité.
II (1) Fondation de Gorze par Chrodegang.
III (2) Chrodegang ramène des corps saints de Rome.
IV (3) Vaine tentative de vol par les moines d'Agaune.
V (4) Miracle à Varangéville, où une église est fondée.
VI (5) Miracle à Moivrons, et donation de terres.
VII (6) Miracle à Novéant et donation de terres.
VIII (6) De la force des reliques.
IX (7) Devant la menace hongroise, les reliques sont apportées à Metz, déposées à Saint-Sauveur. Un clerc essaie en vain d'en voler une partie.
X (8) Adalbéron promet de restaurer Gorze en échange de l'évêché.
XI (9) Guérison d'un aveugle.
XII (10) Adalbéron répugne à restituer Varangéville, jusqu'à ce qu'une vision l'y oblige.

---

[1] Les chiffres romains indiquent les numéros de chapitres du manuscrit de Vienne, les chiffres arabes ceux de l'édition de Pertz ; les découpages varient parfois à une ou deux phrases près. L'astérisque signale les chapitres absents du manuscrit de Verdun.

XIII (11) Idem à Longeville et Moulins.

*XIV (12) Le comte Boson refuse de rendre les terres qu'il a usurpées (à Vanault). Il se soumet à la suite d'une maladie.

*XV (13) Apprenant que Gorgon est aussi vénéré à Minden, l'évêque et l'abbé cherchent à vérifier l'intégrité de leurs reliques. Mais une terreur sacrée les en empêche.

XVI (14) Guérison d'un muet.

*XVII (15) Restitution de terres par Adalbéron à la suite de l'intervention miraculeuse de Gorgon.

*XVIII (16) Guérison d'un possédé.

*XIX (17) Guérison d'un autre possédé.

*XX (18). Un frère est guéri de la fièvre.

*XXI (19) Après avoir fugué, un frère est réintégré dans le monastère, où une vision l'empêche de récidiver.

*XXII-XXIII (20-22) Lors de l'attaque hongroise, le monastère est défendu par saint Gorgon

XXIV (23). Guérison d'un paralytique.

XXV (24) Guérison du duc des Francs.

*XXVI (25-26) Puissance de Gorgon, protecteur de Gorze.

Miracula <sancti Gorgonii>[1]

(fol. 12v) Capitulum I
(Prologus) [2]Descripturus quedam miracula patroni nostri beati Gorgonii, quæ uisu et auditu comperi, **(fol. 13r)** ineffabilem Dei omnipotentis clementiam mecum hortor ut exorent qui suasores huiusce[3] exstiterunt rei, ut scilicet ipse qui linguas infantium facit disertas, et per psalmistam[4] dicit : *Aperi os tuum et ego adimplebo illud*[a], aperiat cordis mei plenarium intellectum, et repleat secundum iam memoratum prophetam omnia interiora mea suæ dono affluentiæ[b]. Quod me consequi non diffido, tam meritis eximii martyris Gorgonii[5], quam precibus eorum quos præfatus sum, quoniam, ut ait beatus Ambrosius, difficile est multorum preces non exaudiri. **(fol. 13v)** Nemo ergo captus lepore eloquentiæ[6] huc ueniat[7] ob hoc ut simile quid hic[8] quæsitet, quoniam non inueniet eo quod ignorem eam. Et si utique ad plenum eam comprehendissem, hic inserere detrectarem[9], pro eo quod a Domino improbetur, dicente scriptura : *Perdam prudentiam prudentium, et sapientiam sapientium reprobabo*[c]. Itemque beato Paulo apostolo hoc ipsum comprobante : *Si quis uult*[10] *sapiens esse, stultus fiat, ut sit sapiens*[d]. Solum ille huc[11] accedat, qui feruenti corde martyrem Christi Christumque in martyre[12] collaudare satagit, ac uelut **(fol. 14r)** apis prudentissima flosculos uirtutum, quibus proficere queat, ad augmentationem animæ suæ colligere curet[13]. Si quis igitur quippiam utilitatis reppererit, meritis sancti Gorgonii asscribat, si quid ignauiæ, errori meo ignoscat. Non enim exorsus sum opus hoc animo temerario, sed feruenti in eius amore laudis præconio, cuius pia intercessio sit apud Deum omnium nostrorum peccaminum optata remissio[14]. **(1)** Aggrediar ergo tandem cum Dei adiutorio eiusque[15] prece euoluere quædam ipsius[16] gesta, quæ[17] dignatus est ostendere mirifica.

---

1 Miracula <sancti Gorgonii>] Miracula eiusdem *V* 2 Descripturus… mirifica (= c. I)] *om. V M* 3 huiusce] huiuscemodi *edd* 4 psalmistam] prophetam *edd* 5 martyris Gorgonii] patroni nostri *edd* 6 eloquentiæ] sæcularis eloquentiæ *edd* 7 ueniat] adeat *edd* 8 simile quid hic] hic quid simile *edd* 9 detrectarem] detrectassem *edd* 10 uult] uult inquiens inter nos *Mab* (uos *AASS Pertz*) 11 huc] *om. edd* 12 martyrem Christi Christumque in martyre] patronum nostrum *edd* 13 curet] curat *edd* 14 peccaminum … remisssio] optata remissio peccaminum. Amen *edd* 15 eiusque] atque ipsius *edd* 16 ipsius] eius *edd* 17 quæ] quæ nobis *edd*

---

a) Ps 80, 11   b) cf. Ps 64   c) I Cor 1, 19   d) I Cor 3, 18

Traduction des Miracles de saint Gorgon

I. (Prologue) Au moment d'écrire les Miracles de notre saint patron Gorgon, dont je parle en témoin visuel et par ouï-dire, j'exhorte ceux qui m'ont conseillé d'écrire cet ouvrage à supplier avec moi l'ineffable clémence du Dieu tout-puissant, afin que Celui qui rend disertes les langues des nouveau-nés et dit par la voix du psalmiste : *Ouvre ta bouche et je l'emplirai*, ouvre la pleine intelligence de mon esprit et emplisse, selon le mot du même prophète, mon cœur tout entier du don de ses richesses. Mon vœu, j'en suis sûr, ne manquera pas d'être exaucé, grâce aux mérites du glorieux martyr et aux prières de ceux que je viens de mentionner, car, ainsi que dit saint Ambroise : « Il est rare que des prières collectives ne soient pas exaucées[1] ». Qu'on ne vienne pas ici prisonnier du charme de l'éloquence, chercher quelque chose de ce genre-là : on ne le trouvera pas, car j'ignore l'éloquence. L'eussé-je même possédée en plein, j'aurais d'ailleurs refusé de la mettre en œuvre ici, car le Seigneur la réprouve ; l'Écriture dit en effet : *Je perdrai la prudence des prudents et réprouverai la sagesse des sages*, ce que confirme le bienheureux apôtre Paul en disant : *Si l'un d'entre vous veut être sage, qu'il se fasse ignorant pour devenir sage*. Que ne vienne ici que l'homme qui veut chanter avec nous d'un cœur fervent les louanges du martyr du Christ et celles du Christ en son martyr, et, telle l'abeille prévoyante, se soucie de butiner pour le progrès de son âme les fleurs de vertus qui puissent lui profiter. Si donc on trouve dans cet ouvrage quelque utilité, qu'on la porte au crédit de saint Gorgon ; si on y trouve de l'ignorance, qu'on pardonne à mes erreurs. Car je l'entreprends sans témérité : seule me pousse ma fervente ardeur à proclamer la louange de celui dont la pieuse intercession pourra obtenir auprès du Seigneur la rémission tant désirée de tous nos péchés.

(1) Avec l'aide de Dieu et la prière du saint, je vais donc entreprendre de raconter certaines des actions miraculeuses que Gorgon a daigné manifester.

---

1 Ambrosiaster, éd. H. J. Vogels, Vienne, 1966 (CSEL 81, 1, p. 474) ; cf. Hraban Maur, PL 111, c. 1604c. La citation est attribuée par trois fois à Augustin dans la Chronique de Salimbene de Adam (éd. G. Scalia, CCCM 125, 1966, p. 158, l. 18, 435, l. 1, 917, l. 5)

Capitulum II (fol. 14v)

Temporibus[1] Childerici regis exstitit quidam Mediomatricæ ciuitatis episcopus nomine Grodegangus, qui[2] repletus amore illo de quo dicit beatus Gregorius : Numquam est amor Dei otiosus : « Operatur enim magna si est », plurima et laudabilia patrans[3] opera, quæ scire qui cupit gesta pontificum legat Mettensium[4], ibique plenius instruetur[5], ut[6] illud psalmistæ compleret : *Adiciam, Deus, super omnem laudem tuam*, monasterium construxit in loco qui uocatur Gorzia, prædiisque quam plurimis non modice[7] ditauit ob remissionem suorum scilicet criminum, ut isdem[8] in apole-**(fol. 15r)**-giis suis scribit, quæ penes monasterium[9] hactenus diligenti custodia seruatur. In quibus non solum laïcis, uerum et fratribus suis coepiscopis omnem prorsus abstulit facultatem, sub horribili omnipotentis Dei interminatione quicquam monachis Gorziensibus auferendi eorum quæ ipse dederat, uel in futurum prædicti monachi ualerent adquirere, seu fideles pro remedio animarum suarum collaturi illuc[10] erant, quique quietem[11] eorum in Dei seruitio perturbare molirentur. Dixit autem illos[12] qui contrarii eius sententiæ essent, dummodo neminem uellet aut deberet **(fol. 15v)** maledicere, inuitandos ante conspectum[13] metuendi iudicis, ut ibi[14] conquiratur[15] una[16] cum beato Petro apostolorum principe ac sancto Gorgonio de his qui dehonestauerunt[17] Deum ac sanctos eius præfatos, in quorum tutela eundem dedit locum[18]. Quod successores eius præsules parum aliqui – pro dolor – cauerunt, qui exstirpatores atque destructores[19], ut ita dixerim, totius religionis fuere[20]. Qui poenas quidem in oculis hominum partim luere[21], qualiter uero in futuro sint sæculo nouit supernus arbiter. De quorum miserrima conuersatione melius est **(fol. 16r)** silere quam loqui. Sed redeamus hoc triste deponentes ad priorem piæ recordationis uirum.

Capitulum III

(2) Cum omnia implesset memoratus Grodegangus antistes erga religionis opera, quæ sancto eius uoluebantur desiderio, cupiens sepedictum locum habundantius cælestibus ditare thesauris, quem affluenter terrenis repleuerat, Romanum adiit apostolicum Paulum nomine, poscens sibi dari pignera aliqua sanctorum, quæ has insignirent partes regionis[22]. Qui concitus uolente Deo

---

1 temporibus] tempore *M*   2 qui] Hic *edd*   3 patrans] patrauit *V edd*   4 Mettensium] *del.* V^2 5 instruetur] instrueretur *V*   6 ut] ut ergo *edd*   7 modice] modico pretio *V* modici pretii *edd*   8 isdem] idem *edd*   9 monasterium] nos *edd om. M*   10 collaturi illuc] illuc collaturi *edd*   11 quietem] quietem quoque *V M*   12 autem illos] quoque illos *V Mab Pertz* autem illis *AASS*   13 conspectum] tribunal *V edd*   14 ibi] sibi *Mab Pertz*   15 conquiratur] conqueratur *Mab Pertz*   16 una] *om. Mab Pertz*   17 dehonestauerunt] dehonestantes *V edd*   18 locum] locum perturbatores atque destructores sanctæ religionis fuere *V edd*   19 atque destructores] *om. edd*   20 fuere] exstiterunt *V edd*   21 partim luere] luere partim *M*   22 regionis] religionis *M*

II. Au temps du roi Childéric[1], il y avait à Metz un évêque nommé Chrodegang. Rempli de l'amour dont le bienheureux Grégoire dit : « L'amour de Dieu n'est jamais oisif, car il opère de grandes choses lorsqu'il existe[2] », il accomplit un grand nombre de choses louables : si on veut les connaître, on pourra lire les *Gestes* des évêques de Metz[3], et on sera pleinement instruit. Pour réaliser cette parole du psalmiste : *Dieu, j'ajouterai sans relâche à ta louange*, il construisit un monastère au lieu appelé Gorze et l'enrichit de biens très nombreux et de grande valeur, pour la rémission de ses crimes, ainsi qu'il l'écrit lui-même dans les privilèges que l'on conserve aujourd'hui encore sous bonne garde au monastère. Dans ces privilèges, il enlève aux laïques, mais aussi à ses frères évêques, sous la terrible menace du Dieu tout-puissant, toute possibilité de reprendre aux moines de Gorze aucun des biens qu'il leur avait lui-même donnés, de ceux qu'ils acquerraient à l'avenir ou que leur donneraient leurs fidèles pour le remède de leurs âmes ; il mit sous le coup de la même menace ceux qui tenteraient de perturber le service de Dieu. Quant à ceux qui seraient contre ces dispositions, comme il ne voulait ou ne devait prononcer de malédiction contre personne, ils seraient appelés devant le Juge redoutable, afin qu'avec saint Pierre le prince des apôtres et saint Gorgon, soit mené là l'interrogatoire sur ceux qui auraient déshonoré Dieu et ses saints précités, dont il avait fait les patrons tutélaires du monastère. Cette disposition, hélas, fut peu respectée par certains des évêques qui lui succédèrent, et ceux-ci se comportèrent, si je puis dire, en déracineurs et en destructeurs de la communauté tout entière. Ils furent certes châtiés en partie devant les hommes, mais comment ils le seront dans le monde à venir, seul l'arbitre suprême le sait. Sur leur misérable attitude il vaut mieux se taire que parler. Aussi, laissons là ce triste sujet, et revenons à notre homme de pieuse mémoire.

III. (2) L'évêque Chrodegang avait donc accompli à l'égard de la communauté monastique tout ce que lui commandait son saint désir. Après l'avoir abondamment dotée de biens terrestres, il voulut l'enrichir encore davantage de biens célestes ; aussi alla-t-il trouver l'évêque de Rome nommé Paul[4], pour lui réclamer des reliques de saints capables d'illustrer sa région. Ce dernier accéda à sa demande

---

1 Childéric III (743-751).

2 Grégoire le Grand, *Hom. in evang*, II, 30, 2.

3 Paul Diacre, *Liber de episcopis Mettensibus*, MGH, *Scriptores* II, p. 260-270.

4 Paul Ier (757-767), frère et successeur d'Étienne II, a effectivement procédé à des translations de corps saints des catacombes à l'intérieur des murailles de Rome (*Liber Pontificalis I*, éd. Duchesne, p. 464-65).

eius annuens precibus tradidit ei tria corpora sanctorum martyrum **(fol. 16v)** Gorgonii, Naboris et Nazarii. Sanctum Naborem martyrem Hilariaco delegauit monasterio, sanctum autem[1] Nazarium cuidam religiosæ feminæ tradidit, quæ in prædio suo ultra Renum quod dicitur Lorsan eum[2] collocauit, eo quod idem prædium suum una cum filio suo sancto Stephano sanctoque Gorgonio[3] tradiderit[4]. Beatum uero Gorgonium penes se statuit in loco qui uocatur[5] Gorzia, anno ab incarnatione Domini DCCLXV, ubi se quoque cum uocaretur a Domino ex hac erumnosa uita sepeliri fecit.

Capitulum IV
(3) Igitur beatus Gorgonius miraculorum quid egisset priscis temporibus igno- **(fol. 17r)**-tum est[6], hoc solum nobis uolans fama detulit quia, cum deferretur[7] a sancto pontifice Grodegango, transita Ausonia per quam eum Dominus multis uirtutum glorificauerat portentis, in qua etiam uillas prædiaque adquisierat[8] uenerit plebs fidelis[9] eum comitantium ad sancti Mauricii collegium. Quo cum hospitarentur aliquandiu[10], clerici fama sublimi quæ longe lateque protelata[11] erat martyris Christi[12] inretiti, accesserunt clanculo ad scrinium quo tegebantur pretiosa ossa, aperientesque eum[13], sigillum cum omni diligentia ingeniose, ne perpendi posset, inciderunt **(fol. 17v)** furantes eum, sigillum[14] continuo restituentes[15] loco suo. [16]Postquam requieuerunt[17] aduentantes[18] quantum sibi

---

1 autem] *om. V* 2 eum] *om. edd* 3 sanctoque Gorgonio] *om. V edd* 4 tradiderit] tradidisset *edd* 5 uocatur] dicitur *V edd* 6 est] est eo quod simus iuniuores tempore sed *V edd* 7 deferretur] deferreretur *AASS* 8 adquisierat] adquisierat quam plurima ciues acciti fama desiderioque eius accensi qui hæc illi contulerant *M V edd* 9 fidelis] fidelium *edd* 10 aliquandiu] *om. edd* 11 protelata] prolata *edd* 12 christi] *om. M* 13 eum] id *AASS* 14 sigillum] sigillumque ipsum *V edd* 15 restituentes] restituerunt in *edd* 16 postquam] igitur postquam *edd* 17 requieuerunt] requieuerant *V edd* 18 aduentantes] aduertentes *Mab Pertz*

sur l'ordre divin, et lui donna les corps des saints martyrs Gorgon, Nabor et Nazaire[1]. Chrodegang donna saint Nabor au monastère d'*Hilariacum*[2], et saint Nazaire à une pieuse femme, qui déposa son corps dans ses terres d'outre-Rhin, au monastère de Lorsch[3], parce qu'avec son fils elle l'avait donné à saint Étienne et à saint Gorgon. Quant à Gorgon, l'évêque résolut de le conserver au monastère de Gorze, en l'an 765 de l'Incarnation du Seigneur, et lorsqu'il fut lui-même rappelé par Dieu de cette vie de misère, c'est là qu'il se fit enterrer[4].

IV. (3) Les miracles accomplis par Gorgon dans les temps très anciens, nous ne les connaissons pas. La rumeur ailée nous a tout de même transmis ce qui suit. Alors que Gorgon était transporté par le saint évêque Chrodegang, il venait de traverser l'Italie, où le Seigneur l'avait glorifié de nombreux miracles, et où il avait aussi acquis de nombreux domaines et propriétés. Une foule de fidèles l'escorta jusqu'à la communauté de Saint-Maurice[5]. Comme cette dernière leur donnait l'hospitalité, des clercs, séduits par l'illustre renommée du martyr du Christ, qui s'était répandue partout à la ronde, vinrent clandestinement devant le reliquaire qui renfermait les précieux ossements, l'ouvrirent en en détachant très soigneusement le sceau, de façon qu'on ne puisse pas s'en apercevoir, volèrent le corps et remirent le sceau en place. Lorsque les hôtes se furent reposés le temps qu'ils

---

1 *Chronicon Lauresbamensis, MGH, Scriptores*, XXI, p. 343. F. Prinz, « Stadtrömisch-italische Märtyrerreliquien und fränkischer Reichsadel », *Historisches Jahrbuch*, 87 (1967), p. 20-25.

2 Saint-Avold. Le monastère, dédié à saint Hilaire, a sans doute été fondé au VIe siècle, par saint Fridolin.

3 Sur Lorsch, voir *supra*, p. 12 et 24.

4 Voir F. Des Robert, *Deux codex manuscrits de l'abbaye de Gorze*, Nancy, 1884, p. 24. Sa pierre tombale portait l'inscription « Quisquis ab occasu uenis huc uel quisquis ab ortu/ praesulis hic cineres scito iacere pii/ Moribus ornatum, uirtutum tramite rectum/ egregium meritis haec tenet urna uirum/ Cui sancti actus lex meditatio, dogma fidele/ Rotgangus nomen, gloria Christus erat/ Romulide de sede sibi data pallia sancta/ extulit, huncque patrum extulit ille pater/ Instituit sanctae clerum hinc munia uitae/ ordine in ecclesia luxque decusque fuit/ Exemplo et uerbis animos ad caelica regna/ misit et in tanta floruit arte satis/ Virtutes retinens, uitiorum monstransque uitans/ satque in eo uiguit pontificalis apex/ Solator uiduis fuit et tutela misellis/ sensit et hunc sibimet orphana turba patrem/ regibus acceptus, populo uenerabilis omni/ uita eius cuncti norma salutis erat/ Post uitae cursum senio ueniente peractum/ terram dat terrae, mittit ad astram animam ». Voir F. X. Kraus, *Die Christlichen Inschriften der Rheinlande*, Freiburg-Leipzig, 1894, p. 137.

5 Maurice, martyr à Agaune avec la légion Thébaine au IIIe s. (BHL 5727-64). Une église fut construite en cet endroit au IVe s., qui devient abbaye en 515. À l'époque carolingienne l'abbaye devint une communauté de chanoines sous la direction d'un abbé séculier qui contrôlait la route du col du Grand-Saint-Bernard au lac Léman (C. Santschi, *Dictionnaire Encyclopédique du Moyen Âge*, Cambridge, Paris, Rome, 1997, p. 1369-1370).

uisum fuerat[1], sublatis pigneribus sacris, discessum est. Confectoque itinere diei unius nihil miraculi accidit, similiter secundo, addito tertio. Archicapellanus hoc uidens dixit sociis : « Quid est, fratres, quod agitur ? Forte Deum una cum patrono nostro offendimus, qui lætificabat nos assidue suis iocundis miraculis. Redeamus subtiliter nostras ad concientias, confiteamur alterutrum humiliter si quid deliquimus negligenter, proque benefi-**(fol. 18r)**-ciis suetis forsan caremus dolenter[2]. » Diligenter exquisiti[3] mutuo, minime inuenerunt accidisse culpæ suæ næuo. Accedentes igitur apertoque scrinio, sigillum mox dissiliit haud ab illis[4] tactum suoque se inuenerunt fraudatos peculio. Indicantur lacrimabiliter episcopo quæ acciderant. At ille grauiter gemens Pippinum regem tunc temporis mestus adiit, auribus regiæ maiestatis deplorans[5] quæ sibi accidissent non sperata incommoda. Cui rex ait : « Nunc hiemps horrida imminet, temptare[6] quid prohibet. Transacta hieme, sumptis fratribus uestris coepiscopis **(fol. 18v)** Treuirense[7], Virdunense, Tullense, ac duce regni, adite præfatum locum, iubendo[8] uobis reddi quæ uestra sunt. Si contempserint, sumite sanctum Mauricium cum sociis suis ac repedate in patriam ouantes habendo eos ». Factum est ut rex iusserat : reditum est ad Sanctum Mauricium cum manu ualida, panduntur edicta regis. Inquisitum est diligenter, negatum fortiter. Tunc uenerabilis præsul sic concionatus est ad eos : « Quia intulistis mihi[9] prolixæ dispendium uiæ confectæ, insuper sancita regis contempnitis, facesso quæ mihi idem rex imperauit ». Continuoque ar-**(fol. 19r)**-repta securi, cum sociis qui secum aduenerant coepit pauimentum ecclesiæ confringere. Quod illi minime autumabant eos audere agere. Cernentes[10] hoc, summissis uocibus humiliter petiere inducias se licere inquirere. Votis[11] eorum deuotus pontifex prompto annuens animo intermisit quod coeperat. Mane facto, reddunt thesaurum furatum. Quem suscipiens præsul cum grandi tripudio ab eadem egreditur ecclesia. Moxque ut ualuas æcclesiæ attigit, cæco oculos amissos reddidit.

Capitulum V
(4) Dehinc multarum spatia terrarum **(fol. 19v)** emensi[12], perueniunt ad uillam Waringisi nomine nuncupatam. Cumque aduenisset tempus somnii, locauerunt sancti martyris glebam in medio campo, ubi ad[13] caput eius una tantum

---

1 quantum ... fuerat] *om. V* 2 dolenter] *om. edd* 3 exquisiti] autem exquirentes se *edd* 4 illis] aliis *V Mab Pertz* 5 deplorans] ingerens *M V edd* 6 imminet temptare] imminens temptare *edd* (reptare *Mab Pertz*) 7 treuirense] *om. Mab* ac treuirensi *add. Pertz e Vita Chrodegangi* 8 iubendo] iubeo *V* 9 mihi] nimis prolixæ *Mab Pertz* 10 cernentes] cernentes uero *edd* 11 uotis] uotis autem *edd* 12 dehinc ... emensi] dehinc (hinc *Mab Pertz*) multis emensis terrarum spatiis *edd* 13 ad] ut *M*.

voulurent, ils repartirent, dépossédés de leurs reliques. Après un jour de route, aucun miracle ne s'était produit, et pas davantage le second ni le troisième. Voyant cela, l'archichapelain[1] dit à ses compagnons : « Frères, qu'y a-t-il ? Que se passe-t-il ? Peut-être avons-nous offensé Dieu et notre saint patron, qui nous réjouissait sans cesse de ses heureux miracles. Examinons scrupuleusement nos consciences, confessons-nous les uns les autres humblement, pour le cas où nous aurions commis par négligence une faute qui nous prive douloureusement des bienfaits habituels ». Ils scrutèrent donc leurs consciences mutuellement, sans trouver quelle faute aurait pu les souiller. Ils s'approchent alors du reliquaire, l'ouvrent, et le sceau se détache sans même qu'on le touche : ils découvrent alors le larcin dont ils sont victimes. En larmes, ils vont raconter à l'évêque ce qui s'est passé, et lui, gémissant profondément, va trouver tristement Pépin[2], le roi de cette époque, et porte aux oreilles de sa royale majesté les ennuis inattendus qui les accablent. Le roi leur dit : « À présent le froid de l'hiver menace et empêche toute entreprise. Mais l'hiver terminé, prenez avec vous vos frères les évêques de Trèves, Verdun et Toul[3], et le duc des Francs ; allez à Saint-Maurice, en exigeant que vous soit restitué votre bien. S'ils vous méprisent, prenez saint Maurice et ses compagnons, et retournez chez vous en les rapportant triomphalement ». Il fut fait selon l'ordre du roi, et on revint à Saint-Maurice avec une troupe puissante. On annonce le décret royal, on demande avec insistance, on refuse avec violence. Alors le vénérable évêque leur fait cette harangue : « Puisque vous m'avez fait faire inutilement un aussi long voyage, et que par-dessus le marché vous méprisez les décrets de notre roi, j'aurai tôt fait d'exécuter les ordres qu'il m'a donnés ». Il se saisit aussitôt d'une hache, et avec ses compagnons se mit à briser le pavement de l'église. Jamais les autres n'auraient pensé qu'ils oseraient faire une chose pareille. À cette vue, ils se firent suppliants, demandèrent humblement un délai pour faire leur enquête. Le pieux évêque accéda bien volontiers à leur souhait, et donna l'ordre d'arrêter. Le matin même, ils rendirent le trésor. L'évêque le prit et quitta l'église dans la plus grande joie. À peine en eut-il franchi la porte, qu'un aveugle retrouva la vue.

V. (4) Après avoir traversé bien des régions, ils arrivèrent à Varangéville[4]. Comme c'était l'heure de dormir, ils placèrent la dépouille du saint martyr au milieu d'un champ ; près de son chef se trouvait un épineux haut d'une coudée seulement ;

---

1 Voir *supra*, p. 126-127.

2 Pépin le Bref, roi de 751 à 768.

3 D'après la *Gallia Christiana*, t. XIII, l'archevêque de Trèves est Veomad, l'évêque de Verdun Madalvée et celui de Toul Arnoul.

4 Voir D'Herbomez, *Cartulaire*, acte 12. M. Parisse, « Varangéville, prieuré de Gorze », dans *Saint Chrodegang*, 1967, p. 154, remarque que le chemin est jalonné de lieux consacrés aux saints que ramène Chrodegang : Pontarlier (Doubs), Saint-Nabord (près de Remiremont), Pouxeux (près d'Épinal), enfin Saint-Gorgon près de Rambervilliers.

spina mensura cubiti erat. In qua lignum Domini, quod clerus secum uehebat, suspenderunt. Quæ spina tantæ altitudinis una eademque nocte excreuit, ut reuertentes clerici ob lignum Domini quod ibidem obliti fuerant, nullo modo ualerent stantes ad culmen eius altitudinis attingere[1], sed potius quibusdam machinis factis ad ipsam scanderent. Cuius miraculi deuotione in eodem loco ecclesiam con-**(fol. 20r)**-struunt, atque ex nomine sancti Gorgonii eandem edificatam[2] dedicant. Cuius uirtutes[3] hactenus ibidem[4] pollent. Nec dubitandum[5] eum pluribus his fulsisse prodigiis per tot annorum curricula, qui tam breui spatio temporis[6] tot enituit signis. Sed uecordia, ut reor, eorum et incuria qui – pro dolor – ingrati fuere tam Deo quam proprio patrono, recessit a memoria posterorum, adeo ut nec uestigium alicuius indicii possit inueniri. At nos imitatores illorum esse formidantes, quædam cudimus[7] licet inculto eloquio[8].

Capitulum VI

(5) Igitur post hæc dum delata fuissent **(fol. 20v)** eiusdem beatissimi martyris Gorgonii reuerenda ossa in predium duorum fratrum illustrium uocitatum Mons Vironis, locata sunt in prato quod tunc temporis extiterat, nunc[9] autem ecclesia fundata ob pretiosam memoriam ipsius. Itaque sacræ excubiæ celebratæ sunt nocte, ut decebat, deuote. Casu[10] acciderat et magis, ut credi potest, disponente Deo, fratres adesse utrosque. Laborabatur ut surgeret, sed potis[11] non erat leuare illum. Quod prudenter aduertens unus fratrum : « Hereditarius, inquit, iste uir sanctus[12] noster uult esse. Et ego libens assentio, ac aucto-**(fol. 21r)**-ritate mea confirmo. Interim quidem dum uiuo, honore prædii mei fruar, post mortem uero meam portionis meæ hereditarius feliciter extet ». Respondens alter dixit : « Quamdiu uult iaceat sibi, meus particeps numquam erit ». Vix uerba finierat, moxque arreptus[13] a dæmone, tamdiu tortus est per terramque hac illac uolutatus[14], quousque inuitus daret quod prius sponte conferre[15] detrectauerat. Tunc liberatus[16] a dæmonio, ilico leui motu etiam martyr Christi eleuatus est gaudientium humeris ad locum destinatum uehendus. **(6)** Erat equidem hic martyr Christi[17] **(fol. 21v)** immitium et duricordium castigator citissimus, ac post correctionem reparator eximius. In eodem siquidem itinere[18], similis rei stupendum, quod subnectimus, accidit miraculum.

---

1 stantes ad culmen eius altitudinis attingere] stantis (*stantes* AASS) ad terram culmen altitudinis eius attingere *edd* 2 eandem ædificatam] ædificatam *V edd* ædificatam eandem *M* 3 cuius uirtutes] ubi uirtutes ipsius *edd* virtutes *V M* 4 ibidem] *om. edd M V* 5 dubitandum] dubitandum est *edd* 6 temporis] temporis diebus nostris *M V edd* 7 cudimus] audemus *Mab Pertz* 8 nec dubitandum … inculto eloquio] *om. V* 9 nunc autem] in quo nunc est *edd* 10 casu] casu uero *edd* 11 potis] potens *Mab Pertz* 12 sanctus] socius Dei *V Mab Pertz* sanctus dei *AASS* 13 arreptus] *om. edd* 14 tortus… uolutatus] in terram uolutatus est *V edd* 15 conferre] dare *edd* 16 liberatus] demum liberato eo *edd* 17 martyr Christi] sæpe fatus uir Dei *V edd* 18 itinere … miraculum] quod subnectimus stupendum accidit miraculum *V edd*

ils y suspendirent la croix du Seigneur, que le clergé transportait avec lui. Or durant cette seule nuit, l'épineux poussa tellement que les clercs, revenus chercher la croix qu'ils avaient oubliée là, furent incapables d'atteindre la cime sans se fabriquer une échelle. En hommage à ce miracle, on éleva là une église, que l'on baptisa du nom de saint Gorgon. Aujourd'hui encore ses miracles y fleurissent. Il n'y a pas lieu de douter qu'au cours de si nombreuses années il ait accompli une multitude de prodiges, puisqu'en si peu de temps il s'était manifesté par une quantité aussi considérable de signes. Mais la sottise et l'incurie de ces gens, ingrats envers Dieu comme envers leur patron, les ont effacés de la mémoire de la postérité, au point qu'il n'en reste pas la moindre trace. Quant à nous, pour éviter de suivre leur exemple, nous nous risquons à ce récit, fût-ce en un style grossier

VI. (5) Plus tard, donc, les vénérables ossements du saint martyr Gorgon furent déposés dans la propriété de deux frères illustres, au lieu-dit Moivrons[1], dans ce qui à cette époque n'était qu'un pré, et où on a fondé aujourd'hui une église dédiée à la précieuse mémoire du saint. La nuit, on y veillait pieusement la sainte dépouille, comme il convenait. Or le hasard (et bien plus encore la volonté divine évidemment) voulut que les frères fussent présents l'un et l'autre. On tenta de soulever la dépouille, mais personne n'eut assez de force pour y parvenir. L'un des frères fit alors cette remarque pleine de sagesse : « Ce saint homme veut être notre héritier. Et moi, j'y consens bien volontiers, et le confirme par mon autorité. Tant que je vivrai, je jouirai des droits de ma propriété, mais après ma mort c'est lui qui recevra ma part d'héritage ». L'autre dit au contraire : « Il peut rester là le temps qu'il voudra, jamais je ne partagerai avec lui ». À peine avait-il prononcé ces mots que le démon le plia et le fit se rouler à terre dans tous les sens, jusqu'à ce qu'il accordât à contrecœur ce qu'il avait refusé d'accorder de son plein gré. Finalement, il fut délivré, et on put aussitôt soulever sans effort le martyr du Christ, que des porteurs tout joyeux conduisirent à destination sur leurs épaules. **(6)** Ce martyr du Christ était certes prompt à châtier les cruels et les cœurs de pierre, mais une fois la punition infligée, il n'avait pas son pareil pour accorder réparation. Ainsi, durant le voyage, survint un miracle stupéfiant du même genre, que nous relatons ici.

---

1 Meurthe et Moselle, arr. Nancy, c. Nomeny (D'Herbomez, *Cartulaire*, actes 68, 96 et 198).

Capitulum VII

Dum deuenissent[1] latores sancti pigneris ad locum Nouiantum[2] nomine, deposuerunt ibidem onus pretiosum. Inerat autem huic sancto martyri[3] moris ut quemcumque affectasset locum, non prius leuari posset[4] uenerabile corpus eius, quousque isdem locus cum omnibus appendiciis eius ditioni subiceretur. Igitur aduenientes mane quo ceptum carperent iter, glebam **(fol. 22r)** leuare satagebant sancti martyris, sed nullius sequebatur efficacia conaminis. Gnari autem huius difficultatis, protinus adeunt loci dominum, qui forte ibidem diebus illis morabatur, morem pandunt, uoluntatem propalant, quid tali recubitu suo beatus martyr portenderet instruunt. At ille, uento superbiæ turgidus, respondit se nihili pendere quamdiu iaceret, nec hac occasione quicquam illi ullo modo cedendum eorum quæ sui iuris erant. Continuo effrenatum os ultio diuina insequitur. Nam ut hæc uerba finiuit, os ipsius **(fol. 22v)** horribiliter ac turpiter distortum est[5], adeo ut auribus eius uideretur proximare. Sensit[6] miser quem concitasset ad perniciem sui. Statim[7] beluina mens[8], propriam resumens conscientiam, humiliter obtulit pretioso martyri quæ prius inani gloria elatus pertinaciter negauerat. Moxque incolumitati pristinæ restitutus, gratiarum rependit actiones ipseque[9] sub omni facilitate[10] assumptus ad destinatum fertur coenobium.

Capitulum VIII

Hæc sunt iucunda et mirifica omnipotentis Dei opera, per quæ dignatur glorificare seruos suos in huius uitæ **(fol. 23r)** politia[11]. Ait enim scriptura deifica : *Comprehendam sapientes in astutia eorum*[12]. Vir enim iste putauit se sancto[13] Dei utpote defuncto posse resistere, sed uigil de cælo custos eius, immo omnium fidelium, uerbere proprii corporis hunc non solum multauit, uerum etiam bonum quod sponte non curauit impendere, coacticie[14] cohercitum[15] compulit gerere[16].

---

1 deuenissent] deuenirent *V edd* 2 nouantium] nomantum *Mab Pertz* 3 martyri] uiro *V* 4 leuari posset] posset leuari *edd* 5 est] *om. M* 6 sensit] sentit tunc *edd* 7 statim] statim autem *edd* 8 mens] mens eius *edd* 9 ipseque sub] sanctusque cum *edd* 10 facilitate] facultate *Mab Pertz* 11 politia] politio *W AASS cum nota :* "apud Mabillonium rectius legitur politia, *quae uox hic pro* regimine *usurpatur*" 12 ait... deorum] comprehendendo sapientes in astutia eorum *edd* 13 sancto] servo *edd* 14 coacticie] coactive *edd* 15 cohercitum] *om. V edd* 16 hæc sunt iocunda ... compulit gerere] *om. V*

---

a) I Cor 3, 19.

VII. Les porteurs des saintes reliques étaient arrivés à Novéant[1], où ils avaient déposé leur précieux fardeau. Où qu'il se trouvât, le saint martyr avait pris l'habitude de s'opposer à ce qu'on le soulevât de terre tant que le lieu et toutes ses dépendances ne s'étaient pas soumis à son pouvoir. Arrivant donc le matin pour prendre le départ, ils tentèrent de soulever le corps du saint martyr, sans résultat. Comprenant d'où venait la difficulté, ils vont directement trouver le seigneur du lieu, qui par hasard demeurait sur place à ce moment-là : ils lui exposent l'habitude du saint, lui expliquent ce qu'il veut et ce qu'il exprime en refusant qu'on le soulève. Mais lui, gonflé du vent de l'orgueil, répond que peu lui importe combien de temps il restera étendu là, et qu'en cette occasion il ne lui cédera aucun des droits qu'il a sur cette propriété. La vengeance divine s'abat immédiatement sur sa bouche insolente : à peine eut-il achevé sa phrase, que sa bouche se déforma de façon si horrible et hideuse qu'on la vit toucher ses oreilles. Alors le malheureux comprit qui il avait offensé pour sa perte. Son esprit bestial recouvra sa conscience, et il offrit humblement au précieux martyr ce qu'il venait obstinément de lui refuser dans un mouvement de vanité. Il fut aussitôt guéri, et répandit des actions de grâce. Quant au saint, on le souleva sans peine et on le conduisit au monastère auquel il était destiné.

VIII. Voilà les œuvres heureuses et prodigieuses du Seigneur tout-puissant, par lesquelles il daigne glorifier ses serviteurs dans le monde d'ici-bas. Car l'Écriture sainte dit : *J'associerai les sages à leur astuce*. Le misérable avait cru en effet pouvoir résister au saint de Dieu, sous prétexte qu'il était mort ; mais Celui qui du haut du ciel veille sur lui avec vigilance, et veille aussi sur tous ses fidèles, non content de lui infliger une punition physique, a voulu aussi l'obliger à faire à contrecœur le bien qu'il n'avait pas voulu faire spontanément.

---

1 Moselle, arr. Metz campagne, c. Ars sur Moselle. Un faux diplôme de Pépin fait remonter la donation à 762, mais elle se place plutôt en 858 sous l'épiscopat d'Advence (D'Herbomez, *Cartulaire*, actes 9, 19, 59 et 92 : restitutions d'Adalbéron).

Capitulum VIIII

(7) Ea tempestate qua Vngari peruagabantur has regiones, Wigerico præsule ciuitati Mettensi præsidenti, fugerunt monachi ad ciuitatem eandem, sua omnia secum tollentes, **(fol. 23v)** inter quæ pretiosissimum pignus sancti Gorgonii uehentes, locauerunt in ecclesia sancti saluatoris, eo quod septione murorum nondum munitus esset locus[1] monasterii. Erat tunc temporis quidam uenerabilis ac religiosus sacerdos, rector et custos eiusdem ecclesiæ. Hic accensus sancto desiderio, aggressus est quendam monachum uirum uenerabilem[2], poscens sibi dari reliquias de eodem corpore, quo dignus mereretur fieri benedictione tam grandi. Quod ilico spondere ille[3] non distulit. Venientes ambo simul, constituta die, quo pactionem mutuo firmatam **(fol. 24r)** clanculo gererent, confestim ut glebam attigerunt sancti martyris, quasi exanimes effecti, ceciderunt in terram[4], nullum penitus sensum aut calorem[5] aliquem habentes. Cumque post trium uel quatuor horarum spatium in se reuersi fuissent expertique in se uirtutem martyris essent, iterum post paululum, cum iam conualuissent, quasi immemores pristinæ castigationis, rursus[6] uenerabilis presbyter ait ad præfatum monachum : « Ecce sacrorum membrorum eius benedictione perfrui dignus non fui, saltim nunc aliquam[7] portionem scrinii, **(fol. 24v)** quo continentur sacra eius ossa, dare non differas. » At ille, ut reor, uile æstimans fore quod petebatur, rursus idem adiit scrinium, admouensque manus tangere iam dictum scrinium, eodem modo ut prius in terram ceciderunt, et facti sunt uelut mortui. Quo facto, sanctus martyr talem ceteris incussit terrorem, ut nullus eum deinceps inquietare præsumeret

Capitulum X

(8) Temporibus itidem memorati præsulis Vuigerici[8] cum domnus Adalbero adhuc uernaret etate iuuenili, tactus diuino instinctu, nudis pedibus ab ciuitate adiit monasterium **(fol. 25r)** Gorziense gratia orandi. Qui altaria cuncta perlustrans sagaci industria, inuenit fimum tam asinorum quam aliorum[9] animalium in circuitu altarium. Tunc ingemiscens grauiter suspiransque amare, pergit[10] ad tumulum beati martyris Gorgonii, prostratusque in terram orauit cum lacrimis diutissime. Inter quas orationes, hanc ultimam dixit : « Deus omnipotens, si umquam promeritus fuero habere pontificatus honorem, locum istum[11] desertum et horribiliter profanatum reparare in pristinum temptabo

---

1 locus] ambitus *edd*   2 uirum uenerabilem] quem ego ipse puerulus ualde senem uidi centenarium, ut ferebatur *V edd* (centenarius *V AASS*)   3 ille] illi *edd*   4 in terram] in terram pæne mortui *V edd*   5 calorem] ualorem *AASS*   6 *Explicit M*   7 aliquam] omne uel aliquam *Mab Pertz*   8 uuigerici] mettensium *edd om. V*   9 aliorum] reliquorum *V edd*   10 ingemiscens-pergit] suspirans graviter et ingemiscens amare cum lacrimis pergit *V edd*   11 locum istum] hunc locum *V edd*

IX. (7) À l'époque où les Hongrois dévastaient ces régions, alors que l'évêque Wigeric[1] gouvernait la cité de Metz, les moines s'y réfugièrent en emportant tous leurs biens, parmi lesquels les précieuses reliques de saint Gorgon, qu'ils déposèrent en l'église Saint-Sauveur[2], car leur monastère n'était pas encore ceint d'une muraille fortifiée. Le responsable et sacristain de cette église était alors un prêtre vénérable et pieux. Enflammé d'un saint désir, il alla trouver un moine vénérable et lui demanda des reliques de ce même corps pour jouir de l'honneur d'une si importante protection. Le moine les lui promit sans hésiter. Mais lorsqu'ils se rencontrèrent au jour fixé pour mettre secrètement à exécution le pacte qu'ils avaient conclu, ils eurent à peine posé la main sur la dépouille du saint martyr, qu'ils tombèrent à terre à demi-morts, leur corps ayant perdu toute sensibilité et toute chaleur. Ils reprirent leurs esprits au bout de trois ou quatre heures, et comprirent que le martyr avait exercé son pouvoir sur eux. Mais peu de temps après, ils s'étaient déjà remis, lorsque, oubliant la punition qu'ils venaient de subir, le vénérable prêtre dit une nouvelle fois au moine : « Je n'ai pas été digne de recevoir la protection de ses saints membres ; alors, ne refuse pas de me donner au moins un morceau du reliquaire qui renferme ses saints ossements ». Et l'autre, estimant certainement négligeable ce qu'il demandait, retourne au reliquaire, en approche la main pour le toucher, et, comme la première fois, ils tombent tous deux à terre, comme morts. Cet exemple fit tellement peur à tout le monde, que désormais plus personne ne songea à inquiéter le saint martyr.

X. (8) Toujours au temps de l'évêque Wigeric, le seigneur Adalbéron[3], qui était encore tout jeune, fut touché de l'aiguillon divin, et quitta la ville pieds nus pour aller prier au monastère de Gorze. Il fit scrupuleusement le tour de tous les autels, et dans cette tournée trouva du fumier d'âne et d'animaux divers pratiquement partout. Il soupira profondément, gémit amèrement, et, en larmes, se rendit devant le tombeau du saint martyr Gorgon ; prosterné à terre, il pleura et pria longuement. Voici la dernière prière qu'il fit : « Dieu tout-puissant, si jamais je mérite un jour d'obtenir le pontificat, je ferai tout pour restaurer ce lieu déserté et

---

1 Évêque de Metz de 917 à 927.
2 Église messine fondée par l'évêque Wala mort en 882. Voir *Miracles de sainte Glossinde*, MGH, *Scriptores*, IV, p. 237.
3 Adalbéron Ier, évêque de Metz (929-962).

statum. » Quod fidelis sponsor[1] qualiter **(fol. 25v)** impleuerit, facilius est oculis deprehendere quam lingua perstringere. Exaudiuit tamen[2] has preces omnipotens Deus, et suffragantibus meritis sancti[3] martyris, adeptus est cathedram episcopalem

Capitulum XI

(9) Post non multum[4] temporis, erat anniuersaria solemnitas beati[5] martyris, et ipse domnus Adelbero, fauente Deo iam præsul, uenit interesse sollemniis sacris. Surgentibus[6] monachis ut laudes persoluerent nocturnales, quidam cecus, qui lumine oculorum caruerat iam duodecim annis, sanctum poscebat Gorgonium misereri sibi. Et **(fol. 26r)** ecce dum sumitur antiphona ad inuitatorium canendum, cæco reparantur lumina diu negata. Quod cernens, episcopus in gaudium attolitur maximum, laudes Deo persoluens ac sancto Gorgonio, sumensque pallium quod secum detulerat, sancto superponit tumulo.

Capitulum XII

(10) Instigante humani generis inimico, qui felicibus omnium inuidet actis maxime bonorum, accendit in ira graui præfatum præsulem Adelberonem[7] aduersus locum Gorziensem. Dolebat enim[8] quam maxime a loco diu possesso ac preualide sibi solidato[9] eminus fugari. Vnde satagebat **(fol. 26v)** uersipellis cunctarum persecutor uirtutum multipliciter tenerarum plantas arborum, antequam radicarentur profundius, radicitus euellere[10]. Fecissetque[11] uoti sui compos effectus, ni clementissimus Dominus, bonorum omnium dator et fautor, manum ereptionis suæ quam primum seruientibus sibi porrigeret[12]. Iam enim transacti fuerant ferme tres anni[13], quo coeperat exosum habere eundem locum, adeo ut monasterium saltim ipsosque fratres uidere fastidiret, deliberauerant ipsi monachi[14], loco relicto, Treuerim usque maturatum[15] iri. Quod ilico contigisset, nisi eisdem **(fol. 27r)** omnipotens Deus sæculum fugientibus portumque monasterii tutum quærentibus restitisset, atque ad famulandum sibi sanctoque Gorgonio habilem concederet facultatem. Odii autem ac discidii causa hæc fuit. Petierant enim[16] sepedicti monachi reddi sibi uillam Waringisi dictam cum appendiciis suis, quam olim sibi famulantibus sanctus adquisierat Gorgonius. Prædones enim[17] et uastatores sanctæ Dei ecclesiæ eundem locum aliaque

---

1 sponsor] sponsor ac uerax *V edd*   2 tamen] enim *Mab Pertz*   3 sancti] prædicti *V edd*   4 multum] multum autem *V edd*   5 beati] eiusdem *V edd*   6 surgentibus monachis] surgentes monachi *V* surgentibus uero monachis *edd*   7 adalberonem] *om. V*   8 enim] enim se *edd*   9 solidato] sociato *V edd*   10 unde satagebat ... euellere] *om. V*   11 fecissetque] fuissetque *edd*   12 porrigeret] porrexisset *V edd*   13 transacti ... anni] transactis tribus ferme annis *V edd*   14 ipsi monachi] iidem ipsi *V edd*   15 maturatum] maturaturum *edd*   16 enim] *om. edd*   17 enim] *om. V*

horriblement profané ». Comment l'Époux fidèle et véritable réalisa son vœu est chose plus facile à constater de ses yeux qu'à expliquer dans un récit. Néanmoins le Dieu tout-puissant exauça ses prières et, grâce aux suffrages du saint martyr, il reçut le siège épiscopal.

XI. (9) Peu de temps après, c'était la fête anniversaire du bienheureux martyr, et le seigneur Adalbéron lui-même, devenu évêque désormais par la grâce de Dieu, vint assister aux saintes solennités. Les moines se levaient pour dire les matines, lorsqu'un aveugle, qui l'était depuis douze ans déjà, vint implorer la miséricorde de saint Gorgon. Et voici qu'au moment où l'on entonne l'antienne invitatoire, l'aveugle retrouve la vue qu'il avait perdue depuis si longtemps. À ce spectacle, l'évêque est saisi d'une joie immense, rend grâces à Dieu et à saint Gorgon, et, se saisissant de l'étoffe de soie qu'il avait apportée, en recouvre le saint tombeau.

XII. (10) À l'instigation de l'ennemi du genre humain, qui jalouse toutes les actions heureuses, et surtout celles des gens de bien, l'évêque Adalbéron fut pris d'une profonde colère contre le monastère de Gorze. Le diable déplorait en effet de se voir chassé loin de cet établissement, qu'il avait possédé et qui lui avait été lié si longtemps. Aussi le rusé persécuteur de toutes les vertus tentait-il par des moyens multiples d'arracher les jeunes pousses avant qu'elles n'aient suffisamment pris racine. Et il aurait mis son plan à exécution, si le Dieu très clément, qui prodigue et favorise tous les biens, n'avait tendu la main pour délivrer sans tarder ses serviteurs. Car il s'était écoulé presque trois ans depuis qu'Adalbéron s'était mis à détester le monastère au point de répugner à sa simple vue et à celle de ses moines ; ceux-ci décidèrent alors de partir pour Trèves[1]. C'est ce qui serait arrivé si le Dieu tout-puissant n'avait pris la défense de ceux qui fuient le siècle et cherchent le havre paisible d'un monastère, et s'il n'avait accordé à saint Gorgon le pouvoir de leur venir en aide. Voici quelle fut la cause de cette haine et de cette dissension. Les moines avaient demandé qu'on leur rende Varangéville[2] avec ses dépendances, que saint Gorgon avait acquis autrefois pour ses serviteurs. En effet, des pillards et destructeurs de la sainte église de Dieu avaient démantelé le monastère

---

1 Cf. *Vie de Jean de Gorze*, c. 95.
2 Cf. *ibid.*, 99-103.

quam plurima a sanctis uiris fructu animarum suarum collatis, uelut crudeles lupi ouem arreptam in uaria frusta¹ sciderant². Tenebat igitur **(fol. 27v)** uillam illam unus fratrum eius carior ceteris, quapropter non poterat audire³, ut quis eam requireret. Huiuscemodi ergo dum agitantur perturbationibus, ecce in⁴ ⌜intempestæ noctis silentio⌝ quidam eum adiit uir uenerando habitu, pulcherrimo aspectu, splendore mirifico, et talibus aggreditur dictis : « Bonum quidem bene coepisti, sed lassus propere⁵ defecisti. Sit⁶ tibi⁷ sollers cura emendandi, ne sit causa tui excidii. Profecto quippe⁸ nisi te correxeris, in lapsus alios, unde te eximere non poteris, inueheris ». Hic dictis, euanuit. At ille coepit pauescere, pallescere, **(fol. 28r)** tremere. Conuocato itaque camerario sibi fidissimo⁹, ait ei uultu moestissimo : « I fidissime Gorziam citissimus, adscissce abbatem festinantissime¹⁰ ». Qui, dictis senioris sui parens, celeriter¹¹ ascenso equo properare uolebat uersus Gorziam, cum repente inuenit abbatem¹² et quosdam fratrum ad portam ciuitatis prestolantes introitum¹³, eo quod claues detinerentur adhuc penes custodem urbis. Tunc¹⁴ lætus admodum factus : « Eia, inquit, congratulor uobis, quia laborem meum, qui mihi nunc contingeret, releuastis. Debebam enim uersus uos tendere. **(fol. 28v)** Ergo adite seniorem meum citissime, quia uos expectat desiderans uidere cupide. Mandatum¹⁵ sibi creditum¹⁶ cum implesset camerarius studiosissime, rediit cum abbate¹⁷. Quo¹⁸ introgresso, ruit¹⁹ episcopus ad pedes, se reum, se culpabilem proclamat²⁰, Deum offendisse, patronorum iram liberalissimorum²¹ Petri, Pauli et Gorgonii incurrisse cum fletibus ingeminabat²² « Præcedite igitur, inquiens,²³ iter meum, quod absque scrupulo hora diei tertia uos²⁴ subsequetur, præstolantes me communiter cum omni fratrum agmine ». – « Nolite, inquit abbas²⁵, hodie **(fol. 29r)** iter arripere, quia ieiuniorum dies sunt precipui, quos uiolare non est possibile²⁶. – Nequaquam, ait, retardari ualet mea subsecutio, quia diuina urguet iussio ». Proficiscitur ergo ad monasterium, ut statutum fuerat. Veniens autem ad locum qui dicitur Crucis, nudis pedibus incedens uenit²⁷ usque ad locum, atque in conuentu fratrum pedibus cunctorum prouolutus, pro obstinatione sua se culpabilem

---

1 eundem locum … frusta] locum eundem uelut crudeles lupi ouem arreptam in frusta sic ipsi omnia monachis a sanctis Dei uiris pro fructu animarum suarum collata (collatis *V*) in uaria frusta *V edd* 2 sciderant] scinderant *V* 3 non poterat audire] audire non poterat *edd* 4 in] *om. edd* 5 propere] prope/re *W* prope *V Mab Pertz* 6 sit] sit ergo *V edd* 7 tibi] *om. V* 8 quippe] *om. edd* 9 fidissimo] fidissimo orto die *V edd* 10 fidissime… festinantissime] fidentissime festinantissimus gorziam et adscisce abbatem citissime *V edd* 11 celeriter] celerrime *edd* 12 abbatem] eum *V edd* 13 introitum] exitum *V edd* 14 tunc] qui *V edd* 15 mandatum] mandatum igitur *edd* 16 creditum] destinatum *V edd* 17 cum abbate] abbas *V edd* 18 quo] illo *V edd* 19 ruit] ruens *V edd* 20 proclamat] proclamans *V edd* 21 liberalissimorum] liberalissimorum sanctorum uidelicet *V edd* 22 ingeminabat] ingeminabat post hæc inquit *edd* 23 inquiens] *om. V edd* 24 uos] *om. V edd* 25 inquit abbas] abbas inquit *edd* 26 possibile] possibile. Qui respondens. *edd* 27 uenit] uenit discalciatus *V edd*

et quantité d'autres biens que les moines avaient reçus des saints hommes de Dieu pour le profit de leurs âmes : comme des loups cruels une brebis volée au troupeau, ils les avaient mis en pièces. Le domaine de Varangéville était dirigé par un de ses frères, particulièrement cher à l'évêque, aussi ne pouvait-il supporter qu'on la lui réclame. Au milieu de ces désordres, voici que dans le silence de la nuit un homme à l'allure vénérable, très beau, entouré de lumière, aborde l'évêque en ces termes : « Tu t'es certes engagé dans la voie du bien, mais tu t'es fatigué et tu as bien vite renoncé. Alors, prends bien soin de t'amender, pour éviter que ce soit là cause de ta chute. En vérité, si tu ne te corriges pas, tu tomberas dans d'autres erreurs, d'où tu ne pourras pas te tirer ». Cela dit, il disparut. L'évêque se mit à craindre, à pâlir, à trembler. Il convoqua alors son très fidèle chambrier, et lui dit d'un air triste : « Va à Gorze en toute hâte, mon fidèle serviteur, et fais venir l'abbé au plus vite ». Le chambrier obéit aux ordres de son seigneur et enfourcha un cheval, prêt à foncer vers Gorze. Or soudain, aux portes de la ville, il aperçoit l'abbé et quelques moines, qui attendaient de pouvoir entrer, car les clés étaient encore entre les mains du garde. Tout joyeux, il leur dit : "Ah ! merci de me simplifier la tâche, car je devais justement me rendre chez vous. Allez donc trouver mon seigneur au plus vite : il vous attend et souhaite ardemment vous voir ». Comme le chambrier avait rempli sa mission très scrupuleusement, il s'en retourna avec l'abbé. Dès qu'il fut en sa présence, l'évêque se jeta à ses pieds en pleurant ; il reconnaissait sa faute, et ne cessait de répéter qu'il avait offensé Dieu et encouru la colère de ses très généreux patrons les saints Pierre, Paul et Gorgon. Puis il dit : « Précédez-moi, je vous suivrai sans difficulté à la troisième heure du jour ; et attendez-moi avec toute la communauté de vos frères ». L'abbé lui répondit : « Ne partez pas maintenant, car nous sommes aux jours de jeûne principaux, que l'on ne peut violer ». L'évêque répondit : « Mon projet ne peut être différé, car c'est le commandement divin qui me presse ». Il part donc en direction de Gorze, comme convenu, et, arrivé au lieu-dit La Croix[1], il se déchausse et va pieds nus jusqu'au monastère, se prosterne devant les moines et s'accuse d'obstination. Par sa

---

1 La Croix-saint-Clément se trouve sur la hauteur près de Gorze, depuis laquelle on peut voir la vallée jusqu'à Metz ; saint Clément y serait tombé à genoux en vue de cette ville.

reddidit, statimque baculo suo uillam cum omnibus appendiciis suis reddidit, continuoque aduocans ministerialem suum sub in-**(fol. 29v)**-terminatione diuinæ animaduersionis obstrinxit ut, si non uellet percelli maledictione et ultione Dathan et Abiron, Ananiæ quoque et Saphiræ, omnimodis tangere non presumeret quicquid ibidem collectum fuerat usibus diuersis profuturum. Quod iussum ipse fideliter compleuit. Denique impleta[1] est sententia sapientis Salomonis dicentis : *Cum placuerint Deo uiæ hominis, inimicos quoque eius conuertet ad pacem*[a]. [2]Vere enim seniorum uiæ illorum Domino complacuerant, qui precibus crebris Deum sic pulsabant, ut inimicos eorum **(fol. 30r)** conuerteret ad pacem tam perfectam, ut qui prius nec reddere quæ illorum erant uoluerant, neque audire saltim si quis eos necessitatis suæ causa interpellare præsumeret, ipsis iam diffisis utrumque Domino imperante absque dilatione annuerent.

Capitulum XIII

(11) Alia item uice importuni ualde crebro instabant præfato episcopo seniores monasterii[3], quoniam urguebat eos penuria sibi insita, poscentes obnixis precibus reddi sibi Langei uillam ac ea quæ Mulins[4] sui iuris erant. At ille, ut silex durissimus, nullis mouebatur sermocinationibus. Videntes ergo se **(fol. 30v)** nihil proficere, reliquerunt eum, suam omnem querelam commendantes altissimo. Aliquantulum temporis fluxerat, et accersiens abbatem ac quosdam primores fratrum : « Tenete, inquiens, quod diu requisistis attentius sine efficacia ulla. Gratias mihi nullas rependite, sed sancto Petro, qui mihi hac nocte cum horrore uehementi hæc ingessit dicta : « Bonum quidem coepisti, sed minime perfecisti, ideoque diuina ultione, si te non proficue correxeris, citissime ferieris ». Ista uobis indicaui, ut sciatis cui rependere gratias debeatis ». Hic finem loquendi fecit. Vere Dominus, memor promissorum suorum, compleuerat quod **(fol. 31r)** dixit : *Primum quærite regnum Dei et iusticiam eius et hæc omnia adicientur uobis*[b].

---

1 impleta] completa *V*   2 Vere enim ...ac defensorem (= c. XIII-XV)] *om. V*   3 monasterii] monasterii sæpedicti *edd*   4 mulins] molins *edd* molinis *Pertz*

---

a) Prov 16, 17   b) Mt 6, 33

crosse, il leur rend immédiatement Varangéville avec toutes ses dépendances ; il fait venir son ministériel et jure, sous la menace du châtiment divin, que, s'il ne veut pas être frappé de la malédiction et de la vengeance dont furent victimes Dathan, Abiron, Aniane et Saphire, il ne touchera à aucun des biens rassemblés là pour les différents usages. Il respecta fidèlement ce serment plein de justice, et la parole du sage Salomon fut enfin réalisée, qui dit : *Lorsque les voies de l'homme plairont à Dieu, il conduira à la paix même ses ennemis.* Car le Seigneur avait approuvé les voies de nos supérieurs, qui lui avaient plu parce que, par leurs fréquentes prières, ils poussaient Dieu à conduire leurs ennemis à une paix si parfaite que ceux qui, jusque-là, avaient refusé de leur restituer leur bien, voire d'écouter les doléances qu'ils leur présentaient par nécessité, acceptaient sans discuter de faire l'une et l'autre chose sur l'ordre du Seigneur alors même que ces gens avaient déjà renoncé à tous leurs espoirs.

XIII. (11) Une autre fois encore, les supérieurs du monastère pressaient l'évêque de leurs demandes importunes, car ils étaient en proie à la pénurie qui régnait parmi eux : ils le priaient instamment de leur rendre Longeville[1] et leurs biens de Moulins[2]. Mais lui, insensible comme la pierre, ne se laissait fléchir par aucune requête. Voyant qu'ils n'obtenaient aucun résultat, ils abandonnèrent toute demande de son côté et confièrent l'intégralité de leur peine au Très-haut. Un petit laps de temps s'était écoulé, lorsque l'évêque fit venir l'abbé et quelques-uns des supérieurs du monastère : « Recevez ce que vous demandez avec insistance depuis longtemps, sans résultat, leur dit-il. Ne me remerciez pas moi, mais saint Pierre, qui cette nuit m'a adressé ces mots qui m'ont causé une peur terrible : « Tu t'es certes engagé dans la voie du bien, mais tu t'es fatigué, et tu as eu tôt fait de renoncer ; aussi seras-tu bientôt frappé de la vengeance divine, si tu ne te corriges pas ». Je vous ai raconté cela pour que vous sachiez qui vous devez remercier ». C'est ainsi que finit son discours. En vérité, le Seigneur, qui se souvient de ses promesses, avait accompli sa parole : *Cherchez d'abord le royaume de Dieu et sa justice, et tout le reste vous sera donné de surcroît.*

---

1 Longeville-lès-Metz, Moselle, arr. Metz campagne, c. Woippy (D'Herbomez, *Cartulaire*, acte 102) ; Longeville est liée à Moulins-lès-Metz dans les donations et les restitutions (*ibid.*, acte 99, confirmation d'Otton).

2 Moulins-lès-Metz, Moselle, arr. Metz campagne, c. Woippy (D'Herbomez, *Cartulaire*, acte 99).

Capitulum XIIII

(12) Comes quidam Boso nomine, ampla persona nobilisque genere, uillam loci[1] in Campania sitam nomine Wasnau inuaserat, ad quem quidam seniorum e loco monasterii[2] ierat[3], pro eadem causa interpellandum. Deductus igitur in eius præsentia, exposuit indigentiam quam patiebantur fratres maximam, putans compati illum debere. Sed ille e contrario obduruit intrinsecus, factus uelut lapideus. Dixit itaque legatus comiti : « Si nobis non reddideritis, clamabimus nos ». At ille respondit : « Ad quem ? Num ad regem ? **(fol. 31v)** In ueritate, mihi rex pro minimo est. Dux Gislebertus[4] sic mihi est acsi seruus meus uilissimus ». Cui senior : « Si caremus terreno auxilio, conuertemur ad maius supplementum ». Qui ait : « Quod est illud ? » Respondit senior : « Omnipotens deus, factor et refactor meus ut uester, æque[5] accipiens personam uestram et[6] meam ». At ille subiunxit : « Tace et festina ocius repedare, ne cum magno dedecore faciam te uitam tuam transigere ». Respondens autem uxor illius, inquit illi : « Absit[7], absit, inquam[8], ut hanc umquam incurratis infamiam, et generi nostro[9] hoc dedecus imponatis, ut **(fol. 32r)** aliquam seruo Dei inferatis iniuriam, quin potius sinite eum saluum et incolumem, ut uenit, discedere ». Ergo his dictis discessum est. Ille itaque[10] graui infirmitate inuasus est, per octo dies continuos sublata ei facultate omni manducandi, bibendi, dormiendi. Fecit autem se deferri Lingonas medendi gratia, sed infirmitas missa diuinitus non minuebatur, quin immo augebatur. Tunc pro legato sibi nuper directo dirigit ocius, ut ad se acceleret expeditus[11]. Qui statim missus est, addito sibi socio alio seniore. Cumque uenissent coram, dixit ad legatum **(fol. 32v)** prius missum : « In proximo cum me adisses, minime poteram credere petitionem tuam tam cito adfuturam. Tene ergo », porrigens illi uirgam[12] sine cunctatione, « quod nuper tociens[13] expetitum, pro humilibus ac uotis supplicibus contumeliosa uerba rependimus, immo iniuriosa facta inferre machinati sumus ». Dixit, et illos gratulabundos reddidit, sibi autem inualetudinem pedetemtim alleuiare tripudiatus[14] est, ac redeunte salutifera esurie qua diebus octo mestus, ut supra diximus, caruerat, cibos sibi deferri petiit. Quibus aliquantulum refectus cubitum **(fol. 33r)** se collocauit, atque somno diu negato aliquantisper incubuit. Mane quoque usque in horam ferme tertiam somnum protelauit. Cumque excitatus requisisset si monachi ab hospitio[15] iam uenissent, responsum est amare[16] præstolari utrosque. Et ille absque retardatione iussit eos pariter introduci. Quibus introductis, sic eos prior

---

1 loci] nostram *edd*   2 e loco monasterii] seniorum nostrorum *edd*   3 ierat] ierat in vitry (vitreio *AASS* victoriacum *restituit* Pertz) castello constitutum *edd*   4 gislebertus] gillebertus Mab Pertz   5 æque] atque *edd*   6 et] ut *edd*   7 inquit illi absit] absit ait *edd*   8 inquam] *om. edd*   9 nostro] uestro *edd*   10 itaque] utraque Mab Pertz   11 expeditus] *coniecimus* expe//t W accelerare festinet *edd*   12 uirgam] baculum *edd*   13 totiens] tantoties te expetente *edd*   14 tripudiatus] gauisus *edd*   15 ab hospicio] *om. edd*   16 amare] a mare *AASS*

XIV. (12) Un comte nommé Boson[1], personnage important, de famille noble, s'était emparé de notre domaine de Vanault en Champagne[2]. L'un des supérieurs du monastère[3] était allé le trouver pour s'en plaindre auprès de lui, mais il demeura insensible comme la pierre. Introduit en sa présence, il lui exposa l'extrême indigence des frères, pensant qu'il compatirait forcément. Le délégué dit au comte : « Si vous ne nous rendez pas le domaine, nous nous plaindrons ». Et lui de répondre : « À qui ? Au roi ? En vérité je fais peu de cas du roi. Quant au duc Gislebert[4], c'est à mes yeux l'équivalent du dernier des esclaves ». Le supérieur lui dit alors : « Si nous ne trouvons pas de secours terrestre, nous nous tournerons vers une aide plus importante ». « Laquelle ? », demanda le comte. Le supérieur répondit : « Le Dieu tout-puissant, mon créateur et sauveur comme le vôtre, qui regarde ma personne exactement comme la vôtre ». Le comte ajouta alors : « Tais-toi, et dépêche-toi de rentrer, si tu ne veux pas que je te fasse honteusement passer de vie à trépas ». Mais sa femme intervint en disant : « Gardez-vous bien, gardez-vous, je vous le dis, de subir jamais cette infamie, et d'infliger à notre famille le déshonneur de maltraiter un serviteur de Dieu ; laissez-le plutôt partir sain et sauf comme il est venu ». Sur ce, on se quitta. Le comte fut atteint d'une grave maladie durant huit jours consécutifs, perdant toute faculté de s'alimenter, de boire et de dormir. Il se fit soigner à Langres, mais sa maladie, qui était d'origine divine, ne diminuait pas, bien au contraire. Alors il fit venir au pied levé le délégué du monastère, qu'on lui avait dépêché récemment. Celui-ci vint aussitôt, avec un autre des supérieurs. Il les convoqua, et dit au délégué qu'il avait déjà reçu auparavant : « Dernièrement, quand tu es venu me voir, je ne pouvais pas imaginer que ta prière ferait effet si vite. Tiens, dit-il, en lui tendant son bâton, reçois sans plus attendre ce que tu nous as réclamé tant de fois, ne recevant en réponse à tes humbles supplications et à tes demandes implorantes que mots arrogants et menaces de violence ». Ainsi parla-t-il, les remplissant de reconnaissance et se réjouissant lui-même d'éprouver aussitôt un début de guérison ». En rentrant, il fut pris d'une faim salutaire, qu'il n'avait plus connue durant ces huit jours d'affliction, et il se fit apporter de la nourriture. Il récupéra quelques forces, alla se coucher, trouva en quelques instants le sommeil qu'il avait perdu depuis si longtemps, et le matin dormit presque jusqu'à la troisième heure. Une fois éveillé, il demanda si les moines étaient déjà arrivés de l'hostellerie ; on lui dit qu'ils attendaient tristement tous les deux. Il les fit aussitôt entrer ensemble, et leur dit : « En vérité, j'ai compris

---

1 Boson, troisième fils de Richard le Justicier, duc de Bourgogne. Voir *supra*, p. 115-117.
2 Vanault-le-Châtel, Marne, arr. Vitry-le-François, c. Heiltz le Maurupt. Voir *supra*, p. 116-117.
3 Il s'agit de Jean ; le récit est également rapporté dans sa Vie, c. 104 à 109.
4 Duc de Lorraine (928-939).

alloquitur : « In ueritate, comperi sanctum Gorgonium apud Deum maioris esse potentie quam meæ[1] in terris fastus superbiæ. Vnde habetote me deinceps aduocatum, si placet, fidissimum, quem hactenus habuistis peruasorem atrocissimum, et quicquid perdideritis, **(fol. 33v)** ego cocto auro restaurabo. Dixit ueraciter, quia usque in finem uitæ suæ id impleuit ualenter[2], adimpleta psalmistæ sententia dicentis : *Hæc mutatio dexteræ Excelsi*[a].

Capitulum XV

(13) Fama uolans populos sermone replebat quod sancti Gorgonii corpus haut ibi in totum haberent[3], sed potius ultra Rhenum in episcopio suo decentissime nomine insignito medietas teneretur[4]. Qua sollicitudine stimulati præsul uidelicet Adelbero et abbas loci aliique seniores quam plurimi querebant, si Deo forsitan placitum esset, dinoscere ueritatem. Quapropter pariter conglobati, com-**(fol. 34r)**-muni consilio decreuerunt quatinus, triduano ieiunio[5] affligentes corpora sua, notitiam abditæ sibi rei explorarent, statuentes insuper diem et tempus quo hec adorirentur. Factumque est et, ueniente tempore constituto, post completorii sinaxim[6] recedentibus aliis omnibus, nominatæ tantum personæ conueniunt, albis se induunt, omnibus seris diligenter obstructis, luminaribus toto monasterio accensis, altario appropiant. Deinde incipientes summa cum deuotione letaniam, ad finem usque explent. Omnibus rite completis, **(fol. 34v)** accedens episcopus ad scrinium primum, extulit illud. Qui[7] secundo admouens manus[8], quo tegebantur pretiosa pignera, quique sigillis plurimis[9] insignitur, cum sumpsisset cultellum, ut primum incideret sigillum, tantus tremor et pauor omnes inuasit, ut putarent se ilico mori. Recessit ab illis [10]fortitudo, consilium, fiducia, nec poterat quisquam alio dare consilium aut[11] audaciam præsumendi, cum penitus cunctos inuolueret pariter calamitatis formido et anxietatis. Sigillum ut fuerat ex parte dissolutum, ut dictum est, præ timore sic reliquentes[12], ocius studuerunt **(fol. 35r)** resignare ut inuenerant, putantes se continuo ibidem exanimari. Fugerunt ergo, minime ualentes scire quæ Deo placuerunt esse occulta ; hoc tantum deprehenderunt, depositum ibi thesaurum Christo esse carum, quem humanus oculus non est dignus habere intuitu. Insuper quoque[13] recognouerunt suæ miseriæ imbecillitatem, attendentes[14] quod beatus Gregorius dicit in tantam nos deiectionem heu dirutos,

---

1 meæ] mei *edd* 2 quia … ualenter] et adimpleuit usque in diem obitus sui ualenter *edd* 3 quod … haberent] sanctus gorgonius hic minime totus haberetur *edd* 4 teneretur] haberetur *edd* 5 ieiunio] ieiunio panis et aquæ *edd* 6 completorii sinaxim] completorium *edd* 7 qui] qui autem *edd* 8 manus] manus prædicto scrinio *edd* 9 plurimis] plurimis ut audiuimus *edd* 10 illis] illis omnis *edd* 11 consilium aut] *om. edd* 12 relinquentes] dimittentes *edd* 13 insuper quoque] uerum etiam *edd* 14 attendentes] attendentes illud *edd*

---

a) Ps 76, 11

que saint Gorgon jouissait auprès de Dieu d'un pouvoir supérieur à mon arrogance sur cette terre. Alors trouvez désormais en moi le plus fidèle des avoués, si vous le voulez bien, après que j'ai été votre cruel persécuteur ; et tout ce que vous avez perdu, je vous le rendrai en or bien pur ». Il parla sincèrement, et tint fermement sa promesse jusqu'au jour de sa mort, réalisant la parole du psalmiste qui dit : *Voilà le changement qu'accomplit la main du Très-haut.*

XV. (13) La rumeur ailée avait répandu le bruit qu'à Gorze on ne possédait pas l'intégralité du corps de saint Gorgon, et que de l'autre côté du Rhin[1], dans un évêché qu'illustrait l'éclat du nom du saint, on en possédait l'autre moitié. L'évêque Adalbéron, l'abbé du monastère et beaucoup d'autres supérieurs étaient préoccupés par l'affaire et voulaient savoir la vérité, si toutefois Dieu le permettait. Aussi se réunirent-ils et décidèrent-ils d'un commun accord de respecter un jeûne de trois jours, de faire ensuite une enquête sur ce mystère et de fixer un jour et une heure pour la chose. Ce qui fut fait. Arrive le moment convenu et, alors que tout le monde rentre au monastère après complies, seules les personnes désignées se rassemblent et mettent leurs aubes. On tire soigneusement les verrous, on allume toutes les lampes, et on s'approche de l'autel ; on entonne ensuite les litanies avec la plus grande dévotion, et on les chante jusqu'à la fin. Lorsque tout fut accompli suivant le rite[2], l'évêque s'approcha du premier reliquaire et le souleva ; puis il approcha la main du second, qui contenait le corps précieux et qui était fermé de plusieurs sceaux ; dès qu'il eut pris un couteau pour fendre le premier sceau, une telle terreur et un tel tremblement les envahirent tous, qu'ils crurent mourir sur place. Ils perdirent tout courage, tout raisonnement et toute confiance ; pas un ne pouvait conseiller l'autre ni lui inspirer l'audace de poursuivre, car la crainte d'une catastrophe et l'anxiété les étreignait tous. Laissant le sceau en partie détaché comme il était, ils décidèrent bien vite de sceller à nouveau le reliquaire comme ils l'avaient trouvé, sûrs qu'ils allaient être terrassés. Ils s'enfuirent donc, refusant de connaître ce que Dieu avait voulu cacher. La seule chose qu'ils surent, c'est qu'était déposé là un trésor cher au Christ, que l'œil de l'homme est indigne de contempler. Ils reconnurent également la faiblesse de leur misérable condition, en constatant ce que dit saint Grégoire : « Malheur à nous, qui avons été précipités

---

1 À Minden, en Saxe, existait un autre culte important de saint Gorgon. Voir F. Dolbeau, « Un panégyrique anonyme prononcé à Minden pour la fête de saint Gorgon », *AnalBoll*, 103 (1985), p. 35-59.

2 Il faut en particulier se purifier par trois jours de jeûne : voir P.-A. Sigal, « Le déroulement des translations de reliques principalement dans les régions entre Loire et Rhin aux XIe et XIIe siècles », dans Edina Bozoky et Anne-Marie Helvétius (éd), *Les reliques. Objets, cultes, symboles.* Actes du colloque international de l'Université du Littoral-Côte d'Opale (Boulogne-sur-mer) 4-6 septembre 1997, Turnhout, 1999, p. 213-227.

ut hoc ad quod creati sumus nec cernere saltim ualeamus. Sed utinam succurrant, sicut expedit, merita et preces eius miseriæ nostræ, quem Deus **(fol. 35v)** nobis dignatus est dare in hoc erumnoso sæculo patronum ac defensorem.

Capitulum XVI

(14) Extitit quidam ab ineunte ætate mutus de Augustidunense ciuitate, qui sepissime sanctorum perlustrauerat loca multorum, poscens suffragiis illorum et meritis iam tandem sibi opitulari. Inter quæ[1] ad sanctum uenit Gengulfum. Cui nocte indictum est ut ad sanctum Gorgonium properaret. Qui, mane facto, sciscitando, ut moris est ignaris uiarum, iter accelerauit uersus Gorziam, sicuti[2] sibi fuerat reuelatum. Quo demorans aliquantis diebus, custodi ecclesiæ, religioso certe[3] uiro, plurimum[4] impor-**(fol. 36r)**-tunus extitit, ut ualebat nutibus signorum quo sibi liceret aliqua nocte in ecclesia iacere. Qui tandem, tædio uictus, permisit eum iacere sub gradibus quibus ad altare habetur ascensus[5]. Ecce autem in ⌈intempestæ noctis silentio,⌉ dormientibus cunctis, insonuit fragore miro scrinium beati martyris, adeo ut isdem custos, a sonitu illo timore perculsus, fuerit expergefactus. Tum, sicut post mutus retulit, uidebatur sibi quasi quidam tyrunculus a lecto beati martyris exierit, qui ad eum ueniens, digitum indicis ei in os mitteret, illique linguam a palato scinderet[6]. **(fol. 36v)** Cui plurimum sanguinis profluxit ab ore super eosdem gradus uidentibus cunctis fratribus, ac deinceps Deum glorificans ac saluatorem suum[7] sanctum Gorgonium liberam habuit loquendi facultatem. Qui redire cum uellet in propria, ueniens ad uillam Arnoldi dictam, ire stimulis succensus seruum suum, nescio qua de causa, dure uerberibus afflixit. Confestim igitur, ut prius, loquendi potestate est priuatus. Sed cito salubri consilio reperto, rediit ad misericordiam martyris, ibique denuo sensit pia remedia suæ taciturnitatis[8]. Deinde gratanter ad sua reuer-**(fol. 37r)**-sus, non nobis postea est uisus.

---

1 quæ] quæ ad ultimum *edd* 2 sicuti] quemadmodum *edd* 3 certe] certe custodi religioso *edd* 4 plurimum] plurimum cotidianis diebus *edd* 5 ascensus] adscenditur *edd* 6 exierit ... scinderet] ueniens mitteret in ore eius digitum indicis atque linguam scinderet a palato *edd* 7 saluatorem suum] patronum nostrum *edd* 8 ibique ... taciturnitatis] reddita est ei loquela *edd*

Édition et traduction des Miracles de saint Gorgon

si bas que nous n'avons pas la force de regarder en face ce pour quoi nous avons été créés[1]. » Mais puissent nous secourir dans notre misère les mérites et les prières de celui que Dieu a daigné nous donner comme patron et défenseur en ce monde de douleur.

XVI. (14) À Autun, il y avait un muet qui l'était depuis son plus jeune âge et qui avait parcouru de très nombreux sanctuaires pour demander à être enfin secouru par les mérites et les suffrages des saints. Sa route le mena auprès de saint Gengoul[2], et, la nuit, il lui fut enjoint de se rendre en toute hâte auprès de saint Gorgon. Le matin venu, conformément à la révélation qu'il avait eue, il pressa le pas vers Gorze, en se renseignant comme le font les voyageurs qui ne connaissent pas leur route. Il y resta quelques jours et importuna presque quotidiennement le sacristain, qui était un homme pieux, en lui demanda par gestes, comme il pouvait, l'autorisation de dormir dans l'église. Finalement, par lassitude, celui-ci lui permit de s'étendre sous l'escalier qui conduit à l'autel. Or voici qu'au plus noir de la nuit, alors que tout le monde dormait, le reliquaire du bienheureux martyr se mit à résonner d'un fracas extraordinaire, qui effraya le gardien et le tira de son sommeil. Alors le muet, ainsi qu'il le raconta lui-même par la suite, crut voir un novice sortir du tombeau du bienheureux martyr, lui mettre l'index dans la bouche et lui décoller la langue du palais. Un abondant flux de sang jaillit de sa bouche sur l'escalier, devant tous les frères, et glorifiant Dieu et Gorgon son sauveur, le muet retrouva le libre usage de la parole. Voulant s'en retourner chez lui, il arriva à Arnaville[3] où, poussé par l'aiguillon de la colère, il frappa violemment son serviteur pour je ne sais quelle raison. Il reperdit aussitôt l'usage de la parole ; mais il revint vite à la raison, recouvra l'indulgence du saint martyr et put à nouveau parler. Il finit par rentrer chez lui plein de reconnaissance, et nous ne le revîmes plus.

---

1 Nous n'avons pas pu identifier cette citation. = Jacobsen
2 L'évêque de Toul Gérard (963-994) avait ramené de Langres des reliques du saint et fondé un monastère de moniales qui devint collégiale au milieu du XIe siècle (voir M. Goullet, « Les Vies de saint Gengoul, époux et martyr », dans *Guerriers et moines. Conversion et sainteté aristocratiques dans l'Occident médiéval (IXe-XIIe siècles)*. Études réunies par M. Lauwers, Antibes, 2002 (CEPAM, Nice, Collection d'Études médiévales, 4), p. 235-263).
3 Meurthe et Moselle, arr. Chambley.

Capitulum XVII

(15) ¹Sub eisdem ferme temporibus erat quidam ueteranus miles præsulis² Adelberonis, infestus ualde monachice religioni³, eo quod plurimum possideret de abbatia huius loci⁴. Accidit ergo ut, appropiquante uitæ eius termino, migraret ex hoc mundo. Casu autem accidente, magisque⁵ Deo uolente, erat tunc penes locum isdem Adelbero presul⁶. Erat uero uespera, cum ei mors militis fuerat nuntiata paratatque eius coena. Quem ilico quidam seniorum⁷ adiit, proque quadam uilla eum interpellauit⁸, quam **(fol. 37v)** inter alia plurima isdem miles tenuit. Sed ille mirifice iratus mireque præ ira, ut sibi moris erat, in nigredinem uersus – sicut enim plerique ab ira rubent, ita plerique nigrescunt –, non solum nullum dedit petenti responsum, uerum omnibus senioribus petentibus, ut postposita ira dignaretur aliquid gustare, ita contra omnes poscentes obduruit, ut nullum prorsus⁹ audire uellet, sed incenatus frendens ira dormitum pergeret¹⁰. Contristatis igitur omnibus fratribus¹¹ de ira eius, mallent¹² enim dispendium habere maximum quam suum contristatum **(fol. 38r)** uidere spiritum, timentes ne forte ob hoc odio haberet locum, quem ante dilexerat multum. Sed sanctus Gorgonius solita sibi pietate clientes suum dignatus est confortare¹³. Nam episcopus¹⁴, lecto decubans, tota nocte neutrum facere poterat, nec uigilare scilicet¹⁵ bene, nec dormire. Torquebatur, anxiebatur fantasmaticis uisionibus, in lecto inquietabatur, huc et illuc uertebatur, repausationis nulla quies dabatur. Tandem in se reuersus surrexit a lecto, adsumptoque baculo suo, perrexit **(fol. 38v)** ad ecclesiam¹⁶, reddens uillam per eundem baculum sancto Gorgonio, et procidens in terram ueniam postulabat a sancto, ut sibi ignosceret quod petentibus restitisset tam obstinato animo. Dimisso ergo baculo ad caput sancti Gorgonii, ad stratum repedauit lectuli¹⁷. Deinde reliquum noctis in summa pace¹⁸ dormiendo peregit, nulla penitus re inquietante. Facto itaque mane, accito seniore qui prius se interpellauerat de¹⁹ uilla una cum abbate, iussit sibi deferri baculum, quem apud sancti Gorgonii reliquerat scrinium²⁰. **(fol. 39r)** Qui cum delatus fuisset, accipiens illum abbati monasterii dedit, et dixit : « Ecce, habetote uillam sero satis petitam²¹, gratiasque rependite sancto martyri non mihi, quoniam hoc non propria facio

---

1 sub eisdem... præbuit (= c. XVII)] *om.* V   2 præsulis] senioris nostri domni Adalberonis *edd*   3 religioni] religioni nostræ *edd*   4 possideret ... loci] teneret terræ de abbatia nostra *edd*   5 magisque] quin potius ut credimus *edd*   6 locum ... præsul] nos idem senior noster *edd*   7 seniorum] seniorum nostrorum *edd*   8 eum interpellauit] nostra optima *edd*   9 prorsus] propsus W   10 pergeret] iret *edd*   11 fratribus] nobis *edd*   12 ira eius mallent] eius tristitia mallemus *edd*   13 clientes ... confortare] nos absque meritis nostris consolatus est *edd*   14 episcopus] senior noster *edd*   15 scilicet] *om. edd*   16 ad ecclesiam] in monasterium *edd*   17 repedauit lectuli] proprium rediit *edd*   18 pace] quiete *edd*   19 de] de præfata *edd*   20 apud ... scrinium] ad caput sancti gorgonii posuerat *edd*   21 sero ... petitam] pro qua sero petieras *edd*

XVII. (15) À peu près à la même époque, il y avait un soldat vétéran de l'évêque Adalbéron, fort haï des moines, parce qu'il possédait une bonne partie des terres de leur monastère[1]. Sa vie approcha de son terme, et il disparut de ce monde. Le hasard (ou plutôt Dieu, à notre avis) voulut que l'évêque fût présent au monastère. Le soir était venu, lorsqu'on lui annonça la mort du soldat. Le dîner était déjà prêt. L'un des supérieurs alla bien vite trouver l'évêque pour lui réclamer un domaine que le soldat avait détenu avec d'autres biens très nombreux. L'évêque sombra alors dans une colère extraordinaire, qui, comme à son habitude, le fit devenir noir (de même que beaucoup de gens rougissent de colère, beaucoup aussi en deviennent noirs), et, non content de refuser d'accéder à la première requête, il se fâcha contre tous les supérieurs, qui lui demandèrent de se calmer et de manger un peu. Ce fut au point qu'il ne voulut plus écouter personne, et qu'il alla se coucher sans manger, en grinçant des dents de colère. Tous les moines s'attristaient de sa mauvaise humeur (ils auraient préféré subir une perte matérielle, en effet, plutôt que de le voir ainsi l'esprit chagrin, car ils redoutaient qu'il ne se mette à détester le monastère, qu'il avait beaucoup aimé jusque-là), quand saint Gorgon daigna consoler ses clients avec sa coutumière bonté. Car l'évêque passa la nuit dans son lit sans pouvoir véritablement ni veiller ni dormir. Il était en proie aux tortures, aux angoisses, aux hallucinations, se tourmentait dans son lit, se retournait dans tous les sens sans pouvoir trouver le repos. Enfin il se ressaisit, se leva, prit sa crosse, alla au monastère et par cette crosse rendit le domaine à saint Gorgon. Tombant face contre terre, il implora le pardon du saint pour ses refus obstinés. Posant sa crosse près du chef de saint Gorgon, il retourna se coucher et passa le reste de la nuit dans le plus profond sommeil, ayant perdu toute inquiétude. Le matin, il fit venir avec l'abbé le supérieur qui la veille lui avait réclamé le domaine, et se fit donner la crosse qu'il avait déposée près du reliquaire. On la lui apporta ; il la prit, la donna à l'abbé en disant : « Recevez ce domaine, que vous avez réclamé dernièrement ; et remerciez le saint martyr, pas moi, car ce n'est pas de ma propre

---

1 Les biens concernés se trouvent dans la région du Rupt de Mad. Voir J. Reisdorfer, *Peuplement et occupation du sol dans la vallée du Rupt de Mad des origines à la fin du Moyen Âge*, thèse dactylographiée, Nancy, 1987.

uoluntate, sed ipsius impulsu cogente[1]. » Itaque præfatus senior, qui plurimis uerborum contumeliis se arbitrabatur impeti, talem dumtaxat contumeliam audiuit. In tantum denique illum[2] dilexit locum, ut, cum omnis ciuitas pene ipsorum fratrum causa ei esset infesta[3], numquam tamen ipsum suffragantibus meritis martyris a proposito amore caritatis soluerit, sed potius cunc-**(fol. 39)**-tis[4] inuicibilem præbuit.

Capitulum XVIII

(16) Quidam iuuenis de Monte Falconis atrocissimo uexabatur demonio. Hic, per diuersa loca sanctorum deductus, minime est liberatus, non quod merita sanctorum[5] impetrare hoc digna non essent[6], sed potius illi erat seruandus[7] cui annuerat Deus, iuxta quod ait apostolus[8] : *Vnicuique nostrum data est gratia secundum mensuram donationis Christi*[a], ita sancto Gorgonio hoc peculiarius datum fuerat signum. Venerat quidem diebus quinquagesimæ[9] ad memoriam martyris Christi, ubi[10] a demone terribiliter tortus, hebdomada ferme integra est moratus. **(fol. 40r)** Diebus ac noctibus tollebat uoces ad cælum graues, horrendos, clamoresque truces. Denique, dum fratres debitum conueniebant soluere pensum, tum uerum proferebat ille magnos strepitus uocum, dentibusque inchoabat fremere, quosque mordere, in istos spuere, illos ferire, prostratusque toto corpore in terram manibus pauimentum uerrere, quod putares quasi essent lapideæ[11]. Surgente autem eo[12] a terra, debachante in se spiritu maligno, confringebatur, et quasi anguilla uel murenula conuoluebatur, adeo ut plerumque quasi ceruix natibus **(fol. 40v)** illius adhereret uideretur. Erat miseriæ uidere quomodo, furiis infestantis inimici repletus, cruciamenta que corpori suo miser ingerebat minime quasi sentiret. An quomodo[13] sentiebat,

---

1 propria ... cogente] sponte mea sed ipsius cogente impulsu hoc ago *edd*   2 illum] nostrum *edd*   3 infesta numquam ... præbuit] pro nobis ipsum tamen meritis patroni nostri suffragantibus a proposito caritatis amore numquam soluerit, sed insuper omnibus inuincibilem præbuit, cui, ut petimus, die ac nocte tribuat Dominus summæ gaudia uitæ. Amen. *edd* ut petimus die ac nocte, tribuat *distinxit Pertz*   4 cunctis] cunc *W*   5 sanctorum] iustorum *edd*   6 non quod ... essent] *om. V*   7 erat seruandus] seruabatur *V edd*   8 quod ait apostolus] iuxta illud apostoli *V edd*   9 quinquagesimae] quadragesimae *Mab Pertz*   10 ubi] *om. V edd*   11 diebus ac noctibus ... lapideæ] tollebat uoces, quin potius clamores ad cælum truces, horrendos, confusos diebus ac noctibus; Deum non reuerebatur nec in ecclesia, dum soluere debitum fratres conueniebant pensum, quin immo augebat clamores uocum, fremere dentibus, quosque mordere, dilaniare, ferire et spuere contra ipsa ueneranda altaria non cessabat. Prostratus toto in terram corpore, uerrebat tam fortiter pauimentum ecclesiæ manibus propriis, quasi essent lapideæ *V edd*   12 eo] *om. V*   13 quomodo] *om. V edd*

---

a) Eph 4, 7

volonté, mais sur son ordre que je la donne ». Voilà exactement la plainte qu'entendit le supérieur, qui avait imaginé être reçu par un flot d'injures. L'évêque se mit alors à chérir le monastère, au point que, bien qu'il fût fâché contre presque toute la ville, précisément à cause des moines, l'intercession des mérites du saint martyr fit que, non content de conserver au monastère une affection indéfectible, il montra vis-à-vis de tous un amour invincible.

XVIII. (16) Un jeune homme de Montfaucon[1] était atrocement torturé par le démon. On l'avait transporté de lieu saint en lieu saint, sans qu'il pût jamais être libéré, non que les mérites des saints ne fussent pas dignes d'obtenir sa délivrance, mais plutôt parce que ce privilège était réservé à celui que le Seigneur avait choisi, conformément à la parole de l'apôtre : *la grâce a été accordée à chacun de nous dans les proportions où le Christ a consenti à nous la donner* ; ainsi c'est à saint Gorgon qu'avait été conféré ce pouvoir plus particulier. Ce jeune homme était venu durant le temps de la Quinquagésime pour célébrer la mémoire du martyr du Christ et était resté presque une semaine, horriblement torturé par le démon. Nuit et jour, il poussait des cris pénibles, effrayants, et des hurlements sauvages. Tandis que les frères disaient l'office, il poussait des cris stridents et ne cessait de grincer des dents, de les mordre, de cracher sur eux, de les frapper et, gisant à terre de tout son long, il frottait si fort de ses mains le pavement de l'église qu'on aurait dit qu'elles étaient en pierre. Lorsqu'il se levait, l'esprit malin se déchaînait en lui, il s'effondrait et se contorsionnait comme une anguille ou une murène, au point que parfois on eût dit que sa nuque touchait ses fesses. C'était une désolation de voir comment le malheureux, rempli des furies de l'ennemi pernicieux, avait l'air de sentir à peine les tortures qu'il subissait en son corps. Comment croire en effet qu'il les sentait,

---

1 Meuse, arr. Montmédy. Baudry, ermite dans les Ardennes au VIe siècle, fonda Saint-Pierre de Reims avec sa sœur, puis l'abbaye d'hommes de Montfaucon en Argonne. Son corps, enterré à Reims, fut volé au IXe siècle, par les clercs de Montfaucon. L'empereur Arnoul (887-899) donna Saint-Germain de Montfaucon à Dadon de Verdun (879-923). Voir M. Sot, *Un historien et son église, Flodoard de Reims*, Paris, 1993, p. 336-340.

qui dolores plurimos quos[1] corpori proprio inferebat ceu[2] alterius delirans reputabat[3]? Quid multa? Explentur in his cruciatibus dies ebdomade, uno restante. Tandem misertus Dominus, sancti Gorgonii annuendo orationibus[4], miserum sanare est dignatus[5]. Nam die quadam misse celebratione completa[6], fratribus quibusdam exeuntibus, plerisque restantibus, ille[7] hac **(fol. 41r)** illac bacchando discurrens[8], peruenit demum ad stationem abbatis, ubi ex more dependebat coronula argentea cum candela. Quam arripiens, rupta catena[9] inter manus suas acsi plumbum complicauit, pedibusque suis conculcandam proiecit[10]. Statimque pius martyr, quasi diceret : « Reddam bona pro malis » – qui si non dixit uerbis, tamen comprobauit factis – complens[11] iussa Domini dicentis : *Orate pro persequentibus*[12], *benefacite uos odientibus*[13a], restituit miserum perfecte in integrum sensum[14]. Liberatus ergo demone, dolores corporeos, quos illi contrahere hostis humani **(fol. 41v)** generis impulerat, acerrime sentiebat. Vnde et planctus tantos emittebat, qui proderent immanitatem doloris quem protulerat[15]. Gratias ergo liberatori suo rependens in sua reuersus est[16].

Capitulum XVIIII

(17) [17]Alius itidem[18] demoniacus a suis prouisoribus monasterio sepedicto est deductus. Hic[19] sibilis diebus ac noctibus perstrepebat horrificis, illum nimirum imitans serpentem lubricum, qui in paradyso Adam deuicit prothoplastum, ibique corporee sententiam mortis in ultionem patrati suscepit criminis cum omni serie futuri sobolis. Qui post biduum **(fol. 42r)** curatus est. Non immemor itaque sui, corrigia discinctus collo suo circumdedit, atque per eandem se sancto Gorgonio famulum contradidit, sentiens multo suauius esse iugum

---

1 quos] *om. edd*   2 inferebat ceu] inrogans ut *edd*   3 reputabat] repudiabat augendo *V edd*   4 sancti gorgonii annuendo orationibus] o. s. g. a. *edd*   5 sanare est dignatus] sanauit *V edd*   6 misse … completa] missa celebrata *V edd*   7 ille] ille uesanus *V edd*   8 discurrens] per ecclesiam dum discurreret *V edd*   9 catena] catenula argentea *V edd*   10 proiecit] proiecit quousque eidem manibus ui auferretur *V edd*   11 complens] adimplens *V edd*   12 persequentibus] persecutoribus *edd*   13 uos odientibus] his qui oderunt uos *V edd*   14 miserum … sensum] eum integræ incolumitati *V edd*   15 doloris quem protulerat] incommodatis quam pertulerat *V edd*   16 in sua reuersus est] reuersus in sua nobis ulterius minime paruit *edd* (reuersus est in… paruit *V*)   17 alius itidem… persoluit (= c. XIX)] *om. V*   18 itidem] idem *edd*   19 est deductus. Hic… adiutori persoluit] deductus est qui sibilis diebus ac noctibus perstrepebat horrificis, illum nimirum imitans serpentem lubricum, qui adam protoplastum in paradiso deuicit atque corporee mortis sententiam cum omni stirpe suo, domino iuste inferente, suscepit. Hic post biduum curatus est. Non immemor itaque sui, corrigia discinctus collum suum circumdedit atque per eundem se sancto gorgonio famulum contradidit, multo suauius iugum domini fore sentiens quam satanæ atrocissimi, qui prius eum cruciauerat tortionibus fortissimis. Hic ergo sedule, quamdiu in hac carne deguit, debitum tot annis pensum suo exsolvit benignissimo adiutori *edd*

---

a) Mt 5, 44

quand, s'infligeant lui-même de terribles mutilations, il croyait dans son délire les infliger au corps d'un autre ? Que dire de plus ? Cela dura jusqu'à l'avant-dernier jour de la semaine, mais pour finir le Seigneur accéda aux prières de saint Gorgon et guérit le malheureux. Car un jour, après la célébration de la messe, comme certains moines s'en allaient et que la plupart restaient là, il courut hagard dans tous les sens, et atteignit finalement la place de l'abbé, où était suspendue traditionnellement une petite couronne d'argent entourant une chandelle ; il s'en empara en arrachant la chaînette et se mit à l'écraser entre ses doigts comme si c'était du plomb, puis à la jeter à terre et à la piétiner. Aussitôt le saint martyr, comme s'il disait : « Je rendrai le bien pour le mal » (et s'il ne l'a pas dit, il a agi en ce sens), obéissant à l'ordre de Dieu qui dit : *Priez pour ceux qui vous persécutent, faites le bien à ceux qui vous haïssent*, rendit au malheureux sa pleine santé. Une fois libéré du démon, les blessures que l'ennemi du genre humain l'avait poussé à s'infliger le firent terriblement souffrir : aussi émettait-il de si terribles plaintes qu'elles révélaient toute l'horreur de la souffrance qu'il s'était infligée. Rendant grâce à son libérateur, il rentra chez lui.

XIX. (17) Un autre possédé fut conduit au monastère de Gorze par ceux qui l'avaient en charge : il rampait jour et nuit en émettant d'horribles sifflements, certainement à l'instar du serpent lubrique qui triompha du premier homme Adam au paradis et provoqua de la part du Seigneur une juste sentence de mort corporelle contre lui et toute sa descendance, en punition de sa faute. Le possédé fut guéri deux jours plus tard. Il ne fut pas ingrat et, détachant son lacet, il se l'enroula autour du cou et se déclara par ce geste serviteur de saint Gorgon, estimant

Domini ferre¹, quam tortionibus subici satanæ. Hic ergo sedule, dum in hoc corpore uixit, debitum censum suo adiutori persoluit.

Capitulum XX

(18) ²Duo hic adnecto exemplaria, ut manifestem quantam sollicitudinis largitatem circa clientes suos³ exercuerunt sancti Dei uiri, beatus uidelicet Petrus⁴ ac sanctus martyr Gorgonius, unum mulcendo pios⁵, aliud terrendo **(fol. 42v)** reprobos. Quidam ipsius coenobii frater⁶ graui torquebatur febrium æstu. Deficiens autem tam somno quam egritudine, in terram procidit ante gradus altaris, omnipotentem Dominum pro infirmitate⁷ supplicaturus, sanctum quoque martyrem aduocans intercessorem⁸. Qui inter ipsa orationis uerba obdormiuit, sicque in somnis quasi ursus ore suo egrederetur uidit⁹. Ilico experrectus fratribus indicat uisum, se autem gauisus est carere illo ardore diutino febrium¹⁰.

Capitulum XXI

(19) ¹¹Alius item frater machinamenta fugæ diu animo uoluens¹², tandem **(fol. 43r)** iter est aggressus¹³, duo damna monasterio inferens, primum quod Deo se subducens ab ipso apostatauit¹⁴, secundum quod equum optimum secum abduxit. Qui aliquandiu foris moratus, ignoratur utrum inspirante Deo an necessitate cogente, ad monasterium repedauit. Receptus¹⁵ iuxta præcepta regulæ, non ex animo, ut¹⁶ post patuit, de priori transgressione ac irritæ sponsionis fide¹⁷ penitudinem gerebat, uerum lassitudine refocilatus, iterum argumenta fugæ cum amaritudine animæ suæ diutissime¹⁸ moliebatur, ut nutibus illius **(fol. 43v)** diuersis perpendebatur. His factionibus prauis cogitationum suarum cumulos diebus ac noctibus¹⁹ augmentabat, cum ecce dies sollemnitatis martyris Christi fluxerat²⁰. Tertia uero iam transacta die²¹, cum se nocte somno²² dedisset,

---

1 sentiens multo suauius esse iugum domini ferre] m. s. i. d. fore (ferre *AASS*) sentiens *edd*   2 Duo hic adnecto ... aliud terrendo reprobos (c. XX) *om. V*   3 suos] suo *Mab* (*in* suos *corr. Pertz*)   4 petrus] petrus apostolorum princeps *edd*   5 pios] deuotos *edd*   6 ipsius ... frater] fratrum eiusdem coenobii *edd*   7 infirmitate] sua infirmitate *edd*   8 sanctum quoque martyrem aduocans intercessorem] tum quoque intercessorem sanctum aduocans martyrem *edd*   9 qui...uidit] qui inter ipsa uerba orationis dum obdormisset, uidit in somnis quasi ursum ab ore suo egredientem *edd*   10 ilico... febrium] ilico expergefactus uisum fratribus indicauit, se autem ardore illo febrium carere gauisus est *edd*   11 alius item...mihi similis (= c. XXI-XXIV) *om. V*   12 uoluens] meditans *edd*   13 est agressus] agressus est *edd*   14 ab ipso apostauit] apostauit ab ipso *edd*   15 receptus] receptus igitur *edd*   16 ut] ut aduerti poterat atque *edd*   17 fide] *om. Mab Pertz*   18 diutissime... moliebatur] diutissima ut perpendebatur nutibus illis diuersis confabulatus moliebatur *edd*   19 diebus ac noctibus] *post* prauis *edd*   20 ecce... fluxerat] ecce fluxerant d. s. m. c. *edd*   21 iam transacta die] d. i. t. *edd*   22 cum se nocte somno] una noctium cum se sopori *edd*

que le joug de Dieu lui serait beaucoup plus agréable que les tortures de Satan. Aussi longtemps qu'il vécut dans ce corps, il paya scrupuleusement son dû à son généreux sauveur.

XX. (18) J'ajoute ici deux exemples pour illustrer l'immensité de la sollicitude que manifestèrent envers leurs clients les saints hommes de Dieu, le bienheureux Pierre prince des apôtres et le saint martyr Gorgon, d'une part en réconfortant les pieux et, d'autre part, en terrifiant les méchants. Un frère de ce monastère souffrait d'une grave poussée de fièvre. Affaibli par le sommeil et la maladie, il tomba à terre devant les marches de l'autel, voulant prier Dieu de le guérir et implorant aussi l'intercession du saint martyr. Il s'endormit en pleine prière et en songe crut voir un ours sortir de sa bouche. Il se réveilla immédiatement, raconta sa vision aux moines et eut le bonheur de se voir délivrer des brûlures de sa longue fièvre.

XXI. (19) Un autre frère qui avait médité sa fuite depuis longtemps avait pris la route, lésant ainsi doublement le monastère : tout d'abord, il avait renié le serment par lequel il s'était soumis à Dieu ; ensuite il avait emmené avec lui un excellent cheval. Il demeura un moment à l'extérieur puis, sur l'inspiration de Dieu ou sous la contrainte de la nécessité, on ne le sait pas trop, rentra au monastère. On le reçut conformément au précepte de la règle, mais ce n'est pas de bon cœur (cela fut flagrant par la suite) qu'il purgeait la peine infligée pour manquement à son vœu. Car après avoir repris des forces, il conçut à nouveau des idées de fuite et retomba dans ses mauvais penchants, comme cela pouvait se voir à des gestes divers. Jour et nuit il accumulait des plans pour exécuter son mauvais coup, lorsqu'arrivèrent les jours de la fête du martyr du Christ. Le troisième était déjà passé, lorsqu'une

uidebatur sibi[1] quasi in ecclesia sancti Petri apostoli staret, ubi per principalem fenestram uenerandi uultus senem conspexit intrare, quem antecedebat ceu minister florens iuuenilis ætatis egregia forma[2]. Quem adorsus prior senex : « Tu, inquit, serue nequam, quid nunc denuo fraudulenta[3] machinaris conamina ? Iam pridem hinc fugisti et tibi peperci, nunc[4] **(fol. 44r)** iterum eadem meditaris. Absit, absit ut tibi nunc impune ignoscatur. » At ille respondit : « Non, senior, non ista tractaui, nec patrare uolui[5]. Quid mihi imputatur quod nec mecum saltim cogitatur[6] ? » Et ille subiunxit : « Quid, infelix, mendosa uerba prosequeris ? Nonne intuitus meus tui cordis[7] secreta uidet et rimatur ? Hæc enim nunc ut fugere ualeas corde uolutas[8], sed nequaquam tua explebitur uoluntas[9]. Vnde terræ prouolutus pro hoc flagitio tibi inrogandas poenas lue, quoniam non potest inultum[10] **(fol. 44v)** remanere. Prius enim tibi indulsi, sed modo nequaquam parco ». Hæc dicens præcepit sibi astanti scuticam accipere[11], atque illo prostrato plagas multas inferre, illo fortiter clamante se numquam amplius talia cogitare aut patrare opere[12]. In his clamoribus uisio discessit, et quæ putabatur esse fantasma, inuenta est uera[13]. Facto itaque[14] mane, aduocans thesaurarium : « Audite, inquit, qualia ludibria hac nocte passus sim[15] ». Et incipiens omnem reuelationis uisum ex ordine prodidit, subnectens[16] ad singula irrisorie : « O qualia deliramenta fan-**(fol. 45r)**-tasmatum, quæ nobis ingerit communis inimicus[17]. His dictis finem impositis[18], languor eum pariter et mors inuasit. Tribulatus enim quatuor mensibus, in fine mensis quarti[19], cum iam imminere cerneret diem obitus sui, necessitate compulsus abbati omnia indicauit[20], tandemque finem uitæ fecit. Hæc enim pro his dixi[21], qui Dominum curare atque appendere cogitationes suas[22] aut non credunt, aut minime pauent.

Capitulum XXII
(20) Orta aliquando tempestate seditionum inter principes huius regni, quidam contra fidem suam, id est **(fol. 45v)** christiani nominis, agens, misit legatos et adduxit Vngariorum gentem. Quæ gens perfida, dum regiones circumquaque

---

1 sibi] ei *edd* 2 quasi... egregia forma] quasi staret in ecclesia s. petri in choro, et repente uidit per principalem fenestram quasi introeuntem senem uenerandi uultus quem antecedebat iuuenili ætate florens quidam quasi minister *edd* 3 denuo fraudulenta] fraudulenta iterum *edd* 4 nunc] et nunc *edd* 5 tractaui nec patrare uolui] tractari nec uolui patrare *edd* 6 quod ... cogitatur] unde inculpabilis sum *edd* 7 tui cordis] cordis tui *edd* 8 ut... uolutas] c. u. ut f. u. *edd* 9 tua explebitur uoluntas] tibi cedet in prosperum *edd* 10 flagitio ... inultum] fl. i. q. n. p. r. i. *edd* 11 accipere] accipere quod est uerber ex corio factum *edd* 12 patrare opere] opere patrare *edd* 13 esse... uera] phantasma esse uera inuenta est *edd* 14 itaque] *om. edd* 15 sim] sum *edd* 16 subnectens] ut supra texiuimus subnectens *edd* 17 ingerit communis inimicus] communis ingerit inimicus *edd* 18 finem impositis] *om. edd* 19 mensis quarti] quarti mensis *edd* 20 abbati omnia indicauit] i. a. o. *edd* 21 pro his dixi] d. p. h. *edd* 22 suas] nostras omnes *edd*

nuit, livré au sommeil, il crut se voir en l'église de saint Pierre où par la fenêtre principale il vit entrer un vieillard au visage vénérable, précédé d'une sorte d'assistant dans la fleur de la jeunesse et d'une grande beauté. Le vieillard s'adressa à lui le premier : « Toi, lui dit-il, vaurien de serviteur, pourquoi médites-tu encore des stratagèmes et des ruses ? Tu t'es déjà enfui d'ici dernièrement, et je t'ai épargné ; et à présent tu recommences ? Cette fois, puisses-tu ne pas être pardonné impunément ! » L'autre répondit : « Non, seigneur, ce n'est pas du tout là ce que je veux faire. Pourquoi me prêtes-tu une idée à laquelle je ne songe même pas ? » Le vieillard ajouta : « Pourquoi persistes-tu à mentir, malheureux ? Mon regard ne voit-il et ne sonde-t-il pas les secrets de ton cœur ? Et la pensée que tu roules en ce moment dans ton cœur, c'est de trouver le moyen de t'enfuir ; mais ta volonté ne sera pas exaucée. Alors jette-toi face contre terre et purge la peine fixée pour ce crime, car il ne peut rester impuni ; la première fois, j'ai été indulgent, mais cette fois je ne le suis plus ». Disant cela, il ordonna à son assistant de prendre un martinet, et de le frapper longuement tandis qu'il était étendu à terre. Comme l'autre criait très fort qu'il n'aurait plus jamais de telles idées ni de tels comportements, la vision disparut au milieu même de ses cris. Et cette apparition, qu'il prit pour une hallucination, se révéla être vraie. Le matin venu, il appela le trésorier, et lui dit : « Écoutez de quelle illusion j'ai été le jouet cette nuit ». Et il se mit à lui raconter dans l'ordre toute la vision, comme nous venons de le faire, ajoutant après chaque détail, sur le ton de la raillerie : « Ah ! quelles chimères délirantes nous inspire notre ennemi commun ! » Sur ce, une langueur proche de la mort le saisit et ne le quitta plus durant quatre mois ; à la fin du quatrième, voyant arriver son dernier jour, pressé par la nécessité, il révéla tout à l'abbé et mourut. J'ai raconté cela pour ceux qui doutent que le Seigneur soigne et pèse leurs pensées, ou qui n'en conçoivent aucune peur.

XXII. (20) Durant une période de séditions qui divisèrent les princes de ce royaume, l'un d'entre eux, agissant contre sa foi, c'est-à-dire contre le nom de chrétien, envoya des émissaires aux Hongrois et pactisa avec eux[1]. Ce peuple perfide errait de région en

---

1 En 944, Otton Ier choisit Conrad, son gendre, comme duc de Lorraine. En 953, ce dernier se soulève et attaque Metz. En 954, il fait appel aux Hongrois qui assiègent Metz et Gorze. Conrad meurt en 955.

sitas peruagatur¹, deuenit tandem ad locum sepe fatum². Erat tum murus tertia ex parte dirutus, eo quod eius exiguitas ampliaretur a senioribus³. Altitudo muri noui paululum surrexerat, interruptio tamen adhuc⁴ uasta patebat⁵, adeo ut equitando usque ad fores monasterii absque obstaculo aliquo currere ualerent. Ebdomada fere integra perspicaciter ab illis in circuitu cotidie lustrabatur, mane, meridie, uespere, sed tamquam **(fol. 46r)** grande piaculum, si proxime accederent, peractum esset⁶ cauebant, aut quasi columnam ardentem in qua ipsi continuo arderentur, si approximarent, uitabant. Dubium nullo modo erat quia, si uenirent et litem ponere mallent, absque recrastinatione illud caperent, ni impediret eius oratio, cuius et illa fuit repulsio. Abbas loci torquebatur, anxiebatur, pauebat, manibus plodebat, mestus querebatur dicendo : « Omnes iuuenes perdidi⁷, quos Deo nutriui! Vtinam pridem induxissem illos septionibus murorum Mettensium, ut remanerent **(fol. 46v)** post nos Christo seruientes! Si nos senes trucidaremur soli, nil esset dispendii ». Exaudiuit Deus omnipotens has lacrimabiles uoces⁸, et⁹ a truculentis¹⁰ hostibus omnes eripuit fratres¹¹, non aliter quam si essent¹² in medio¹³ campi positi¹⁴, ac illi in circuitu minime auderent eis¹⁵ propinquare. Hæc dixi ut ostenderem orationes defensionum sancti martyris omniumque sanctorum¹⁶ præstantiores esse ullis munitionibus maceriarum¹⁷. Et reuera præuius illorum deducens eos dux uidelicet Lotharii regni¹⁸, infestissimus erat fratribus loci¹⁹. Qui nullatenus eos²⁰ locumue impune reliquisset, si **(fol. 47r)** non eum diuina manus, intercedentibus martyris Christi²¹ meritis, ab eis²² arceret. Nam²³ tertio exercitum suum omnem adunari iubet²⁴, ut super eos²⁵ repente²⁶ irrueret. Qui quotiens id uespere iubebat²⁷, ueniente mane acrior illum adeo cura cohercebat, ut funditus nostri²⁸ obliuisceretur. Quod nos tempore uitæ²⁹ ipsius latuit, sed Deus occultorum cognitor perpetuo esse incognitum noluit. Nam unus militum ipsius præ ceteris dilectus eidem nos adiens, cum peteret suffragia³⁰ tam spiritalia quam carnalia, hæc eadem

---

1 peruagatur] peruagaretur *edd*   2 ad locum sepe fatum] nostrum ad locum *edd*   3 erat tum murus... senioribus] erat enim forte muri tertia pars diruta pro eo quod castelli exiguitas a senioribus ampliabatur *edd*   4 adhuc] murorum *edd*   5 patebat] patebat aliquibus in locis *edd*   6 esset *om. edd*   7 omnes... perdidi] perdidi omnes fratres iuuenes *edd*   8 deus. uoces] o. d. h. u. l. *edd*   9 et] et nos *edd*   10 truculentis] communibus *edd*   11 fratres] *om. edd*   12 essent] essemus *edd*   13 medio] *om. AASS*   14 positi] locati *edd*   15 minime... eis] nostro minime nobis auderent *edd*   16 martyris ... sanctorum] Gorgonii *edd*   17 maceriarum] maceriarum etiamsi ferreæ essent *edd*   18 regni] regni illius temporis *edd*   19 erat ... loci] nobis erat *edd*   20 eos] nos *edd*   21 patroni nostri] *W¹ (del. W²)*   22 ab eis] a nobis eum *edd*   23 Arceret. Nam] arceret. Recedentibus illis ut Dominus propalaret et ducis illius in nos odium et defensionem nostram spiculis orationum sancti Gorgonii *edd*   24 iubet] fecit *edd*   25 eos] nos *edd*   26 repente] repente insciis nobis *edd*   27 quotiens... iubebat] quoties uesperi talia uidebat ut sine cunctatione diluculo nos obsidiendos nossent *edd*   28 nostri] eorum *corr. W² supra lineam*   29 tempore uitæ] u. t. *edd*   30 peteret suffragia] s. p. *edd*

région et finit par arriver près de Gorze. Il se trouvait que le tiers du mur en était abattu, parce que les supérieurs agrandissaient la fortification, devenue trop petite ; on montait petit à petit un nouveau mur, mais il y avait encore des ouvertures si larges que les Hongrois auraient pu sans difficulté arriver à cheval jusqu'aux portes du monastère. Pendant presque toute une semaine, on les vit clairement en faire le tour matin, midi et soir ; mais c'était comme s'ils craignaient, en s'en approchant, d'enfreindre un grave interdit, ou comme s'ils voulaient éviter d'être aussitôt brûlés par une colonne de feu. Il ne faisait aucun doute que s'ils venaient livrer une attaque, ils prendraient sans tarder le monastère, s'ils n'en étaient pas empêchés par la prière de celui-là même qui réussit à les repousser. L'abbé était en proie à la torture, à l'anxiété, à l'épouvante, il se frappait les mains et se plaignait tristement en disant : « J'ai causé la perte de tous les jeunes frères que j'ai nourris pour Dieu ! Si seulement je les avais conduits à l'abri des remparts de Metz, afin qu'il reste après nous des moines pour servir Dieu ! Si nous, les vieux, étions seuls massacrés, ce ne serait pas une perte ! » Le Dieu tout-puissant entendit ces plaintes mêlées de larmes et arracha tous les frères aux barbares, exactement comme s'ils avaient été placés au milieu d'un endroit découvert et que les ennemis eussent tourné autour d'eux sans jamais oser approcher. J'ai rapporté cela pour montrer que les prières de protection du saint martyr et de tous les saints sont plus puissantes que n'importe quel rempart. Et en vérité celui qui les avait fait venir, qui à l'époque était duc de Lotharingie, était extrêmement hostile au monastère. Il n'aurait en rien épargné le monastère et ses habitants, si la main de Dieu, sur l'intercession des mérites du saint martyr du Christ, ne l'en avait écarté. Car il fit par trois fois battre le rappel de l'armée au grand complet, afin de leur donner l'assaut à l'improviste. Mais il avait beau donner cet ordre chaque soir, le matin venu, une préoccupation plus importante s'emparait de lui à chaque fois, au point qu'il nous (les)[1] oubliait complètement. Nous ne le sûmes jamais du vivant du duc, mais Dieu qui connaît les secrets ne voulut pas que cela reste toujours ignoré. C'est l'un de ses soldats, particulièrement cher au duc, qui, venu chez nous demander une aide tant spirituelle que physique, nous l'avoua en affirmant que Dieu était vraiment présent

---

1 *Nostri* est une trace visible de la réécriture qu'opère le copiste : dans un premier temps, il a oublié de changer ce pronom de la 1ʳᵉ personne en *eorum*, qui a été ajouté ensuite au-dessus de la ligne (par le réviseur ?), précédé d'une croix indiquant la correction à faire ; *nostri* n'a pas été exponctué, ni barré.

confessus est[1], pronuntians **(fol. 47v)** quod uere Deus in loco illo esset, ubi tantum defensionis tutamen quiesceret. Quod, ut dixi, omnino antea nesciebatur et, si sciretur, non facile crederetur.

Capitulum XXIII

(21) In eisdem[2] diebus exstitit alius quidam miles præfati ducis cupiens insidiari fratribus ipsis[3]. Cuius nequitiam tutamina beati[4] martyris solito more[5] reppulerunt. Nam post habebatur seditione frigente muri custodia iam tunc bene muniti, præsertim[6] cum de præfato milite nulla suspicio haberetur[7], uenit ipse[8] in[9] intempestæ noctis silentio, nullo penitus in **(fol. 48r)** muro stante, nec uno saltim puerulo, ut per scalas murum conscenderet[10], facturus mala quæ corde uolutauerat peruerso, si Dominus sineret. Cumque medium ualli iam[11] transcenderet, uidit equus et eques tale quid ut amplius[12] in antea ire nec ualeret nec uellet. Nam equus calcaribus uehementer exagitatus loco moueri non potuit[13]. Ipse quoque festinauit retro repedare uelociter quia illud solum poterat, qui muro propinquare nequibat, eo quod uideretur ei quasi desuper a muro saxa crepitantia minitarentur[14]. Quo **(fol. 48v)** pauore perterritus sub omni festinatione Venderiis[15] fugit languoreque correptus in lectum decidit, atque mitti sibi propter Dominum cui sua panderet humiliter petiit[16]. Missus est continuo frater unus[17], cui omnia quæ supra dicta sunt est confessus[18], subiungens manifesta sibi reuelatione indicatum quia nisi benedictionem ex parte monasterii sumeret, sanitatem omnino promereri nequiret. Quod et factum est. Mox enim ut benedictio missa est, panis uidelicet, casei atque uini, confestim, cibo sumpto[19] languoreque discedente, in robur conualuit pristinum[20] ac deinceps **(fol. 49r)** professus est fidelem illi loco perpetuo se futurum. **(22)** Ecclesiastica historia refert[21] res his pene simillimas. Narrat[22] enim quod in confinio Persidis Romanique imperii ciuitas insignis haberetur. Erat tunc temporis[23] discidium inter Romanos et Persas, pro eo quod subici Persæ[24] Romanis uitabant. Ciues illius urbis omnipotens Deus mirabiliter perculit

---

1 confessus est] e. c. *edd*   2 eisdem] eisdem quoque *edd*   3 cupiens… ipsis] insidiari nobis satagens *edd*   4 beati] sancti *edd*   5 solito more] more solito *edd*   6 nam … præsertim] nam posthabita murorum custodia qua iam bene munitum erat et aliquantulum seditione frigente præsertim etiam *edd*   7 haberetur] haberetur nec de aliquibus aliis *edd*   8 ipse] ipse clanculo *edd*   9 in] *om. edd*   10 murum conscenderet] c. m. *edd*   11 iam] *om. edd*   12 quid ut amplius] quod *edd*   13 loco moueri non potuit] moueri loco non poterat *edd*   14 minitarentur] minitaret *Mab* (*in* minitarent corr. *Pertz*)   15 uenderiis] uenderas *Mab Pertz*   16 humiliter petiit] *post* atque *edd*   17 frater unus] unus e fratribus *edd*   18 dicta … latebant] retulimus confessus quæ penitus nos latebant *edd*   19 sumpto] sumpto recuperatis uiribus *edd*   20 robur conualuit pristinum] p. r. c. *edd*   21 historia refert] r. h. *edd*   22 narrat] refert *edd*   23 temporis] *om. edd*   24 persæ] (p̄se) *W* per se *edd*

dans ce monastère, où reposait une protection aussi efficace. Comme je l'ai dit, on ignorait tout cela auparavant, et, si on l'avait su, on aurait eu du mal à le croire.

XXIII. (21) Durant ces mêmes jours, un autre homme du duc voulut tendre un piège aux frères, mais la protection du saint martyr triompha de lui comme d'habitude. La situation une fois apaisée, on avait relâché la surveillance du mur, qui était bien fortifié désormais, d'autant qu'on n'avait plus aucune méfiance vis-à-vis de l'homme en question. Il vint alors au plus sombre et au plus calme de la nuit, au moment où il n'y avait personne sur le mur, pas même un petit enfant, dans l'idée de l'escalader avec une échelle, et il aurait mis à exécution ce forfait conçu dans son cœur malfaisant, si Dieu l'avait permis. La moitié du retranchement avait été franchie, lorsque le cheval et le cavalier virent quelque chose qui les empêcha de pouvoir ou de vouloir avancer davantage. Le cheval avait beau recevoir de violents coups d'éperon, il restait cloué sur place. Le cavalier se précipita pour rentrer au plus vite, étant donné qu'il ne lui restait plus que cette solution : impossible en effet de s'approcher des remparts, car il lui semblait entendre des bruits de pierres menacer en haut du mur. Pris de panique, il se réfugia à Vandières[1] en toute hâte ; pris de langueur, il s'écroula dans son lit, et demanda humblement qu'au nom du Seigneur on lui envoie quelqu'un pour se confesser. L'un des frères fut dépêché auprès de lui, à qui il confessa tout ce qui vient d'être raconté. Il ajouta qu'il avait été clairement guidé par un signe, car s'il ne recevait pas la bénédiction au monastère, il ne mériterait pas de guérir. Or c'est ce qui advint pourtant. Dès qu'il eut été béni, il prit sur-le-champ du pain, du fromage et du vin, récupéra ses forces, vit disparaître sa langueur, recouvra la santé, et jura pour finir fidélité éternelle au monastère. **(22)** L'Histoire ecclésiastique rapporte des faits presque semblables[2]. Elle raconte en effet qu'aux confins de la Perse et de l'Empire romain se trouvait une cité illustre. À cette époque, une lutte opposait les Romains aux Perses, car les Perses voulaient éviter la domination romaine. Le Seigneur tout-puissant frappa miraculeusement les habitants de cette ville, puis les aida de façon

---

[1] Meurthe et Moselle, arr. Pont-à-Mousson.
[2] Cassiodore, Hist. Tripart. V, 45.

ac mirabilibus extemplo lætificauit. Conuenerant Persæ Romanis eandem[1] urbem auferre suæque ditioni subiugare, facto[2] uespere quo mane obsideri debebatur[3], murus ciuitatis funditus omnis[4] corruit. Quo periculo **(fol. 49v)** uiso cunctus populus una cum beato episcopo preces ad Dominum cum lacrimis plurimas[5] fudit. Postquam diu clamatum est, adueniente nocte, recedente plebium multitudine, toto corde contulit ad Domini supplicandum episcopus se. Et ecce, diluculo surgentes, reppererunt omnem muri ambitum restitutum. Gauisi plurimum[6], omnipotentem[7] glorificantes, laudauerunt altissimum[8]. Phalanx igitur hostium quantocius ad obsidendam properabant urbem[9]. Qua per girum obsessa, cunctipotens Christus, qui misericordiæ suæ donum illis stillare ceperat, usque ad ultimum perfecit[10]. Nam **(fol. 50r)** elephantorum nares tanta culicum repleuit copiositas, ut omnino stare ibidem nequirent, sed potius fugarentur hac illac[11]. Ipsi[12] regi Persarum uisus est homo armis aureis terribiliter fulgens super murum stare urbemque defendere. Erat enim nuntius summi Dei missus ad tuitionem[13] fidelis populi. Ille autem rex contrariæ partis Romanum ratus est[14] esse principem : « Fugiamus, inquit commilitionibus suis, quia conduxerunt aduersum nos imperatorem Romanum ». Quibus hoc modo fugatis, Dominus suos mirabiliter ac misericorditer exemit ab angoribus[15]. Illos ergo sine **(fol. 40v)** muri obstaculo, dum libuit, protexit, hunc ætiam locum[16] uallo precum sancti Gorgonii similiter[17] absque lapideis parietibus[18] sepsit. Nonne satis sine muro, qui ex tertia parte erat dirutus[19]? Elephantos fugauit illos agitatione culicum[20], equitem insidiari[21] cupientem loco illi, cum uideretur ei quod a muro impeteretur lapidibus[22], cum[23] nullus staret in muro penitus saltim nec unus puerulus. Mirabilis prorsus Deus in sanctis suis, misericordissimus in peccatoribus mihi simillimus.

---

1 eandem] tandem *edd*   2 facto] facto itaque *edd*   3 obsideri debebatur] obsidenda erat *edd*   4 murus... omnis] m. o. c. *edd*   5 plurimas] *om. edd*   6 plurimum] ego *Mab* ergo *corr. Pertz*   7 omnipotentem] omnipotentem dominum *edd*   8 glorificantes laudauerunt altissimum] altissimum pro impensa misericordia glorificauerunt *edd*   9 obsidendam properabant urbem] o. u. p. *edd*   10 usque ad ultimum perfecit] p. usque ad u. *edd*   11 illac] et illac *edd*   12 ipsi] ipsi etiam *edd*   13 missus ad tuitionem] ad t. m. *edd*   14 est] *om. edd*   15 exemit ab angoribus] ab a. e. *edd*   16 hunc ætiam locum] nos etiam *edd*   17 similiter] *post* nos etiam *edd*   18 parietibus] parietibus potenter *edd*   19 qui... dirutus] qui tertia illius parte carebamus præsertim quoque interruptionibus apertis bipatentibus maximis *edd*   20 fugauit illos agitatione culicum] i. a. c. f. *edd*   21 insidiari] insidiari nobis *edd*   22 loco illi ... lapidibus] non dissimili modo repulit cum uideretur ei quasi conquassaretur a muro iniectis lapidibus *edd*   23 cum] cum ut supra diximus *edd*

plus extraordinaire encore. Les Perses s'étaient rassemblés pour enlever cette ville aux Romains et la soustraire à leur domination. Un soir (le siège devait être mis le lendemain matin), le mur d'enceinte s'effondra entièrement. Devant le danger, toute la population avec l'évêque se répandit en prières et en larmes. Après bien des gémissements, la nuit arrivant, les habitants rentrèrent chez eux, et l'évêque se mit à implorer Dieu de tout son cœur. Et voici qu'au petit jour, en se levant, ils trouvèrent le rempart reconstruit sur toute sa longueur. Remplis de joie, ils glorifièrent le Seigneur tout-puissant. La phalange ennemie se précipitait pour mettre le siège, la ville était entourée de tous côtés, lorsque le Christ, qui avait commencé à leur instiller le don de sa miséricorde, le leur accorda en totalité. Car il emplit les trompes des éléphants d'une telle quantité de moustiques qu'ils devenaient incapables de rester sur place et se mettaient à courir dans tous les sens. Le roi des Perses lui-même crut voir un homme resplendissant de façon terrifiante sous son armure en or se dresser sur les remparts et défendre la ville. C'était un envoyé du Roi tout-puissant, dépêché pour la défense du peuple fidèle. Mais le roi des ennemis crut que c'était l'empereur romain. « Fuyons, dit-il à ses soldats, car ils ont envoyé contre nous l'empereur romain ». En les mettant en déroute de cette façon, le Seigneur délivra miraculeusement et miséricordieusement les siens de leurs périls. Eux, il les protégea sans enceinte fortifiée, aussi longtemps qu'il le voulut ; quant au monastère, il l'entoura semblablement du rempart solide des prières de saint Gorgon, sans mur de pierre. N'est-il pas exact de dire « sans mur », en effet, puisqu'il en manquait un tiers ? Le Seigneur a mis en déroute leurs éléphants grâce à un nuage de moustiques, et le cavalier qui voulut pénétrer dans le monastère, ce n'est pas autrement qu'il l'a écarté, en lui faisant croire qu'il serait accueilli par des pierres lancées du haut du rempart, alors qu'en réalité il n'y avait personne, pas même le plus petit enfant. Le Seigneur est vraiment admirable dans ses saints, il est plein de miséricorde envers les pécheurs tels que moi !

Capitulum XXIIII

(23). Alio itidem tempore exstitit quidam contractus qui non **(fol. 51r)** aliter ire poterat nisi cum scabellis[1], quæ usque nunc in testimonium miraculi foribus appendent monasterii affixa[2]. Hic taliter curatus est[3]. Aduenerat festiuitas martyris Christi[4] et præfatus contractus cum reliqua uulgi multitudine confluxerat, Dominum pro incommoditate sui[5] interuentu beati martyris supplicaturus. Factumque est, et ecce fratribus nocturnalem sinaxim inchoantibus, iam dictus eger magnis coepit clamare uocibus[6]. Sciscitantur fratres nutu signorum quid sibi uellet illa ipsius tam grauis exclamatio. Respondit : « Nonne uidetis quomodo **(fol. 51v)** mihi extenduntur nerui[7], qui grauem[8] et pene intolerabilem mihi ingerunt cruciatum ? » Nec mirum. Priori enim statui reparandi nerui absque tortionibus ipsius fieri nequibant[9], quoniam diutina curuatione fuerant marcidi. Quem amore uirtutis in se factæ aliquandiu abbas[10] tenuit eumque acsi proprium consanguineum fouit[11]. Qui infelix loco adsuetus[12], horrea fratrum noctibus ingressus, furtum continuare maturauit. Quod audiens abbas eum abiecit cum magno dedecore quem prius tenuerat et aluerat paterno amore. Adimpletum est in eo psalmistæ præconium dicentis : **(fol. 52r)** *Homo, cum in honore esset, non intellexit ; comparatus est iumentis insipientibus et similis factus est illis*[a]. [13]Hæc ergo ideo hic inserui ut significarem in quantam heu ! humanum genus[14] deuolutum est fecem. Cum enim beneficiis debuisset respondere diuinis, quæ tam per se quam per famulos suos dignatur exhibere, hoc miserabile[15] non facit, sed potius pro beniuolentia malitiam exhibet, scilicet inobedientiam contemptum et superbiam. Cinis enim[16] ac puluis uilissimus[17] irritare Deum altissimum[18] minime formidat[19], quin potius auget[20] contemptum in Deum, ut hic[21] **(fol. 52v)** qui, pro sanitate sibi reddita, latrocinii intulit dispendia[22]. De quibus Salomon ait[23] : *qui reddunt pro bono malum non recedet malum de domo eorum*[b].

---

1 scabellis] scamellis *edd*   2 affixa] affixi *W* adfixi *edd* adfixae *corr. Pertz*   3 hic... est] *om. Mab Pertz*   4. martyris christi] beati martyris *V* senioris nostri *edd*   5 incommoditate sui] s. i. *edd*   6 clamare uocibus] u. c. *edd*   7 extenduntur nerui] n. e. *edd*   8 grauem] grauem nimis *edd*   9 nequibant] nequibat *W*   10 uirtutis in se factæ aliquandiu abbas] f. in se u. a. aliq. *edd*   11 proprium consanguineum fouit] c. f. p. *edd*   12 asuetus] adsuefactus *edd*   13 hæc ergo ideo hic inserui ... de domo eorum (c. 23 *in fine*) *om. V*   14 heu humanum genus] h. g. heu *edd*   15 miserabile] miserabilis *Mab Pertz*   16 enim] quoque *edd*   17 uilissimus] uilissimi *edd*   18 altissimum] altissimum ac magnitudine immensum *edd*   19 formidat] formidant molibus suorum inretiti criminum *edd*   20 auget] augent *edd*   21 hic] et hic *edd*   22 dispendium *Mab Pertz* stipendia *AASS*   23 de quibus Salomon ait] quapropter omnes hortamur caueant illud sapientissimi salomonis dictum *edd* (salomonis dictum *om. Mab Pertz*)

---

a) Ps 48, 13   b) Prov 17, 13

XXIV. (23) Une autre fois, il y avait un paralytique, qui ne pouvait se déplacer qu'avec des béquilles, qui sont restées fixées jusqu'au jour d'aujourd'hui à la porte du monastère, en témoignage de ce miracle. C'était la fête du martyr du Christ, et le paralytique était arrivé avec le reste de la foule, pour prier Dieu de le guérir avec l'intercession du bienheureux martyr. Cela fut fait, et voici qu'au moment où les frères commençaient à célébrer l'office nocturne, l'infirme se mit à pousser des hurlements terribles. Les moines demandent par des mouvements de tête ce que signifie une telle vocifération. Il leur répond : « Ne voyez-vous pas comme mes nerfs s'allongent, au prix de terribles souffrances, presque insupportables ? » Rien d'étonnant : ses nerfs, qui devaient reprendre leur état primitif, ne pouvaient le faire sans lui causer de douleur, puisque, étant restés noués très longtemps, ils en étaient devenus tout engourdis. L'abbé, par amour de la puissance qui s'était manifestée à travers lui, garda l'homme un moment, et en prit soin comme s'il était de son propre sang. Le malheureux, qui était devenu un habitué du monastère, entra une nuit dans le cellier des frères, pour y préparer un vol. Apprenant cela, l'abbé le renvoya en le blâmant violemment, bien qu'il l'ait jusque-là gardé à ses côtés et nourri avec un amour paternel. En lui s'est réalisée la parole du psalmiste qui dit : *Alors qu'il avait tous les honneurs, l'homme ne l'a pas compris ; il s'est comporté comme les bêtes de somme et il est devenu semblable à elles.* J'ai inséré cet épisode pour montrer dans quelle fange est tombé le genre humain, hélas ! Alors que celui-ci aurait dû répondre aux bienfaits que Dieu daigne accomplir par lui et ses serviteurs, il refuse misérablement de le faire, et préfère répondre à la bienveillance par la méchanceté, c'est-à-dire la désobéissance, le mépris et l'orgueil ! La cendre, la poussière la plus vile ne redoute pas d'irriter le Seigneur Très-haut et très grand. Mieux, elles montrent vis-à-vis du Seigneur un mépris toujours croissant, comme ce misérable qui commit un vol en remerciement de sa guérison. Salomon dit de ces gens : *Qui rend le mal pour le bien, de sa maison n'éloignera pas le malheur.*

Saint Gorgon, patron de Gorze

Capitulum XXV

(24) Recenti præterea tempore dux Francorum ualidam incurrit egritudinem. Hebdomada nempe integra et eo amplius grauiter febri et dissinteria uexatus[1], omnem amiserat facultatem alicuius sumendi edulii, mortem sibi imminere pauitans. Hac necessitate urgente, diebus epiphaniorum merita adiit sancti Gorgonii, petens humiliter sibi subueniri. Votis his sanctus Gorgonius aurem accomo-**(fol. 53r)**-dans, interuentu suo dedit ei uesperi posse cibum sumere cum delectatione[2], quod prius multis posse diebus destiterat[3], ut dictum est. Et, continuo repletus cibo, quod subsequens est compleuit, scilicet[4] dormiendi copiam. Cum subito, mane consurgens[5] ualidus ac incolumis, gratias reddidit omnipotenti Deo et sancto Gorgonio palliumque optimum superposuit sancto feretro[6]. Alacer denique et incolumis crastino die in sua est reuersus[7].

Capitulum XXVI

(25) Longum est per singula disserere quæ et quanta Deus per præclarum martyrem suum[8] uirtutum **(fol. 53v)** propalauit signa[9]. Hoc tantulum[10] subnectimus, quia nobis cernentibus cecis plurimis reddidit uisum[11], claudis gressum, mancis restaurationem manuum[12], demoniacis liberationem, freneticis, caducis[13] pristinam sanitatem, ac celerem omnium morborum[14] curationem. Quam prolixitatem fastidii causa deuitamus, cum eadem eodem modo rebinare[15] sit nausie legentibus et audientibus, licet sanatis sit gaudium exultationis[16]. Sed etsi nichil horum fecisset athleta Dei Gorgonius, sufficeret superque abundaret quæ potior et carior Deo est, curatio[17] **(fol. 54r)** animarum, quam hic perstringere pro tempore ratum duximus, ut qui pauca medicamina carnalia enodauimus, saltim pauca[18] spiritualia succincte transcurrere non differamus. (26) Cum enim spoliatus prædictus esset locus[19] cunctis subsidiis tam spiritualibus quam carnalibus[20] et cum exterminaret aper ac depasceretur singularis ferus[21 a], Deus uirtutum omnium conuersus respexit de cælo et uidit et uisitauit

---

1 febri et dissinteria uexatus] f. u. et dysenteria *edd*   2 sumere cum delectatione] cum d. s. *edd*   3 destiterat] non poterat *V*   4 ut dictum est ... scilicet] *om. V*   5 consurgens] consurgens totus *V edd*   6 et sancto Gorgonio ... feretro] quin etiam non sui oblitus pallium sancto tradidit Gorgonio conspicuum ob memoriam præstitae sibi sanitatis *V edd*   7 in sua est reuersus] ad domum propriam repedauit *V edd*   8 præclarum martyrem suum] patronum nostrum *V edd*   9 signa] prodigia *V edd* Explicit *V*   10 tantulum] tantum *edd*   11 reddidit uisum] u. r. *edd*   12 restaurationem manuum] m. r. *edd*   13 caducis] caducis sensu fraudatis *edd*   14 omnium morborum] m. o. *edd*   15 rebinare] toties repetere *edd*   16 gaudium exultationis] exhilarationis tripudium *edd*   17 curatio] curatio uidelicet *edd*   18 pauca] aliqua *edd*   19 prædictus esset locus] hic locus esset *edd*   20 carnalibus] corporalibus *edd*   21 aper... ferus] aper ferus ac singularis *edd*.

---

a) Cf. Ps 79, 14.

XXV. (24) À une époque récente, le duc des Francs[1] fut atteint d'une grave maladie. Toute la semaine et plus, il souffrit d'une forte fièvre et d'une dysenterie et, ayant perdu toute faculté de s'alimenter, il redoutait une mort prochaine. Réduit à la dernière extrémité, aux jours de l'épiphanie, il alla implorer les mérites de saint Gorgon de lui venir en aide. Prêtant l'oreille à sa demande, saint Gorgon par son intercession lui donna le soir même la faculté de manger avec appétit, habitude qu'il avait perdue depuis plusieurs jours, comme cela a été dit. Après s'être rassasié, il put aussi dormir du même coup. Et le matin, il se leva complètement guéri, ayant retrouvé toutes ses forces. Il rendit grâces au Dieu tout-puissant et à saint Gorgon, donna une magnifique étoffe pour le reliquaire, et rentra chez lui tout allègre et en bonne santé.

XXVI. (25) Il serait trop long de raconter en détail tous les miracles que le Seigneur accomplit par l'illustre martyr. Nous ajouterons seulement ceci : il a, devant nous, rendu la vue à quantité d'aveugles, la marche à des estropiés, l'usage de leurs mains à des manchots, il a délivré des possédés, des frénétiques, des épileptiques et apporté une guérison rapide à toutes les maladies : de peur de lasser, nous ne raconterons pas cela en détail, car répéter tant de fois la même chose de la même façon fatiguerait nos lecteurs et nos auditeurs, bien que pour ceux qu'il a guéris ce fût alors une joie sans pareille. Même si l'athlète de Dieu Gorgon n'avait accompli aucun de ces miracles, il aurait fait néanmoins une chose suffisante et même surabondante, qui pour Dieu est plus puissante et plus précieuse que tout le reste, à savoir la guérison des âmes, dont nous allons dire quelques mots en fonction du temps qui nous reste ; car nous avons exposé quelques guérisons physiques accomplies par le saint, et nous ne voudrions pas manquer de raconter brièvement aussi quelques-unes de ses guérisons spirituelles. **(26)** Alors que le monastère de Gorze avait été spolié de toutes ses ressources tant spirituelles que corporelles, et qu'il était livré aux déprédations du sanglier féroce et solitaire, le Dieu de toutes les vertus se tourna vers lui, le regarda depuis le ciel, et il vit et

---

1 Hugues Capet, sans doute en 965, en route pour Cologne où Otton Ier réunissait une importante assemblée.

uineam suam[1a] atque de omnibus regionibus illuc[2] congregauit, uidelicet de Grecia[3], Burgundia, Francia et de Brittannis penitus toto orbe diuisis, **(fol. 54v)** Mettensibus, Virdunensibus, Tullensibus, atque, unam fidelium turmam congregans[4], fecit fratres non solum carne, sed et spiritu, cor unum et animam unam in Deo retinentes[5]. Cum essent pauci numero, pauca suffecerunt eis quia[6] et pauca habuerunt. Quando uero creuit multitudo, auxit ætiam Deus meritis sancti Petri atque Gorgonii facultates non solum in possessionibus extrinsecus uerum[7] in thesauris diuersis intrinsecus. Altaria, quæ diu profanata fuerant stabulis porcorum, asinorum, ceterorumque animalium[8], muri fictiles quondam[9] absque cooper-**(fol. 55r)**-tura insigniti sunt uenustatis honore, Domino clementer id donante[10]. Viri pauperes Dominum pauperem sequentes simpliciter ambulantes ditati sunt uirtutibus quod Deus magis acceptat spiritualibus, plerique etiam curationes morborum[11] in meritis suscipientes[12]. Qui autem fraudulenter incedentes depreuauerunt uias suas, nec sancto martyri[13] condignam exhibuerunt seruitutem, diuersis multati sunt flagellis : alii dæmonibus coerciti, alii in[14] intestinis rupti, alii amissa sanitate corporis medii[15], alii a lumbis deorsum incensi igne **(fol. 55v)** incorporali. Bonitatis uero sectatores ante exitus sui diem[16] promeruerunt a Domino uocari, audientibus ætiam aliis[17] fratribus, qui digni fuerant[18] inuenti. Alii uero in secreto mentis suæ[19] didicerunt quando ex hoc ergastulo carnis[20] educerentur. Vidimus eos solum Dominum desiderantes æterna uocibus moribusque inquirere, diebus ac noctibus illo suspirare, caduca omnia nihili pendere, uilissima quæque et quæ nos modo respicere uix, ut ita dicam, uolumus, illi pro magno munere suscipere[21] acsi ipse Deus uisibiliter consignaret, illud fideliter memoriæ **(fol. 56r)** commendantes ac opere exercentes : *Qui se humiliat exaltabitur*[b], et illud : *Quanto magnus es humilia te in omnibus et coram Deo inuenies gratiam*[22c]. At nos – pro dolor ! – interius tumentes magnosque nos arbitrantes, uolumus in futuro exaltari a Domino, cum nolimus uel ad modicum hic pro eo[23] humiliari. Sed caueamus ne unius-

---

1 suam] istam *edd* 2 regionibus illuc] saeculis istuc *edd* 3 uidelicet de grecia] de g. u. *edd* (*an* Rhaetia *legendum sit dubitat Pertz*) 4 congregans] consocians *edd* 5 in deo retinentes] retinentes in domino *edd* 6 suffecerunt eis quia] eis suffecerunt quae *edd* 7 uerum] uerum etiam *edd* 8 stabulis... animalium] asinorum porcorumque stabulis *edd* 9 fictiles quondam] quoque fictiles *edd* 10 uenustatis... donante] uenustate et honore prout domino placuit *edd* 11 morborum] corporum *edd* 12 suscipientes] susceperunt *edd* 13 sancto martyri] Domini famulo Gorgonio *edd* 14 in] *om. edd* 15 amissa sanitate corporis medii] s. m. c. a. *edd* 16 exitus sui diem] d. s. e. *edd* 17 ætiam aliis] illis *edd* 18 fuerant inuenti] inuenti sunt *edd* 19 suæ] sui *edd* 20 ergastulo carnis] c. e. *edd* 21 pro magno munere suscipere] pro magno suscipere ueneranter adimplere *edd* 22 gratiam] requiem *edd* 23 uel ad modicum hic pro eo] pro eo uel ad modicum *edd*

---

a) Cf. Ps 79, 15   b) Lc 14, 11   c) Eccli 3, 20

visita sa vigne ; il réunit là des hommes venus de toutes les nations – de Grèce, de Bourgogne, de Francie, et même d'une terre aussi reculée que la Bretagne –, des Messins, des Verdunois et des Toulois[1]. Il les rassembla en une seule communauté, en fit des frères non seulement selon la chair, mais aussi selon l'esprit, car ils avaient un seul cœur et une seule âme dans le Seigneur. Alors qu'ils étaient peu nombreux, ils se contentaient du peu qu'ils avaient ; mais quand leur nombre augmenta, par les mérites de saint Pierre et de saint Gorgon, le Seigneur augmenta aussi leurs biens, non seulement en possessions extérieures, mais aussi en trésors divers à l'intérieur du monastère. Dans sa bonté, Dieu rendit beauté et prestige aux autels qui avaient été longtemps profanés en servant d'étables pour les ânes et les porcs, ainsi qu'aux murs faits d'argile sans revêtement. Ces moines qui, prenant exemple sur la pauvreté de notre Seigneur, vivaient pauvrement et allaient le cœur pur, furent enrichis des pouvoirs spirituels, qui sont les plus agréables à Dieu. Ils guérirent même souvent des maladies chez ceux qui le méritaient ; au contraire, ceux qui, venant avec fourberie, s'étaient engagés dans les voies de la dépravation et n'avaient pas servi dignement le saint, furent punis de divers châtiments : les uns devinrent la proie du démon, d'autres eurent les entrailles déchirées, d'autres la moitié du corps malade, d'autres enfin la partie inférieure, depuis les reins, brûlée d'un feu immatériel. Des gens vertueux méritèrent d'être appelés par le Seigneur avant le jour de leur mort, en présence des moines qui avaient été trouvés dignes de l'entendre. D'autres apprirent dans le secret de leurs cœurs quel jour ils quitteraient leur prison de chair. Nous les vîmes, ces hommes qui ne désiraient vraiment que Dieu, rechercher la vie éternelle dans leurs propos et leurs comportements, y aspirer jour et nuit, et mépriser tous les biens éphémères. Toutes les choses les plus viles, sur lesquelles nous ne voulons, si je puis dire, même pas nous retourner, eux, ils en faisaient grand cas, comme si le Seigneur lui-même le leur avait ordonné de manière visible, fixant ainsi fidèlement dans les mémoires et accomplissant véritablement cette parole : *Celui qui s'humilie sera exalté*, et cette autre : *Plus tu es grand, humilie-toi en toutes choses, et tu trouveras la paix en présence du Seigneur*. Mais nous, hélas, gonflés d'orgueil et ayant bonne opinion de nous-mêmes, nous voulons que le Seigneur nous exalte dans l'autre monde, mais nous refusons de nous humilier le moins du monde pour lui. Prenons garde pourtant de ne pas

---

1   Certains réformateurs venaient de Metz, mais Einold de Toul, Odilon et Humbert de Verdun, André de Bretagne (insulaire).

cuiusque nostrum in die uocationis suæ audiat a Domino dicente[1] : « Non fecisti quod iussi, quid impudenti[2] fronte requiris quod promissi ? » Locus enim hic, sicut et alia omnia[3] loca, humilitate creuit nec destruetur nisi superbia, quia reuera per eandem **(fol. 56v)** prius destructus est. Ergo Dei omnipotentis clementiam interuentu sanctorum atque omnium fidelium Christo famulantium omniumque hoc legentium humiliter flagitemus[4] ut qui stillam inenarrabilis pietatis[5] suæ super hunc irrorauit locum gratuito[6] suæ affluentiæ dono[7], nec molibus depereat nostrorum peccaminum, sed magis augeat et dilatet in dies terrenis affluentiis, quodque est optabilius spiritualibus deliciis. Sit ipse[8] nobis fons misericordiæ Dominus noster Iesus Christus in ablutionem peccatorum nostrorum[9] nec prouocatus malis nostris se subtrahat nobis[10], **(fol. 57r)** nec contineat[11] in ira misericordias suas, sed[12] quicquid deliquimus deleat et abstergat[13] flagello disciplinæ paternæ, neque ut nequissimos seruos perpetuam tradat ad poenam, sed misereatur, ut filiis de quibus ipse per scripturas suas dignatus est dicere : *Quem diligit Dominus corripit, flagellat*[14] *omnem filium quem recipit*[a]. Ita nos quoque in hac erumnosa uita Dominus corripiat flagellando, ut excussis ab anima nostra omnium sordium næuis[15], uelut secernuntur grana a paleis[16], et quasi aurum in fornace probatum et purgatum **(fol. 57v)** facti, mereamur in illo desiderabili beatorum collegio[17] adscisci, ubi abstersis omnibus lacrimis, mors et clamor luctusque non erit ultra[18], sed pax perpetua, lux indeficiens, gaudium ineffabile de contemplatione perpeti[19] piissimi redemptoris nostri Iesu Christi et sanctorum angelorum atque omnium electorum, qui ab initio mundi sunt creati[20]. Ad quod nos citius perducere dignetur omnipotens Deus, qui cum Patre et Spiritu Sancto unus est Deus, unus Dominus, uiuens et regnans nunc et semper, per omnia sæcolorum sæcula[21]. Amen.
Expliciunt miracula sancti Gorgonii martyris[22].

---

1 caueamus ne... dicente] caueamus illud nobis tempore uniuscuiusque uocationis nostrae a domino dici *edd*   2 impudenti] imprudenti *Mab Pertz*   3 omnia] *om. edd*   4 flagitemus] imploremus *edd*   5 pietatis] misericordiæ *edd*   6 gratuito] tam gratuito *edd*   7 dono] dono quam labore prædecessorum nostrorum *edd*   8 sit ipse] sicut scit ipse, nec prouocatus malis nostris se subtrahat *edd*   9 in ablutionem peccatorum nostrorum] in ablutione peccatoris et menstruæ *edd*   10 ne prouocatus... nobis] *om. edd*   11 nec contineat] ut continens *edd*   12 sed] *om. edd*   13 abstergat] extergat *edd*   14 flagellat] flagellat autem *edd*   15 omnium sordium næuis] o. n. s. *edd*   16 a paleis] cum excutiuntur fortiter aristæ *edd*   17 collegio] collegio ouantes *edd*   18 non erit ultra] ultra non erunt *edd*   19 contemplatione perpeti] perpeti contemplationis *edd*   20 sunt creati] creati sunt *edd*   21 omnipotens deus... sæcula] dominus omnipotens qui in Trinitate perfecta uiuit et regnat in saecula saeculorum *edd*   22 Expliciunt... martyris] Explicit libellus miraculorum sancti Gorgonii martyris gloriosi *in AASS manuscripto subicitur om. edd*

---

a) Hebr 12, 6

nous entendre dire, au jour où le Seigneur nous rappellera à lui : « Tu n'as pas exécuté mes ordres : pourquoi as-tu l'impudence de me réclamer ce que je t'ai promis ? » Car ce monastère, comme tous les autres, a prospéré dans l'humilité et seul l'orgueil le détruira, puisqu'en vérité, c'est déjà l'orgueil qui l'a détruit dans le passé. C'est pourquoi nous devons implorer humblement la clémence du Seigneur tout-puissant avec l'intercession des saints, de tous les fidèles serviteurs du Christ et de tous ceux qui lisent ceci. Lui qui a instillé dans ce monastère son indicible miséricorde par le don gratuit de sa prodigalité, qu'il ne cause pas sa perte en punition de nos innombrables péchés, et qu'au contraire il le fasse prospérer et s'enrichir de jour en jour de biens terrestres et, chose plus enviable encore pour nous, de délices spirituelles. Que notre Seigneur Jésus-Christ soit pour nous une fontaine de miséricorde qui nous purifie de nos péchés, que nos crimes ne le poussent pas à se détourner de nous, et que, nous conservant sa miséricorde malgré sa colère, il fasse disparaître nos fautes et les élimine par le fouet de l'autorité paternelle ; qu'il ne nous livre pas au châtiment éternel comme les derniers des esclaves, mais prenne pitié de nous comme de ses fils, dont il a daigné dire lui-même dans les Écritures : *Le Seigneur corrige celui qu'il aime, et il fouette tous les fils auxquels il pardonne.* Veuille dans cette vie de misère le Seigneur se saisir de nous aussi pour nous donner le fouet, afin qu'une fois éliminée de nos âmes la souillure de tous nos péchés comme on sépare les grains de la paille, semblables aussi à de l'or éprouvé dans la fournaise, nous méritions d'être accueillis triomphalement dans le collège désirable des bienheureux où, quand toutes les larmes auront été séchées, mort, gémissement et deuil auront disparu, remplacées par la vie éternelle, la lumière indéfectible, le bonheur ineffable causé par la contemplation sans fin de notre très miséricordieux rédempteur Jésus-Christ, des saints anges et de tous les élus qui ont été créés depuis le commencement du monde. Daigne le Seigneur tout-puissant nous conduire là bien vite, lui qui, avec le Père et le Saint-Esprit est le Dieu unique, l'unique Seigneur qui vit et règne, maintenant et toujours, pour les siècles des siècles. Amen.

Fin des Miracles du saint martyr Gorgon.

Index des principaux noms de personnes et de lieux

Noms de personnes

A
Adalbéron (archev. de Reims) 119
Adalbéron Ier (év. de Metz) 114, 116-120, 125, 129, 152-153, 165, 169, 177, 181
Adalbéron II (év. de Metz) 120
Adalbert (comte, abbé de Gorze) 113-114, 117
Adalbert (évêque) 123, 125
Adelphe (év. de Metz) 27, 55
Advence (év. de Metz) 23, 113, 116
Agenold, v. Einold
Agnès (sainte) 95
Aistulfe (roi des Lombards) 34, 79, 81, 83, 85
Ambroise (saint) 29, 34, 65, 67, 155
Anastasie (sainte) 95
Anchise 28, 46-47, 77
Angelram (év. de Metz) 11, 23, 26, 112, 114-115
Arnoul (év. de Metz) 28, 37, 47, 77, 111
Arnulfiens 28
Attila 27
Auctor (év. de Metz) 27, 37

B
Bennon (év. de Metz) 114
Bertrade (épouse de Pépin 87
Betton (abbé de Gorze) 113
Bivin (comte, abbé de Gorze) 23, 112-113, 115-116
Boniface (saint) 15-16, 19, 25, 29, 34, 59
Bovon (abbé de Gorze) 113

C
Cancor (donateur) 12, 24
Carloman 14-15, 85, 87
Céleste (év. de Metz) 27, 37, 41, 43
Charlemagne 11
Charles Martel 13-14, 28, 34
Childéric III 14
Chilliswindis (donatrice) 24
Chlodulfus, v. Clou
Clément, v. Willibrord
Clou (Chlodulfus) 47, 129
Clovis 77
Côme et Damien (saints) 95

D
Denis (saint) 87
Dioclétien 121, 131, 137, 139, 143, 145, 147, 149
Dorothée (saint) 121-122, 131, 137, 139, 141
Drogon (abbé de Gorze) 21, 112

E
Einold (abbé de Gorze) 118-119, 124
Énée 47
Eobantius (compagnon de Boniface) 59
Étienne (év. de Metz) 120
Étienne (protomartyr) 20, 23, 75, 112, 159
Étienne II (pape) 15-16, 19, 25, 32, 34, 79, 81, 85, 87, 95

F
Félix (év. de Metz) 27, 37, 41
Folmar (comte) 116
Foucher (abbé de Gorze) 113
Frisons 59

Fulrad (abbé de Saint-Denis) 13, 15

G
Gascons 51
Gauzelin (év. de Metz) 116
Gengoul (saint) 179
Gislebert (duc de Lorraine) 175
Grégoire de Tours 27
Grégoire le Grand 18, 157
Guillaume de Volpiano 120
Gundeland (frère de Chrodegang) 24, 112

H
Haldin (abbé de Gorze) 112
Henri (abbé de Gorze) 120
Henri II (roi de Germanie) 118, 120
Henri l'Oiseleur 118
Héribert (archev. de Cologne) 119
Hérigaud 113
Hongrois 32, 167, 189, 191
Hugues (roi de Provence) 116

I
Immo (abbé de Gorze) 119-120, 123-125, 127

J
Jean (abbé de Gorze) 5, 31-32, 116-120, 124-126, 175
Jean (abbé de Saint-Arnoul) 5, 31, 116-120
Jean et Paul (saints) 95
Jonas 34, 65

L
Lambert (saint) 29, 34, 57

Index des principaux noms de personnes et de lieux

Landrade (mère de Chrodegang) 12, 28, 47, 49
Leutbrand (roi lombard) 53
Lodowin (abbé de Gorze) 113, 116
Lombards 29, 34, 53, 79, 105, 107
Lothaire II (fils de L. Ier) 112-113, 116
Lothaire Ier 112
Louis d'Outre-Mer 118
Louis le Pieux 12, 18, 112

M
Magulf (abbé de Gorze) 112
Maurice (saint) 99, 101, 103, 126, 161
Maximien 149
Maximilien Herculius 137
Mérovée 77
Messins 34, 65, 69, 119, 201
Milon (év. de Minden) 123, 127-128

N
Nabor (saint) 24, 55, 97, 103, 159
Nazaire (saint) 24, 97, 103, 159

O
Octavien 91
Odelric (archev. de Reims) 119
Odolbert (abbé de Gorze) 119, 124
Optarius (abbé de Gorze) 112

P
Paul Diacre 11-12, 14-15, 17, 19-21, 23-25, 27-29, 33
Paul Ier (pape) 24, 157
Pépin le Bref 11, 19, 26, 34
Pépin II 13, 77
Perses 137, 193, 195
Pierre (saint) 23, 37, 39, 43, 55, 59, 75, 81, 83, 87, 91, 95, 112, 131, 139, 145, 157, 171, 173, 187, 189, 201

R
Ragenfred (maire du palais de Neustrie) 57
Richard (duc de Bourgogne) 116
Richilde (impératrice, ép. Charles le Chauve) 115-116
Robert (év. de Metz, abbé de Gorze) 113-114
Rodolphe (abbé de Gorze) 113
Romains 97, 99, 111, 193, 195
Romulus 47
Rupertiens 12

S
Sarrasins 49
Sicambre 47
Sigebaud (év. de Metz) 14, 24, 27-28, 34, 37, 39, 51, 55, 61, 65
Sigefroid (abbé de Gorze) 120
Sigramn (père de Chrodegang) 12-13
Syméon (év. de Metz) 37

T
Theutmar (abbé de Gorze) 112
Thierry Ier (év. de Metz) 32, 119, 127
Toulois 119, 201
Trond (saint) 49
Trudo, v. Trond

U
Urbice (év. de Metz) 32-33, 89

V
Verdunois 119, 201

W
Waïfre (chef gascon) 51
Wicfrid, v. Boniface
Wigeric (év. de Metz, abbé de Gorze) 113-114, 116, 167

Willibrord (saint) 29, 49, 53, 59

Noms de lieux

A
Agaune 35, 99, 101, 103, 115, 126, 152
Alémanie 47
Alpes 34, 37, 81, 85, 99
Amel (prieuré de Gorze) 117
Apremont (prieuré de Gorze) 117
Aspanium, v. Hesbaye

B
Bourgogne 103, 115–116, 119, 201
Bretagne 119, 201

C
Champagne 8, 114, 116, 129, 175
Cluny 120
Compiègne 16, 111
Croix-saint-Clément 171

E
Espagne 32, 57

F
Fleury 120
Francie 16, 19, 25, 49, 118, 201

G
Grèce, 119, 201
Gurgitense, v. Gorze

H
Hesbaye 12–13, 45
Hilariacum, v. Saint-Avold

I
Irlande 49, 59

J
Jura 112

205

Index des principaux noms de personnes et de lieux

L
Langres 175
Longeville(-lès-Metz) 125, 153, 173
Lorsch 12, 24, 112, 159
Lotharingie 13, 32, 112, 118, 191

M
Marseille 149
Milan 65, 67, 149
Minden 122-123, 127, 129, 153
Moivrons 115–116, 152, 163
Montfaucon (Meuse) 183
Mont-Joux 81
Moselle 23, 37, 91, 115
Moulins(-lès-Metz) 125, 153, 173

N
Neuwiller 28, 55, 128
Nicomédie 121, 149
Novéant 115, 152, 165

P
Paris 16, 85, 87
Perse 193
Pontarlier 115
Pouxeux 115
Prum 28, 120

R
Reichenau 120
Remiremont 115
Rhin 12, 16, 24, 49, 117, 177
Rome 5, 15, 19, 21, 25, 31, 34–35, 41, 43, 55, 79, 81, 85, 95, 97, 121-123, 125–126, 149, 152, 157

S
Saint-Avold 24–25, 28, 55, 104, 106, 159
Saint-Bénigne (Dijon) 120, 127
Saint-Denis 14-15, 19, 29, 34
Saint-Dizier 116
Saint-Étienne (Metz) 22, 24, 77, 111
Saint-Èvre (Toul) 118
Saint-Maurice d'Agaune 126
Saint-Maximin (Trèves) 119
Saint-Nabor 115
Saint-Nicolas de Port (prieuré de Gorze) 117
Saint-Pierre *infra domum* (Metz) 22
Saint-Pierre-aux-Nonnains (Metz) 22
Saint-Pierre le Majeur (Metz) 22, 75
Saint-Sauveur (Metz) 152, 167
Saint-Vincent (Metz) 33, 119
Salone 149
Seille (rivière, Metz) 37
Souabe 49
Stenay (prieuré de Gorze) 117

T
Toul 103, 117, 119, 161
Trèves 33, 103, 119, 169

V
Vanault (prieuré de Gorze) 116–117, 129, 153, 175
Varangéville (prieuré de Gorze) 114–117, 125, 152, 161, 169, 171, 173
Verdun 103, 117, 161

W
Woëvre 114
Worms 117

TABLE DES MATIÈRES

Avant-propos 5
Abréviations 6
Choix bibliographique 7

PREMIÈRE PARTIE
SAINT CHRODEGANG, ÉVÊQUE DE METZ (742-766)

I. Introduction historique 11
II. Présentation de la Vie de saint Chrodegang 27
III. Vie de saint Chrodegang 34
    Notes de la Vie de saint Chrodegang 104

DEUXIÈME PARTIE
SAINT GORGON, PATRON DE GORZE

I. Introduction historique 111
II. Présentation des textes 121
III. Panégyrique de saint Gorgon 131
IV. Miracles de saint Gorgon 152

Index des principaux noms de personnes et de lieux 204

Cet ouvrage a été imprimé
en mai 2010 par

CPi

FIRMIN-DIDOT

27650 Mesnil-sur-l'Estrée
N° d'impression : 100280

Imprimé en France